岩波現代文庫

六代目圓生コレクション
明治の寄席芸人

三遊亭圓生
Ensho Sanyutei

文芸 334

岩波書店

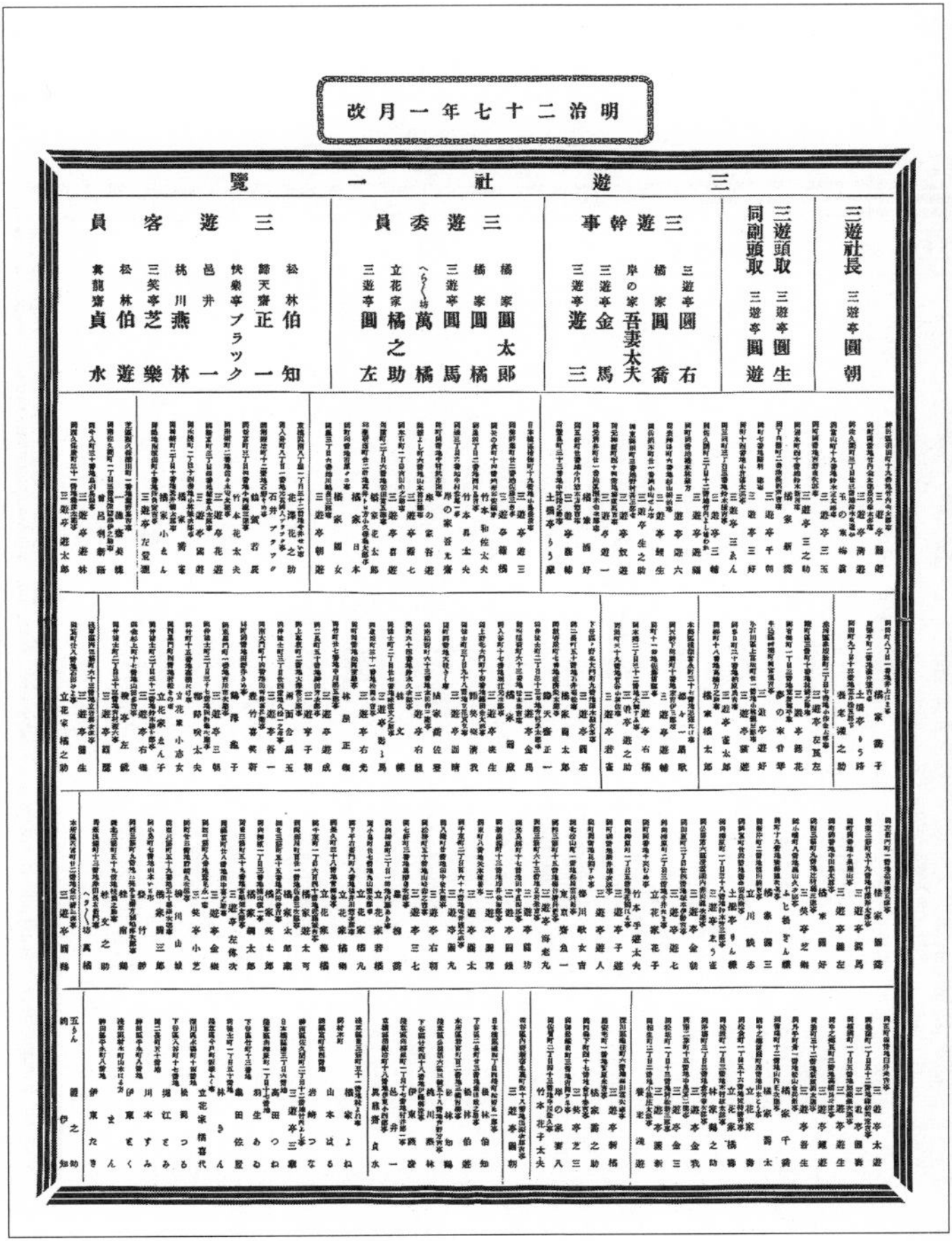

明治二十七年一月改

三遊社一覧

三遊社長　三遊亭圓朝

三遊頭取　三遊亭圓生

同副頭取　三遊亭圓遊

三遊幹事
三遊亭圓右
橘家圓喬
岸の家吾妻太夫
三遊亭金馬
三遊亭遊三

三遊委員
橘家圓太郎
橘家圓橘
三遊亭圓馬
へらへら坊萬橘
立花家橘之助
三遊亭圓左

三遊客員
松林伯知
錦天齋正一
快楽亭ブラック
邑井一
桃川燕林
三笑亭芝楽
松林伯遊
真龍齋貞水

明治27年1月改「三遊社一覧」(次葉より拡大図)

明治二十七

三遊社

三遊社長　三遊亭圓朝

三遊頭取　三遊亭圓生

同副頭取　三遊亭圓遊

三遊幹事

三遊亭圓右
橘家圓喬
岸の家吾妻太夫
三遊亭金馬
三遊亭遊三

三

橘家圓太郎
橘家圓橘

神田區須田町十九番地竹内金太郎事　三遊亭圓遊
同町同番地竹内金太郎長男孝太郎事　三遊亭清遊
同佐久間町三丁目廿三番地鈴木由造事　玉の家梅翁
同富山町十九番地鈴木定太郎事　三遊亭三玉
同町同番地吉野由次郎事　三遊亭三之助
同岩本町四十番地鈴木藤吉事　橘家新喬
同下白壁町二番地長沼兼吉事　三遊亭千朝
同町七番地關利　郎事　三遊亭三好
同町十四番地小倉傳太郎事　三遊亭三ゑん
同三河町三丁目三番地鈴木銀吉事　三遊亭三輔
同佐久間町二丁目十二番地竹内よし娘わか　三遊亭遊福
同町同番地橋本林藏方　三遊亭遊六
同表神保町六番地杉山銀治事　三遊亭鯉生
同佐柄木町廿一番地小山せん事　三遊亭生之助
同東福田町三番地野村其三郎事　三遊亭奴遊
同元柳原町四十四番地海東萬吉事　三遊亭遊一
同元岩井町廿一番地眞鍋木金次郎事　橘家酒好
同五軒町廿番地小川惣太方惣吉事　三遊亭圓輔
同豐島町三十三番地中村猪之助事　土橋亭りう藏

日本橋區檜物町十九番地小島長藏事　三遊亭遊三
同藥研堀町廿二番地佐藤三吉事　三遊亭圓橘
同矢の倉町十四番地米谷安藏事　竹本和佐太夫
同通四丁目二番地西川昌吉事

年一月改

一覧

遊委員

三遊亭圓馬
へらへら坊萬橘
立花家橘之助
三遊亭圓左

三遊客員

松林伯知
歸天齋正一
快樂亭ブラック
邑井一
桃川燕林
三笑亭芝樂
松林伯遊
眞龍齋貞水

同通三丁目六番地中村喜尾一事 竹本昇太夫
同町同番地中村武市郎事 岸の家吾光齋
同新よし町六番地山本喜三郎事 岸の家吾遊
同本石町一丁目吉田由之助事 三遊亭圓七
同濱町二丁目六番地安田富五郎事 三遊亭喜遊
同藥研堀町廿二番地高井トヨ方小久保鍋太郎事 橘家花太郎
同町同番地市原クニ事 橘家日本
同通三丁目六番地川鶴長三郎事 橘家國女
三遊亭朝遊

京橋區南八丁堀一丁目三十二番地今井せい事 花澤花之助
同入舟町八丁目一番地元英國人ブラック事 石井ブラック
同南鍜冶町十二番地石野そめ事 鶴賀若辰
同新富町三丁目四番地小西瀧三郎事 竹本花太夫
同南槇町二番地佐々木安太郎事 三遊亭花遊
同新富町三丁目四番地植草久太郎事 三遊亭圀遊
同木挽町一丁目十四番地小林銀次郎事 橘家喬雀
同岡崎町二丁目十番地濱井彌太郎事 橘家小ゑん
同築地南飯田町十番地折角寅吉事 三遊亭左登狸

芝區西久保櫻川町一番地鹽野峯吉事 一徳齋美蝶
同南佐久間町一丁目三番地諏訪部伊之助事 曾呂利新語
同今入町三十番地鳥羽長助事 三遊亭遊林
同西久保廣町三十一番地森彦太郎事 三遊亭遊太郎

同田町八丁目一番地井上はま事　橘家喬子
同琴平町二番地蒲井籏吉事　橘家喬子
同田町九丁目十三番地笠井松五郎事　土橋亭りう路
養老瀧之助

赤坂區赤坂新町二丁目七番地小作金太郎事　三遊亭左長左
麹町區三番町十番地林清之助事　三遊亭圓花
同有樂町一丁目三番地荒野龍平事　夢の家香琴
牛込區神樂町岡富恒吉事　三遊亭遊好
小石川區上富坂町廿一番地小林彌三郎事　三遊亭猫遊
同春日町二十番地柏原民吉事　三遊亭雀太郎
同柳町十八番地高橋万之助事　橘家橘太郎

本郷區根津宮永町三十七番地忠澤たけ事　都々一扇歌
同天神下同朋町十番地末吉伊三郎事　三遊亭遊輔
同町十一番地佐藤信龍事　三遊亭右橘
同本郷二丁目三十二番地大畑すゑ事　三遊亭遊之助
同田町三十九番地菅谷小美佐事　三遊亭若雀

下谷區下野北大門町九番地澤木勘次郎事　三遊亭圓右
同二長町五十番地石井菊松事　橘家圓太郎
同數寄屋町七番地波濟榮太郎事　歸天齋正一
同仲徒士町二丁目三十三番地芳村忠太郎事　三遊亭金馬
同南稲荷町六十三番地松本榮吉事　橘家圓藏
同入谷町十七番地堀江元次郎事　三遊亭桃生
同上野北大門町十四番地福田金太郎事　語笑樂清我
同徒士町三丁目九十八番地立花實次事

同左衛門町一番地桑原清五郎事　橘家圓喬
同東三筋町五十九番地竹澤斧太郎事　三遊亭圓馬
同町同番地小泉熊山事　三遊亭圓左
同町同番地中田宗太郎事　橘家圓好
同西三筋町九番地辻村藤三郎事　三笑亭芝樂
同小嶋町八番地高山久次郎事　ふじ松ぎん蝶
同町十九番地齋藤鐵次郎事　橘家圓三
同新片町二番地恒川駒吉事　立川談志
同福富町廿四番地齋藤安兵衛事　土橋亭りん蝶
同向柳原町一丁目三十八番地鈴木芳三郎事　三遊亭志う雀
同公園第六區凌雲閣内赤田瀧次郎事　三遊亭金朝
同田原町二丁目廿四番地塚本伊勢吉事　三遊亭遊七
同向柳原町二丁目三番地今井たま事　立花家花子
同町同番地千葉むめ事　竹本手遊太夫
同向柳原町一丁目五番地花摘はる事　三遊亭子遊
同町同番地新井銀次郎事　三遊亭遊人
同町同番地花摘すみ事　都川歌女吉
同北松山町一番地福岡宗兵衛事　東京齋魚一
同西三筋町十五番地梅谷清兵衛事　三遊亭海老丸
同西三筋町六十三番地立岩榮吉事　三遊亭圓坊
同元鳥越町十七番地田中直四郎事　三遊亭圓録
同新旅籠町十三番地印井金四郎事　三遊亭圓理
同東町八番地矢本積善事　三遊亭圓太
[illegible]

同花町四番地臼井米吉事　三遊亭太遊
同龜澤町一丁目五十二番地諏訪岡定吉事　三遊亭圓壽
同横網町一丁目五番地加藤銀次郎事　三遊亭遊生
同中之郷瓦町三番地高橋長次郎事　三遊亭鯉遊
同表町三十二番地萩原菊太郎事　三遊亭吾生
同外手町卅一番地松山金兵衛事　橘家千喬
同番場町十二番地山内正次郎事　橘家喬太
同中之郷原庭町四番地山本こう事　立花家壽
同松倉町一丁目五十六番地齋持清吉事　立花家橘壽
同松坂町一丁目三番地木村紋太郎事　林家鶴之助
同茅場町三丁目三番地倉骨幸次郎事　三遊亭金我
同南二葉町十五番地中島亥三郎事　三遊亭金三
同松坂町一丁目十三番地村松新三郎事　三遊亭圓新
同相生町二丁目二番地小林庄太郎事　養老瀧遊

深川區龜住町六番地福田富次郎事　三遊亭新橋
同安宅町一番地菅原米吉事　橘家喬之助
同西森下町四十七番地金子春吉事　三笑亭芝三
同御船藏前町三番地吉岡タネ事　岸の家妻八
同佐賀町二丁目四十三番地中川登久事　竹本花子太夫

四谷區内藤新宿北裏町四十八番地出淵次郎吉事　三遊亭圓朝

日本橋區通四丁目西橋町松野正一郎事　松林伯知
下谷區二長町廿三番地堀田政之助事　松林伯遊

同町同番地大枝さく事　三遊亭圓晴
同南稲荷町六十三番地太田卯三郎事　橘家喬佐登
同町六十四番地鈴木久次郎事　三遊亭右龍
同徒士町二丁目廿七番地味波文之助事　桂文蝶
同車坂町三十一番地松岡平吉事　三遊亭鬱ゝ馬
同町同番地松岡宗助事　三遊亭右光
同竹町廿七番地中川浪五郎事　林屋正樂
同二長町五十番地神田芳次郎事　三遊亭遊成
同上車坂町二番地大澤常三郎事　三遊亭子朝
同仲徒士町三丁目廿四番地久松一之助事　雨面舎扇玉
同南大門町十四番地田野井喜兵衛事　三遊亭吾一
同町同番地田野井ろめ事　豐竹喜笑軒
同東黒門町一番地吉川市次郎事　鶴澤龜子
同仲徒士町二丁目三十七番地岡野亀次郎事　三遊亭三朝
同竹町十五番地高橋たけ事　都路咲太夫
同西黒門町四番地若松その事　立花家小志女
同仲徒士町二丁目三十二番地鈴木勝太郎事　立花家ゑん子
同金杉上町十七番地山田多吉事　三遊亭右樂
同仲徒士町二丁目三十三番地吉村源六事　柳亭左鏡
浅草區西三筋町六十三番地立岩勝次郎事　三遊亭圓麗
同瓦町廿八番地石田みよ事　三遊亭圓生
　立花家橘之助

同千束町二丁目六十[illegible]番地安井[illegible]太郎事　三遊亭圓丸
同八幡町廿番地田中金太郎事　三遊亭右朝
同松清町五十番地山崎卯之吉事　三遊亭三七
同七軒町三番地黒柳勇次郎事　黒柳喬
同向柳原町二丁目一番地内藤あろ事　立花家若橘
同小島町廿七番地丸山慶次郎事　立花家橘丸
同下平右衛門町八番地横井川惣次郎事　立花家橘樂
同榮久町三十八番地青柳善事　立花家善橘
同千束町一丁目六百四十番地近藤兼吉事　橘家遊太可
同阿部川町百廿一番地佐藤三次郎事　橘家太郎藏
同北三筋町五十五番地武田音吉事　橘家笑太郎
同向柳原一丁目三番地横山環一事　橘家綱太郎
同東三筋町五十九番地宮嶋惣太郎事　三遊亭左傳次
同福富町廿八番地田中喜之助事　三遊亭金樂
同西三筋町九番地鷲見永一事　三笑亭小芝
同町廿三番地野﨑久次郎事　柳川山城
同東三筋町五十九番地五十嵐銀次郎事　橘家圓三郎
同小島町七番地山本いと事　豐竹靜
同西三筋町九番地三笑亭芝樂方舘嶋傳次郎事　桂南鶴
同北三筋町五十九番地桂仙之助事　桂文之助
同新旅籠町十三番地岸田長右衛門事　へラへラ坊萬橘
本所區若宮町廿二番地倉片清三郎事　三遊亭圓鶴

本所區若宮町百二番地三橋吉勝事　松林知鶴
浅草區公園第六區三號五十八番地芦野万吉事　桃川燕林
下谷區竹町四十八番地伊藤燕凌事　伊東燕凌
浅草區向柳原町一丁目十七番地村井徳一事　邑井一
京橋區南鍛冶町十八番地伊東小四郎事　眞龍齋貞水
浅草區東三筋町五十一番地林よね事　橘家よね
同材木町　山本はる
同福富町廿四番地　岩崎つな
神田區佐久間町二丁目十二番地竹内よし事　三遊亭三藏
日本橋區通三丁目六番地　高田つね
浅草區向柳原町一丁目十七番地　羽生ゐゐ
下谷區竹町十三番地　龜田佐登
同徒士町一丁目五十番地　林きん
浅草區今戸町飯塚ふく事　立花家橘喜代
深川區木場町十四番地　松岡つる
下谷區入谷町十七番地　堀江とみ
同二長町五十番地　川本すみ
神田區平永町八番地　伊東とく
浅草區材木町山本はる方　まん
神田區平永町八番地　伊東たき
五りん　圓之助
同　伊知

（上段）右より
司馬龍生（Ⅶ・のちⅦ里う馬・村松新三郎）
三遊亭圓左（Ⅰ・小泉熊山）
朝寝坊むらく（Ⅵ・永瀬徳久）
三遊亭圓右（Ⅰ・沢木勘次郎）
三遊亭金馬（Ⅰ・のちⅡ小圓朝・芳村忠次郎）
三遊亭芝楽（辻村藤三郎）
三遊亭遊六（橋本林蔵）

（中段）右より
升見家平助（たいこもち）
三遊亭遊三（Ⅰ・小島長重）
桃川燕林（Ⅱ・吉野万之助）
土橋亭里う馬（Ⅵ・のち柳朝・下村庄太郎）
真龍斎貞水（Ⅲ・伊東小四郎）
三遊亭圓之助（五りん）

（下段）右より
橘家圓太郎（Ⅳ・石井菊松）
麗々亭柳橋（Ⅳ・斎藤亀吉）
若柳吉蔵（圓遊長男・竹内孝太郎）
立花家橘之助（石田みよ）
三遊亭圓生（Ⅳ・立岩勝次郎）
三遊亭圓遊（Ⅰ・竹内金太郎）
三遊亭小圓遊（鳥羽長助）

「三遊連中幷講談家肖像」〔『百花園』第206号（明治31.1）所載〕

著者蔵

偶来松樹下(たまたま来たる松樹の下)
高枕石頭眠(高く石頭に枕して眠る)
山中無暦日(山中暦日無し)
寒尽不知年(寒尽きて年を知らず)
眼を閉じて
聞き定めけり
露の音
三遊圓朝無舌居士
小嶋景信写

目　次

編集協力＝縣　和彦

はじめに

「のどもと過ぎれば熱さを忘れる」ということわざがございますが、あたくしも、本を出す仕事なんてえものは、もうめんどくさいし、だんだん年齢《とし》をとってくれば疲れもでますから、もう二度とやるまいと思っておりました。ところが、何年か経ってみると、「もったが病い」か、またぞろやってみたくなるもんで……。

近ごろ、橘右近さんが、明治二十七年一月の「三遊社一覧」というものを見せてくれました。これは、複製して、附録につけましたが、それを見ると、あたくしにはまことになつかしい人たちの名前が出ております。

明治二十七年と申しますと、あたくしは無論まだ生まれておりません。この世に出てくる七年前のことですから、全く聞いたこともない人もあるが、あたくしの知っていることだけでも、喋っておきたいと、例の病いがむらむらとおこり、青蛙房のご主人に話をしてみますと、おやんなさい、おやんなさいとけしかけられて、始めてみたところが、さァ、わからぬことだらけ……。

この一覧の名簿は、住所の区別になっておりまして、みんな本名がついていますから、調べもつくだろうと思ったんですが、どうしてどうして、芸名を何度も取っ替えた人もあり、いったい誰の弟子なのかもよくわからない……これァとても駄目かな、と思ったら、やはり右近さんが『古今落語家系統表』というものを見せてくれました。これは、六代目文治の弟で、桂文之助という噺家がありまして、本名を桂仙之助というので、仲間では、仙ちゃん仙ちゃんと言って、三遊派の書記のようなことをしていましたが、この人が、たいへん筆まめな人で、元祖立川焉馬《たてかわえんば》からはじまる落語家の系図を書き残したものでございます。明治四十二酉八月、としてあります。

これを見ると、誰が誰の弟子で、どういうふうに改名したかが、ほとんどわかります。さァこれさえあれば大丈夫と思ったら、今度は、生年や歿年、行年がわからない……と、また、六代目林家正蔵(本名・今西久吉)が、物故した芸人のお墓を調べて歩いて、記録に残してくれた「墓誌」というものがございました。また、高野金太郎という奇特なかたがありまして、このかたは、正蔵が調査していた昭和初年ごろから、ずっといっしょに調べて、今もって、ひとりでこつこつ調査をしておられますので、その資料をすっかり教えて頂きました。

それから、飯島友治先生も永年にわたって、落語の歴史を調べておられますので、お集めになった資料を見せて頂きました。そうすると、国会図書館に、『落語家名前揃』というものがあることがわかりました。これは、明治二十一年から明治二十九年までの、柳派の芸人の鑑札届の写を、綴ったもので、このおかげで、生年や、開業、改名などの年月がかなりわかりました。

そのほか、国会図書館には、初代三遊亭圓生がこしらえた『東都噺者師弟系図』、二代目船遊亭扇橋の著わした『落語家奇奴部類《きぬぶるい》』もありますので、これを借り出して、すっかり目をとおしてみました。

それにまた、明治二十八年から、博文館という書店が発行した『文芸倶楽部』という雑誌がございまして、毎月一冊のほかに、年四回の増刊があるので、一年に十六冊ずつ出ておりますが、その大正二年までの分が、これも国会図書館にほとんど揃っております。これには、落語、講談の速記のほかに、芸人の逸話や、亡くなった時の追悼記事などが、豊富に出ておりますので、これも全部調べてみました。

さア、材料はうんとこさと集まったが、あんまり沢山あると、腕のない板前は、どう料理していいか、まごまごするばかり……すると、前に『寄席育ち』を見事にまとめて、生かしてくれた山本進氏が、助け舟を出してくれましたんで、これはこうして、ああしてと、助言に頼りながらのありさまは、ヘボ将棋が駒を動かすが如くで、いやはや面目ないことでございますが、どうやら明治二十七年の三遊派の名簿については、やっとまとまりましたので、ごらん下さいまし。

三遊亭　圓遊

神田区須田町十九番地　竹内金太郎事

この人を仲間で初代と称しておりますが、実は三代目でございます。

本当の初代というのは、初代三遊亭圓生の門人に、三遊亭圓遊という人がありまして、これがのちに改めて初代の金原亭馬生になりました、大看板でございます。次の二代目圓遊は、三遊亭圓朝の門人で、はじめ三遊亭林朝、改めて二代目圓遊となり、のちに新朝となりました、これも立派な真打でございます。そして、三代目がこの竹内金太郎の圓遊になるわけです。ところが、前に大看板の人が名乗ったことがあるのに、それをみんな消してしまって、初代と称されるほどに、この人は人気があった。つまり、「圓遊」という名前をそれほどまでに大きくしたのは、確かにこの人でございます。それまであった古い噺を、明治の時代に合うように改作したり、あるいは新作もずいぶんこしらえたりしまして、この人の功績は、確かに著しいもんでございます。

今度、あたくしがこの人の伝記を調べてみて、実に困った、と申しますのは、『文芸倶楽部』という雑誌の中に、この人の身の上噺というものが、三回出ております。

第6巻第4編（明治33・3）

第12巻第2号「芸人出世譚」（明治39・1）

三遊亭圓遊（『文芸倶楽部』11-14）

第13巻第6号「落語十八番」（明治40・4）

ひとりの噺家でこの雑誌に三回も身の上噺がのったのは、圓遊のほかにはありませんが、これであたくしがひどく困ったというのは、三回とも言うことが少しずつ違っている。当人の言ったことをば、第一に信用しなければいけないもんでしょうが、この圓遊さんの身の上噺というものは、どうもあたくしには信用ができない。

生まれは小石川小日向《こびなた》水道町の藤屋という紺屋で、竹内清五郎という人の長男に生まれ、小さい時から落語が好きだったという、ここまでは間違いはありません。

そこで、明治四十年の記事の中には、こう書いてあります。

「忘れもしない十二の時でした。私の大好きな圓朝師匠が目白亭〈圓生註。江戸川橋を護国寺の方へ向かって渡ってすぐ左へ曲がり、川っぷちにあった席で、後に江戸川亭となりました〉へかかって、毎日々々日の暮れがたに、水道町の私の家の前を駕籠に乗っては通るのです。その頃はちょうど師匠の若盛りで、大髻《おおたぶさ》に結った男ぶりはよし、黒羽二重《くろはぶたえ》の着物の袖口から緋縮緬《ひぢりめん》の襦袢の袖がちらちらするあんばい、にやけたこしらえでしたが女ッぽれのする柄《がら》で、私はひどくそれが気に入って、あアいいなァと思うと、急に自分も圓朝のような噺家になってみたいという気になりました。」

それ以来、噺家になりたいというので、目白亭へ出かけていって、前座に賄賂をやって楽屋へはいりこんでは、太鼓をたたいたり拍子木を打ったり、いろいろの手伝いをさせてもらって嬉しがっていたが、両親は行く末を心配して、早く奉公に出したほうがよかろうというので、日本橋石町《こくちょう》の山城屋という紺屋へ奉公に出した。十二から十九まで足かけ八年山城屋に奉公していたが、十九の年に病気をして家へ帰ってきて、ぶらぶらしているうちに道楽を始めて、かたぎの商売がいやになり、噺家になろうと了見をきめた。

噺家になるなら、圓朝の弟子になろうと思って頼んでみると、師匠はもう弟子をとらないといってことわられたので、ある人の世話で先々代五明楼玉輔の弟子になって、志う雀《しじゃく》という芸名を貰った。これがちょうど上野の戦争の年で、初高座は、師匠玉輔に連れられて、上州桐生の大松屋という茶屋旅籠屋《はたごや》兼帯の寄席だったという……。

「その後玉輔が一時廃業することになりましたので、二十四歳の時、改めて圓朝の弟子になりまして、圓遊という名を貰って出ましたところが、幸いに皆様がたのお引立てを頂いて、二十六歳の時、日本橋瀬戸物町の伊勢本で真打に相成りまして、引続き今日まで相変わらずごひいきを頂いておりますのは、まことに有難い幸せでございます。」

と、こう書いてあります。

その前の明治三十九年の「芸人出世譚」にもやはり、

「私専売のすててこが評判になって、おかげでだんだんと売り出しまして、二十六歳の時、日本橋瀬戸物町の伊勢本で真打になりまして……」

とありますが、これがどうも大変おかしいいんじゃないかと、あたくしは思ったんで。

圓遊は明治四十年(一九〇七)十一月二十六日、行年五十九歳で亡くなっております。いろいろなものを調べましたけれども、これは確かなんで……そうすると、生まれは嘉永二年(一八四九)ということになります。そこで、当人の話を信用すると、圓朝の弟子になったのは明治五年(一八七二)、真打になったのが明治七年ということになりますが、これがどう考えてもおかしい。そりやァいかに売れようが出世をしようが、二十四の時に弟子入りをして足かけ三年めに伊勢本で真打になれるわけがない。これは確かに当人の記憶違いだと、あたくしは思います。

それにつきまして、のちに全文を掲げますが、明治四十一年一月の『文芸倶楽部』に「圓遊追憶録」というものが出まして、いろいろの人たちが圓遊を語っている中に、圓右(初代・沢木勘次郎)の談話がのっております。

それによりますと、圓右がはじめて圓遊を知ったのは、「今から三十二、三年も前でしたろうが、私がまだ三橘《さんきつ》といった時分……」と言っております。豊川亭の楽屋へはいっていくと、そこに見ず知らずの男が寝ていて、「私は五明楼玉輔の弟子で志う雀と申します」とあいさつをしたのが初対面で、この志う雀が後に圓朝の弟子になって、圓遊となった……と、こう言っているわけですが、明治四十年から三十二、三年前と言えば、明治八、九年になります。

また、圓右は万延元年(一八六〇)の生まれで、十三の年に圓朝の弟子になろうとしたが、圓朝のところは弟子が多すぎるというので、圓橘の弟子になって橘六という名前を貰った、ということははっきりいたしております。そうすると、当時は数え年ですから、圓右が十三というと明治五年になりますね、橘六で前座をして、十三、十四、十五、十六ぐらいの年に三橘になったか、と考えると、この話は三橘になって間もなくの、やはり明治八年か九年ごろだろうと思います。その若い当時だから、はっきりと覚えているんでしょうから、これァ圓右の言っているほうが確かだと、あたくしは思います。

だから、圓遊が圓朝の弟子になったのは、どう早くても明治八年か九年だろうと思う。それから江戸が東京になって地方の人がおいおいふえて、文明開化の風が吹き、明治調になってきたのが、やはり明治十年近くになってからでしょう。だから今までの噺をぶちこわして明治調にして演《や》った圓遊の芸が人気に投じることになった。それから圓遊がはじめて〝すててこ〟というものを踊ったのは、明治十三年だそうで、これは当時の圓喬(のちの四代目圓生)のトリのとき、その前ではじめて〝すててこ〟をやった、これが大変な人気になって、十五年に日本橋瀬戸物町の伊勢本で看板を上げた、ということが、関根黙庵さんの『講談落語今昔譚』という

圓遊のステテコ(橘右近氏蔵)

本にも出ておりますが、このほうが年代的にみても正しいとあたくしは思います。

三十九年、四十年の『文芸倶楽部』の記事で、なぜそういうつじつまの合わないことを圓遊が言ったか、というと、そのころになると、自分の記憶というものがちょっと怪しくなっていたんじゃないでしょうかねェ。

あたくしがはじめて圓遊さんに会ったのが、確か数え年で七つのころ、明治三十九年だと思います。圓遊師匠からあたくしはおもちゃをもらったことがある。

「うちの孝坊《こうぼう》のおもちゃを持って来てあげようね……」

孝坊というのは、のちに若柳吉蔵になりました、ご自分の息子さんで、そのおもちゃが大事にとってあったんでしょう、箱へいれて持ってきてくれたことがあります。

その当時、圓遊師匠は、すわっていても膝の上で手がぶるぶるぶる小きざみにふるえている。明治何年に倒れたんだか、はっきりわかりませんが、前に軽い脳溢血で倒れたんでしょう、それからこう体がふるえるんですね。子ども心に、どうしてこのおじさんは手がぶるぶるふるえるんだろうと思ったんで、あたくしがその前へすわってじィッと見ていたが、むこうとおんなしようにこう手をふるえさしたんで、おふくろがあたくしを叱って、あとで、

「あんなきまりのわるい思いをしたことはなかった」

って話を聞きましたが、こっちは無邪気な子どもだから、むこうがやるとおりまねをしてしまった。高座で圓遊が話をしながら右の手で扇を広げてあおいでいたら、だんだんはずみがついて、しまいに止まらなくなっちまって、左の手で上からおさえてやっと止めたなんと

いう話もあとで聞きました。

だから、もはやその当時には、記憶もちょっとあやしかったんでしょう、何か、自分が二十六の時に真打になったという、錯覚をおこしていたんだろうと思います。

この圓遊の名前をもらった時のことが、当人の談話で出ておりますが、圓朝師の所へ行ってお弟子にしてもらうことになり、

「名前をどうしよう。うちには金朝とそれから圓遊という名前と二ッつあるから、どっちにしようかねェ」

と言いながら、小さい紙へ別々に書いて丸めて、圓朝師が、

「今あたしがほうるから、おまえがどっちでもいいと思うほうをお取り」

と言って、二ッつの紙を上へほうったので、ひとつのほうを受け取ってあけてみたら「圓遊」と書いてあった、それで、この名前にきまったんだということが出ております。その時、もし「金朝」のほうを取れば、現在「金朝」のほうが大きい名前になっていたんでしょう。

昔の落語をいろいろ新しくしました。圓遊の売りもので、『野ざらし』という噺がありますす。これは二代目林屋正蔵という人がこしらえたもので、ごく陰気な噺だったそうですが、それを圓遊流に、ああいう陽気な噺にして、今もって『野ざらし』というものは、寄席でおこなわれてお客さまが大変よろこぶ噺です。『成田小僧』という噺、これは近ごろあまり出ませんが、圓遊の創作でございましょう。それから『おせつ徳三郎』の上のほうを、『花見小僧』として陽気な噺にした。また『船徳』というものは、もとは人情噺であったのを、今

圓遊の恵比寿大黒，百面相(『百花園』第 206 号)

のようにおもしろくしたのは、やはり圓遊です。

それから「大一座」というものをば始めたのが、やはり圓遊で、当時売れました〝郭巨《かッきょ》の釜掘り〟の談志・〝ラッパ〟の圓太郎・へらへら坊万橘・圓遊の〝すててこ〟これを「四天王」と申しましたが、これらを圓遊のトリの時に全部集めまして、ずらッと並んで、お客さまから何かお題をいただいて、「お題噺」をしたり、あるいは「娘拳《むすめけん》」なんというものもやり、いろいろなことを大一座でやった。これがまた非常にめずらしいというので、お客さまがわいわい押しかけたという。

それから「通り抜け」ということをやりました。これは、頬ッかぶりをしたり、帽子をかぶったり、大きな包みを背負《しょ》って、他人《ひと》が噺をしているうしろを通り抜けるんで。ふじ松ぎん蝶という盲人がありまして、この人は、木琴だとか鼓だとか太鼓だとか、前へずらッと並べて、三味線を弾いてうたう。これァあたくしも知っていますが、竹法螺を吹くような声で、このぎん蝶が車輪になって演っている、そのうしろを変な恰好して通り抜ける。お客はこの姿を見て、わァッと笑うんですね。と、ぎん蝶がびっくりして、

「おいおい誰だい、おい、冗談しちゃいけねえぜ」

ってんでうしろを見る。これァまァ前に打ち合せがしてあるんでしょうが、それがまた非常にまじめに怒ったように見えるんで、お客さまは、わッわッといって、ひっくり返ってよろこんだというわけで。

それから「丸太乗り」なんてえものもしたそうですね。ま、少々わるふざけに近いことで、それがために若手の真打なぞが沸いいてしまいまして、けしからんことだ、当人に言ったってとてもだめだから、師匠の圓朝に掛け合おう、というんで、若手の真打が十人ばかり集まって、掛け合いに行ったという。これは三代目の三升亭《みますてい》小勝(本名・青山吉松)、この人は一時噺家をやめておりましたが、晩年になって、また三代目柳家小さんに頼んで、演芸株式会社というものができました当時、もう七十二、三になっていたのかもしれません、柳家三楽という名前で、また寄席に出ておりましたが、この老人からあたくしが聞いた話です。

みんなが血相を変えて、

「師匠にお目にかかりたいから」

というので、一同が圓朝師のところへ早朝から詰めかけた、と、取り次ぎの者が

「少々お待ちくださいまし」

と言って、奥へ引ッ込んで行ったが、

「師匠はこれから看経《かんきん》でございますので、それがすみましたならば、お話をうかがいますから、暫時こちらへお通りくださいまし」

というので、座敷へ通されて、一同がそこで肱《ひじ》を張ってこわい顔で控えている。と、すぐその隣りの仏間で、圓朝師が朝のお勤めをするんで。圓朝師は禅をやっておりましたから。ところがこのお経が、どうも長いんだそうですね、一時間以上かかった。そのあいだじっと待たされた。お茶やお菓子、煙草盆なぞは出ましたが、お経を聞いていると、だんだんと、この怒っていたやつが、いくらかくじけてきたというわけで、これは圓朝師のひとつの計りごとなんでしょうね。なんで掛け合いに来たか、もうちゃんとわかっている。そこで長々とお経を聞かして、出鼻をくじいたというわけで。やがて看経がすんで、

「ただ今師匠が参りますから」

と、そこへ圓朝師があらわれて、いんぎんな人でございますから、

「みなさんよくいらっしゃいました」

てんであいさつをされたんで、もちろん圓朝は大看板で、片方《かたかた》はみんな若手の真打ですから、一同がそこで、

「へえ……」

てんでおじぎをした。すると、

「まだお食事前でございましょうから、なんにもございませんが、ま、おひとくち」

と言うと、そこへずうッとお膳が出た、とたんにあらわれたのが圓遊で、

「まアまアひとついかがでございます」

ってんで、お銚子を持ってお酌に歩いたんで、今この野郎の苦情を言おうと意気ごんできた、その当人が出てきたんで、こいつァいささかまずいことになったなと考えていると、一巡ずうッとお酌がすんだところで、圓朝師が、

「さて皆さま、この圓遊でございますが、ご承知のとおり芸は未熟でございまして、なかなかまともな噺を演っておりましたんでは、売り出すことができません。そこで当人も、何か目新しいことでお客さまにとり入ろうというわけで、あなたがたもさぞかしお気に入らないこともございましょうが、なにしろこういう未熟者でございますから、どうかひとつ、よろしくこの圓遊をお引き立てを願いたい。さ、おまえも皆さんにお願いをしろ」

と言った。圓遊という人も如才ないから、

「どうぞしとつ、師匠がたにも、よろしくお願いをいたします」

ってんで、お酌をされたんで、みんなひとことも苦情が言えなかった。

「何しに行ったんだか、わけがわからない」

って、あとでみんなが笑ったといいます。

当時、圓遊が売り出したのには、いろいろ苦心もあったでしょうが、

「なんだい、あんな噺をしやァがって、そのうえに〝すててこ〟なんぞを始めて、あの場、

違いが」

とか、それァもう仲間の苦情というものは、並みひととおりでなかった。それを押しきって、もうどうにもこうにも苦情が言えないように、当人がばりばり売れてしまったんで、しまいには歯が立たなくなったというわけでしょう。その売り出すまでの苦心、また師匠がこれに対して庇護をしたということも、並みたいていのことではなかったろうと思います。

圓遊という人がどのくらい売れたものか、これは明治四十一年一月発行の『文芸倶楽部』に「圓遊追憶録」というものが出ておりまして、当時の噺家が、圓遊の人柄なり、芸風などについて、話をしております。これをごらん下されば、よくおわかり頂けると存じます。

▽圓遊追憶録　　華堤生

去歳の十月下旬〈圓生註。これは誤りで、明治四十年十一月二十六日歿、行年五十九歳〉この世を去りし、滑稽落語の大家三遊亭圓遊の経歴逸話は、本誌臨時増刊の「芸人出世譚」その他二、三号に詳しくこれを記せり、よって本号には彼の遺族、同門の兄弟弟子、ならびに門下らについて、その追憶談を聴き、左に記載することとなしぬ。

▼その一　　三遊亭〈橘家〉圓喬

▼圓遊のこの世を去りましたのは、実に惜しうございます。あの人は全く天稟の滑稽家で、あの芸ばかりは習って出来ず、まねて決してまねられません。私が覚えまして三十年以来の

滑稽落語の名人でございました。
▼近年の滑稽落語の大家と申しましたら、まずあの人と、先代の小さん〈圓生註。二代目・大藤楽三郎〉でございましょうが、どっちかというと、私は、芸は圓遊の方がいささか上だったかのように思われます。
▼ちょうど二十二、三年前、私が上方《かみがた》から帰って来ましたところ、小さんがばりばり売り出して、大そうな人気でしたから、さっそく神田立花亭《しんごくちょう》の昼席へ行って、小さんを聴いてみますと、なるほど玄人の我々さえ腹をかかえるほど、おかしくッて面白うございました。
▼が、一体芸事は何に限らず、一度や二度ぐらい見たり聞いたのでは、その上手下手は容易にわかるものではないので……噺なら少くも十日ぐらいは続いて聴かなければ、本当の腕はわかりませんのですから、私はそれから十日ばかり続けて行って聴いてみましたところが、小さんの噺は旨いことは旨いが、幾日も重ねて聴くと、どうもだんだん耳になずんできました。
▼ところが圓遊を毎晩楽屋で聴いてみると、最初は小さんほどの面白みのないかわりに、五日なり十日なり続いて聴いても一向そんなことがなく、だんだんと変わった味が出てくるというふうでした。
▼で、小さんのひとつ噺を二度聴き、圓遊のひとつ噺を二度聴くと、小さんの方は最初の時より二度目の方が面白みが減り、圓遊の方は最初より二度目の方が面白みが増しましたが、これは、小さんという人は、文字があって腹の出来ていた人だけに、滑稽を巧《たく》んで極《き》めてお

いたせい……圓遊は腹のない人で、極まりというものがなかったために、かえって滑稽が自由だったので、腹は小さんが勝っていましたが、芸力《げいりょく》は圓遊の方が少し上のようでした。

▼圓遊のよかったのは、芸にやわらかみがあって、ただ何となくおかしかったことです。ほかの人の滑稽は理屈がありますが、あの人の滑稽は理屈がみじんもないのが身上《しんしょう》で、時々噺を突拍子もない方へ持って行きますから、あんなことをいって、どうまとまりをつけるだろうと思って、楽屋ではらはらして聴いていると、不思議にちゃんとまとめて納まりをつける手ぎわは、到底、余人には真似の出来ない芸でした。

▼私は八月いっぱい席を休んでいましたから、毎晩方々の寄席《せき》を聴いて歩いて、ある晩並木《なみ》亭《き》へ行きますと、三好〈圓生註。音曲師で、本名・中田宗太郎〉のトリで、圓遊がスケに出ていましたが、その時分ちょうど足が悪かったので、高座へ御簾《みす》を降ろして上がったのを見て、私は、あァ実に気の毒なことだ、この暑いのに病人の身で高座へ上がるのは、さぞ大儀なことだろうと思って聴いていると、例の『擬宝珠《ぎぼし》』を演りましたが、第一人《ひと》に愛嬌があって、艶のある軽い口調で、とりとまりのないようなことをいうのが、何ともかともいわれないほどおかしくッて面白いので、実に結構な芸人だとつくづく感服して、楽屋へはいって行くと、圓遊はかけもちがあるので、前座に手を引かれて帰って行きました。

▼すると楽屋にいた若い者たちが、私に、師匠、圓遊さんもあれですから、高座も面白くありませんね、と言いますから、私は、勿体ないことをお言いでない、どうしてまだまだ確かなものだ、お前たちは束になって掛かったって、あの病人にとてもかなやァしないぜッて、

憎まれ口をきいたことがありました。

▼御承知のとおりあの人は、最初、先々代五明楼玉輔……のちに三遊連へはいって玉廼《たまの》家《や》梅翁といった、山の手組の噺家の弟子で、のちに師匠圓朝の弟子になったのですが、最初からあんな芸風ではなかったのです。

▼ところがそのころは我々社会に名人上手が大勢いて……まず第一に師匠圓朝が道具をやめて、扇一本の人情噺で飛ぶ鳥を落とす勢いでしたし、柳桜がまだ柳橋〈圓生註。三代目・斎藤文吉〉でパリついていましたし、二代目志ん生〈本名・福原常蔵〉、富士松紫朝《しちょう》〈初代〉、播磨太夫の紋左衛門、三代目扇歌、初代の駒止《こまと》め圓馬などという一騎当千の真打に続いて、故人燕枝、先代玉輔〈本名・川村赤吉〉、只今の桂文治〈六代目〉、五代目龍生《りゅうしょう》になった圓太郎〈この圓太郎は二代目。初代は圓朝の実父の圓太郎〉、三代目圓生、四代目圓生の圓喬、薬《や》研堀《げんぼり》の圓橋、ラッパの圓太郎〈ラッパの圓太郎がこの時分売り出していたかどうか疑問〉、只今の圓楽の小圓朝〈のちの一朝〉などが、そろって売れているところへ、初代圓遊〈これは二代目圓遊の誤り〉の新朝、只今の圓右の三橋、小圓朝〈二代目・芳村忠次郎〉の小圓太などが、頭を持ちあげて、売り出すところでしたから、新しく飛び込んで来たあの人などは、なかなか並みたいていのことでは、売り出すことは出来なかったのです。

▼そこで、あの悧巧な人ですから、ちょうどそのころ、九州中国あたりの人が続々この東京へはいり込んで来て、寄席のお客もだいぶ毛並みが変わってきたのを見込んで、がらり調子を替えて、あの圓遊一流の滑稽落語を演り始めたのと、あの〝すててこ〟を踊り出したのが

旨く当たって、たちまちのうちにめきめきと売り出して、まもなく大看板になりました。
▼性質はごく無邪気淡白で、それでなかなか気骨のあった人で、さきごろも御承知のとおり、新橋演芸館のことから、睦席《むつみせき》と大喧嘩を始めて、死に花を咲かせたようなわけですが、確か十五、六年前にも、「五厘」の圧制を怒って、弟子一同を連れて三遊派を脱走すると言い出して、大騒動がおこりましたのを、その時は若竹・立花家などが中へはいって、以後「五厘」に不都合のないようにすると扱って、無事に納めたことがありましたが、いざとなると一歩もあとへひかないという、気風の面白い人でした。

▼その二　未亡人　千代

▼ふだん日々《にちにち》のことと申して、別に申し上げるほどのこともございませんが……朝起きますのは、わりあいに早いほうでございました。早いと申しても夜が遅くなります稼業でございますから、世間さまの早起きとは違いますが、お寒い時分でも、九時十時までふせっておるようなことはございませんでした。
▼体の悪くなりませんころは、毎朝起きるとすぐ自分で箒を持って、庭の掃除をいたしまして、それから顔を洗って、宅の者と一緒に御飯を頂きますので……箸を置きますと、すぐその日の新聞紙をひととおり読みましたが、新聞紙を読まないと時勢におくれると申して、どんな用事がございましても、ざっとでも必ず読まないことはございませんでした。
▼新聞紙は記事を読んでしまいますと、裏の広告のほうを必ず目を通しましたが、これはご

ひいき先や御懇意なかたのうちに、もしや御不幸でもあって、その広告でも出ておりましたら、義理を欠くまいと思って、せいぜい気をつけておったのでございます。
▼新聞紙を見ておりますうちに、お弟子が誰かしらきっと一人や二人は来ますから、その人といっしょに小島町の大黒湯へ運動がてら出かけて行きまして、帰って参りますと、火鉢のまわりからそこいらじゅう片付けものをいたすのが毎日で……あたりの散らかっているのが大嫌いで、散らかっていなくッても、道具や何かをあっちへやったりこっちへやったり、それは実にまめな人で、少しもじっとしていることの出来ない性分でございました。
▼いただきますものなどは至って世話のなかったほうで、おかずなんぞはなんでも構わない……みんなとおんなじお惣菜で結構だと申しまして、好き嫌いを申したり、おかずごのみなどをいたしたことは、ただの一度もございませんでした……間《あいだ》にいただきますものでは、焼き芋が一番の好物で、そんなにあがっては胃に悪いでしょうと止めるくらい、随分たくさんいただきました、お菓子も上等のものよりは、どっちかと申すと並みのもののほうが好きで……一体が下戸でございましたから、御酒《ごしゅ》はたまにビールを一本の半分ぐらいいただくのがせいぜいでございました。
▼着物などはいっこうに構わなかったほうで、時々ふだん着のままずんずん出かけますから、お師匠さんみっともないからちょいと着替えていらっしゃいなと申しましても、何を着たって圓遊は圓遊なのだから、これでたくさんだと言って、少しも頓着いたしませんでした。
▼一体がごく几帳面の質《たち》でしたから、ひとさまとお約束をいたしました事や何かは、随分用

の多い体でしたから、忘れないようにと言って、いちいち自分で書き付けにして、目につくように、ふだん自分のすわるとこのうしろの壁へ、べたべた貼りつけておきました。

▼亡くなります少し前に、お弟子を連れて運動に出ました途中で、道具屋にありました百味簞笥を買って参りましたから、何にいたすのかと思っておりますと、小さい紙の札へ地租税・家屋税・営業税・水道税・保険会社の受け取り・慈善会の受け取りなどと書いて、それをいちいち引出しの表へ貼りつけて、ひと目見れば何はどこにあるということを、すぐわかるようにいたしておきましたが、万事こんなふうでございました。

▼私たちはじめお弟子奉公人などに、ついぞやかましい小言などを申したことはございませんで、お弟子奉公人は、まるで友だち同様な扱いをいたしておりました。

▼自分が世話になったとか、恩を受けたとかいうことは決して忘れなかった人で……売り出す時分にごひいきになったあるお客が、先年商法の手違いで大失敗をなすった時、昔の恩返しだといって、大金の証文へ連帯の印を押しましたために、宅は身代限りをするようなことになりましたが、それでも師匠はいやな顔もいたしませんで、その後もやはりそのかたのめんどうを見て、いろいろとお世話をいたしました。

▼宅においくさんというお婆さんが働いておりますが、この年寄りは、先年師匠の前へ出て、日本手品を使っております、遊成《ゆうなり》さんのおかみさんで、あの遊成さんが、もと隅田川浪五郎といってさかんにやっておりましたころ、師匠はまだ前座で前へ使ってもらったことがあるので、あの人が年をとって、席は取れず、一人の息子は外国へ行ったきり帰って来ないとい

うのを聞いて、気の毒だといって、老人夫婦を引き取って宅の長屋へ住まわせまして、遊成さんを前座《まえ》へ使ってやっておりますうち、遊成さんは歿しましたので、お葬い万端の世話をしました上、ほかに頼りのないお婆さんをこっちへ引き取ってやって、いまだに世話をいたしておるのでございます。

▼その三　三遊亭遊三

▼私は圓遊の一番最初の弟子で、ことに師匠とは手習い朋輩で、子供の時からの知り合いなのでございます。

▼私は子供の時分、小石川の小日向《こびなた》新屋敷におりましたので、石切橋ぎわの万千堂という手習い師匠のとこへ、稽古に行きますと、師匠は水道町の藤屋という紺屋の伜だものですから、やはりそこへ手習いに来まして、互いにこころやすくなって、子供同士の友達づきあいをいたしておりました、その時分この万千堂へ、改代町《かいたいまち》の仕事師の伜で、兼吉という子がかよって来て、師匠や私の友達になりましたが、これが先年故人になりました市川寿美蔵さんなのです。

▼万千堂を出てから、しばらく師匠に会いませんでしたが、そののち十年ばかりたって、私が道楽半分噺家をやってみようと思って、麻布の飯倉におりました先々代五明楼玉輔のうちへ弟子になりに行きますと、そこに師匠が内弟子になっていて、不思議な所で久々で対面しました。

▼そのころ師匠は志う雀、私は玉秀《たまひで》といって、師匠のほうが私より兄弟子なのでしたが、師匠のほうはその時分実家《うち》を勘当されて、玉輔のうちに厄介になっている身分、私のほうは道楽がてらで、いわば旦那弟子なのですから、師匠が前座で、私は二つ目という格でした。

▼その後私は雀家翫《すずめやかん》の助《すけ》と改名しましたが、何分うちの者や親戚などがやかましいので、いったん廃業して司法省へ奉職して、北海道函館裁判所へ参って、七、八年官吏の飯を食っていましたが、ある事情があって、やめて東京へ帰って日本橋小伝馬町で桂庵《けいあん》を始めました。

▼ところが、もともと芸人が好きなのですから、また噺家になりたくなって、麟生《りんしょう》という人の弟子になって、麟好《りんこう》という名で寄席へ出ておりますと、師匠とした麟生が只今寄席へ出ておりますある女の芸人と、田舎へ道行きを極めてしまったので、私は別に誰か師匠を取りたいと思って、死んだ娘に相談をしましたところが娘が、おとっさんあの志う雀さんが今圓朝さんのお弟子になって、圓遊と改名して日の出の人気だから、おとっさんも志う雀さんに頼んで、圓朝さんのお弟子になったらいいでしょうとすすめましたから、なるほどそれがよかろう、そうしようと言って、さっそくそのころ神田の柳原におりました師匠の圓遊の所へたずねて行きました。

▼一別以来、久しぶりで師匠に会って、そのことを頼むと、師匠はさっそく圓朝さんの所へ行ってくれましたが、圓朝さんはそのころもう弟子を取らないといってことわられましたので、私はそれではどうかお前さんの弟子にしてもらいたいと頼みますと、師匠は、いやいやわたしはこのごろようやく一人立ちの出来たところで、まだまだなかなか弟子などを取る身

分ではなし、ことにお前さんはもとわたしより上に立っていた人だから、と言ってことわりましたが、わたしが昔は昔今は今だからぜひと言って頼んだので、わたしのような者でもそれほどに言ってくれるならと言って、そこでやっと弟子にしてくれて、名前を、そのころ今の訥升さんのおとっさん助高屋高助さんが売れていたのから思いついて、上から読んでも下から読んでも同じで面白いからといって、三遊亭遊三とつけてくれました。

▼わたしが弟子になりましたころは、ちょうど師匠の売り出しの潮先《しおさき》でしたが、その後ますます売り出して、寄席演芸社会きっての人気者となりましたから、どこの寄席でも圓遊の看板さえあげれば、客どめをしないことはありませんでした。

▼ですから、その時分の師匠の全盛は実にたいしたもので、めったにうちへ寝ることなんどはなかったものですから、亡くなりました先《せん》のおかみさんが、師匠もせめて一と月のうちに四、五晩ぐらいは、うちへ帰って来てくれるようだといいがって、毎度私にぐちをこぼしたほどでした。

▼二人ともまだ玉輔の前座をしておりました時分、師匠はよく、おれもどうか二分《ぶ》ずつ取れる身分の噺家になってみたい、と言ったことがありましたが、その望みよりは百層倍も大きいからだになりましたから、さだめし満足いたしておったでございましょう。

▼その四　　三遊亭圓右

▼私がはじめてあの人を知りましたのは……さよう今から三十二、三年も前でしたろうが、

私がまだ三橋といった時分、圓橋さんが赤坂の豊川亭という寄席へ掛かりまして、私はその前座《まえ》へ出ておりましたから、初日に、のちに談志になりました桂文鏡〈圓生註。〝釜掘り〟の談志のことです。文之助の系図では、前名は文橋となっております〉と、金原亭馬太郎という者と三人で、日の暮れかたに豊川亭へ行って、楽屋へはいりますと、そこに一人の男がぐうぐう高いびきで寝ているのが、席亭の者ではなし、といって素人のようでもないのです。
▼が、見ず知らずの男ですから、今日は初日で、もう始めるのだから、起きてくれといって声をかけても、よく寝込んでいて、なかなか起きませんから、三人でゆすぶってやると、ようやく起きて、寝ぼけまなこでわれわれを見ると、これはこれはとんだおじゃまをして相済みませんでした、私は五明楼玉輔の弟子の志う雀と申します、お仲間うちの者でございますが、どうか以後おこころやすく願いますって、ていねいにあいさつをしましたが、その時分の玉輔は山の手組の噺家で、われわれのほうとは、てんでつきあいをしませんでしたから、したがってその弟子の志う雀というのも知らなかったので、これが初対面でしたが、この志う雀がのちに師匠圓朝の弟子になって、圓遊となったあの人なのです。
▼そこでわれわれのほうも、あゝそうでしたかといってあいさつをすると、あの人が締めていた博多の帯を解いて、談志の文鏡に、師匠、はじめてお目にかかって、はなはだ何ですが、どうかこの帯を二分《ぶ》にお買いなすって下さいませんかって言うんです。するとこの談志という人が如才ない人でしたから、君は実に面白いね、いい度胸だ、今にきっと売り出しますよ、なんか、油をかけておいて、とうとうその帯を一分に値切って買いましたが、その時分、あ

の人はちょうど実家を勘当されて、豊川亭に居候的《いそてき》をしていたので、のちに三遊へはいってから、この時のことを自分でひとつばなしにしていました。

▼あの人が売りものとして大評判を取りました、あの〝すててこ〟という踊りは、もと浅草の広小路に菜飯《なめし》茶屋のありましたころ、あの界隈を恵比寿の扮装《なり》をした物もらいが「西の宮の恵比寿三郎左衛門さまは、鯛を釣っちゃア何とかして、ステテコヤナセ」と言って、妙な振りで踊って歩いたのを、吉原《なか》の幇間の民中《みんちゅう》が見て、お座敷でその型をやったのです。すると初代の〝駒止め〟圓馬がそれをまねて寄席の高座へ持ち出したのを、あの人が見て、こいつは面白いと言って、自分で別に少しくふうして踊りだすと、ちょうど売り出しの人気でしたから、圓遊の〝すててこ〟といって、たちまち大評判になったのです。

▼あの人はあれだけ売れても、決して自分の人気を鼻にかけませんでしたし、芸の自慢などしたことのただの一度もなかったのは、実に感心なものでした。

▼その五　三遊亭遊録

▼私は師匠の売り出す時分から、しばらく師匠の俥《くるま》を引いておりましたが、その時分の師匠の人気といったら実にすばらしいもので、まるで圓遊のほかに噺家はないような勢いでした。ですからそのころは市中の席が、てんでに競争で師匠を掛けて、体がいくつあってもたりないほど、あっちでもこっちでもしじゅう引っ張りだこで、実に目の廻るほどの忙しさでした。

▼かけもちが少い時でも昼夜で十二、三軒、多い時は昼六軒の夜十三軒ありまして、それで

お座敷はのべつで、夜席をはねてから、一時二時ごろまで飛んで歩きました。
▼そうかけもちが多かったのですから、いちいち噺を並みにしていた分には、到底廻りきれませんので、スケなどはたいがい小噺一つに、あとは〝すててこ〟で降りるのですが、それでもお客は大喝采で、高いとも言わなければ、あっけないとも言わず、ただ師匠がちょいと顔さえ出せば、それで気がすんでよろこんだものなのです。
▼こんなふうで、高座へ上がるかと思うとたちまち降りて、次の席へ飛んで行くのですから、私は毎晩、ろうそくを三丁ずつ持って出て、提灯のあかりを消さずに、しじゅうつけッぱなしにしていました。
▼私もその時分は若くって威勢がようございましたから、かけもちの途中で、どんどん先へ行く俥をぬいて、ずいぶん無理な駈け方をしたものですから、しまいにとうとう血を吐きましたので、師匠が心配をして、俥を引くのをやめて、何か商いでもしたらよかろう、元手は出してやると言ってくれましたが、私は噺家になりたくって、師匠に頼んで弟子にしてもらったのでございます。

▼その六　真龍斎貞水

▼私はあの人とは毎度座敷でいっしょになって、ごく懇意にしておりましたが、噺家じゅうであのくらいの気合いといい、胆力といい、また頓智頓才のすぐれていた人物は、おそらくほかにないだろうと思います。

▼あれだけの大家になっていながら、決して少しもたかぶったりえらがらなかった、実に如才ない人でしたから、誰でもあの人とつきあって、不快の感を起こした者は一人もありませんでしたろう。

▼それでいて芸にかけると、なかなか胆力のすわっていた人で、いつぞや私と一緒に鳥居坂の久邇宮《くにのみや》さまのお屋敷へ召されました時、お客さまは皇族がたを始めいずれもお歴々がたのおそろいでしたから、たいがいの芸人なら場《ば》うてがして、何分か芸が固くなるのが当然なのですが、あの人ばかりはいっこうそんな気色がなくって、芸がいかにもふわふわふわふわしていて、いつもと少しも変わらなかったので、私はつくづく感心をして、圓遊という人は、実にあっぱれの名人だと思いました。

▼如才なかったのは、お茶屋などの座敷で一緒になりますと、いつでもきっと私に、これからどちらのお座敷へ……先生はいつもご盛んで結構で、近ごろ大層評判がようがすぜ、なんてお世辞を言って、いかにもこっちが忙しいように、そこにいる芸者や女中に吹聴するようにしました。〈圓生註。この貞水は四代目で、のちに早川貞水となる〉

▼その七　　三遊亭福圓遊

▼今思えば前兆とでも申すのでございましょうか……師匠が床につきます四日前、十月の十五日に師匠の供をして谷中の天王寺へ、師匠の亡くなりました子供の石塔を建てに行きました時、師匠がおれももう近々ここへ来るんだ、と言いますから、私は、縁起でもないことを

言うものだと思いまして、師匠つまらないことを言うもんじゃァありません、そんなことがあってたまるもんですかッて言いますと、いやそうでない、もう近々だろうッて言いますから、私はなんだか情けなくなりまして、師匠なぜまたそんな心細いことを言うんですすッて、聞きましたら、

▼師匠が、今おれはこの墓地へ来て、ふとあの〝すててこ〟の唄を思い出したら、急に心細くなってきた、あの唄は「さても諸席の大入りは、立川談志の十八番、郭巨の釜掘りオイテレン、万橋へらへら、圓太郎ラッパで、お婆さんあぶない、圓遊のステテコ、チャチャラチャラチャラ」というんだろう、そらその唄の談志・万橋・圓太郎はその順に故人になって、残っているのは圓遊ばかりだから、今度はいよいよおれの番だ、と言いましたが、帰って来ると四日目の十八日から、どっと床につきましたので、ついぞそんなことを言ったことのない人でしたが、いわば虫が知らせたのでございましょう。

▼その八　三遊亭鯉遊

▼師匠は実に弟子のめんどうをよく見た人で、よほど以前のことでございましたが、私が師匠の羽織を借りてそれをついまげてしまったので、きまりが悪くって、それッきり久しく師匠のうちへ行きませんで、席でもなるべく師匠に顔を合わせないように逃げていました。

▼すると、師匠が亀井戸の藤へ行った帰りに、途中でばったり出会いましたが、私はばつが悪いからそっぽを向いて、すうッと行こうとすると、師匠が、おい鯉遊々々ッて呼び止めま

したから、もう仕方がないと思って、どうもまことに相済みません、つい……て詫びをすると、まアいいから一緒においでと言って、私を田圃《たんぼ》の大金《たいきん》へ連れて行って、ご馳走をしてくれたあげくに、
▼おれは構わないが、うちの者の手前があるから、この金であの羽織を出して、あしたさっそくうちへ持って来てくれ、だがこれをおれが出したということは、うちの者へは内緒にしておきなよッて、質受けの金をくれました時には、私はなんという親切なありがたい人だろうと思って、うれし涙がこぼれました。

▼その九　　三遊亭遊朝

▼私は師匠の罪のない滑稽談を一つ申し上げましょう。先年師匠が京都の笑福亭へ興行に行きました時、師匠に先斗町《ぽんとちょう》の芸妓《げいこ》で千代香という馴染みが出来たとおぼしめせ……すると師匠はひとりで色男がって、千代香に寄席へ遊びにおいでと言うと、その女が毎晩々々寄席へ聴きに来るので、師匠はますます得意になって、どんなもんだいッてなことを言って、しきりにのろけていると、
▼いよいよ笑福亭を打ち上げて帰るという日に、その女の所から書付《つけ》が来て、それに毎晩席へ来た揚代金《ぎょく》が七十三円とついていたので、さすがの師匠もあっと言ってあいた口がふさがらなかったのは、とんだ大しくじりの御愛嬌でした。

〔『文芸倶楽部』第14巻第1号(明治41・1)〕

以上で圓遊追憶録は終っていますが、同月発行の定期増刊「福笑ひ」に、圓遊の失敗談が掲載されておりますからごらん下さい。

▽初め好くって末悪し　故三遊亭圓遊

左に記す圓遊の失策談は、彼が病床にふす数日前、本誌のために記者に語りしもの、彼がこの世のなごりの愛嬌話として、むなしくその音容《おんよう》を偲ぶかたみとなりしこそ憐れなれ。

▼私が放蕩のあげく、先々代玉輔の弟子になって噺家になりました時、親父はそれを大変に怒って、私を勘当して家へ寄せ付けませんでしたから、私はよんどころなく赤坂の豊川亭という寄席へ居候的《いそてき》をしていました。

▼で、毎晩高座へ上がっていますと、そこへ毎晩のように聴きにくる年頃十八、九の小意気な新造《しんぞ》があるので、それが楽屋の一問題になって、あの新造はどうもただ噺を聴きにくるのではないらしい、きっと連中のうちで誰かに思し召しがあるに相違ないといって、だんだん様子をさぐってみたところが、私に気があって来るんだということがわかったのです。

▼お笑い遊ばすな、全くのことなんで……圓遊今はもうこんなじじいになりましたが、これはやがて四十年も前のことで、その頃は私も若盛りでしたから、これでなかなか好男子で……あまり当てにはなりませんが、とにかくその新造……名はおせんというのでしたが、ど

ういう風の吹きまわしか、私においでなすったと思し召せ。そこでまァ寸法を通して好い仲になると、その女が世帯を持ちたいというので、番町へ家を借りて新世帯を持ったまでは、豪勢気が利いて器量がよかったのです。

▼ところがある日のことで、私がふだん行きつけの近所の床屋へ行くと、奥に近所の若い衆が大勢集まっていて、手なぐさみの悪戯《わるさ》をしていましたから、私も上がり込んでそばで見ていると、前から目を付けられていたとみえて、警察の手がはいって、ポリスが表と裏から五、六人踏み込んで来たので、みんな面喰らって我れがちに逃げ出して、それは大変な騒ぎでした。

▼私は何も仲間へはいって、悪戯《わるさ》をしていたわけではなくって、ただそばで見ていたばかりでしたが、まきぞえを食っちゃァ馬鹿々々しいと思って、一生懸命にそこを逃げ出して、友だちの家へ行って日の暮れるまで隠れていて、あかりがついてから、我家《うち》へ帰って見ますと、家の中が乱脈になっていて、おせんもいませんし、おせんの着物がみんなありませんから、変だと思って隣りの家で様子を聞いてみますと、驚きましたね……誰が言い出したのですか、髪結床へ手のはいったのは、私が噺家というのはほんのうわべで、実は大泥棒だということが露見をして、それで捕縛になったというもっぱらの評判だったので、おせんはかかりあいになっちゃァ大変だといって、急に支度をしてどこへか行ってしまったというのです。

▼それを聞いて私は、つまらないいい加減のことをいう奴もいう奴だが、おせんもまた現在つれそう夫がそんな人間だかどうだか、たいがいわかりそうなものだのに、近所の噂を聞い

たばかりで出て行ってしまうなんて、あんまり人を馬鹿にしている……してみると惚れていると思ったのも、そうじゃァなかったのかしらと考えて、いまいましいような気がして、馬鹿々しくってたまりませんでした。

▼そのうちにある人の骨折りで、勘当を許されることになりましたから、一時噺家をやめて猿若町の芝居茶屋の空株《あきかぶ》を買ってもらって、芝居茶屋の主人《あるじ》になっておりますと、ある日遊び人体《てい》の男が来まして、おれはおせんの亭主だが、しばらく旅をしていたうちに、お前さんは誰にことわって、おせんを女房にしなすったといって因縁を付けますから、私はびっくりして、それはとんでもないことだ、実はこういう訳で女房にしたが、そんなこととはちっとも知らなかったといっても、もともとむこうはゆすりに来たのですから、何と言っても承知しませんで、とうとう三十円の手切れを取られたのは大しくじりでした。

〔『文芸倶楽部』第14巻第2号（明治41・1）〕

これで、圓遊が豊川亭に居候をしていたこと、女と世帯を持ったり、芝居茶屋をしたことなど、圓朝に弟子入りするまでの空間が、かなりはっきりしていると思います。やはり圓朝師のところには明治八、九、十の三年の間に入門したものと思われます。

桂文之助の系図の圓遊師の項には「若年より新宿にて〝一六〟という幇間になり、のちに玉の家梅翁こと志う鶴門人となり、志う雀という」とあります。これが十八、九歳ごろのことでしょうか。

また、この系図には、さらに

「右の師は、各席にてステテコ踊りを始め、好評大人気をとり、滑稽噺の名人なり。のち浅草西三筋町十二番地へ地所・家作《かさく》を有す。明治四十年十一月二十六日、五十九歳にて卒す。

法名　唱行院圓遊日悟居士

辞世

　散りぎわも賑やかであり江戸の花」

と書いてあります。

その当時の噺家なんというものは、もう貧乏で、裏長屋に住んでいるというのが定石で、自分の家を持っているという人も少なかったぐらい。それが「地所・家作を有す……」ッてえから圓遊という者がいかに収入が多かったか。

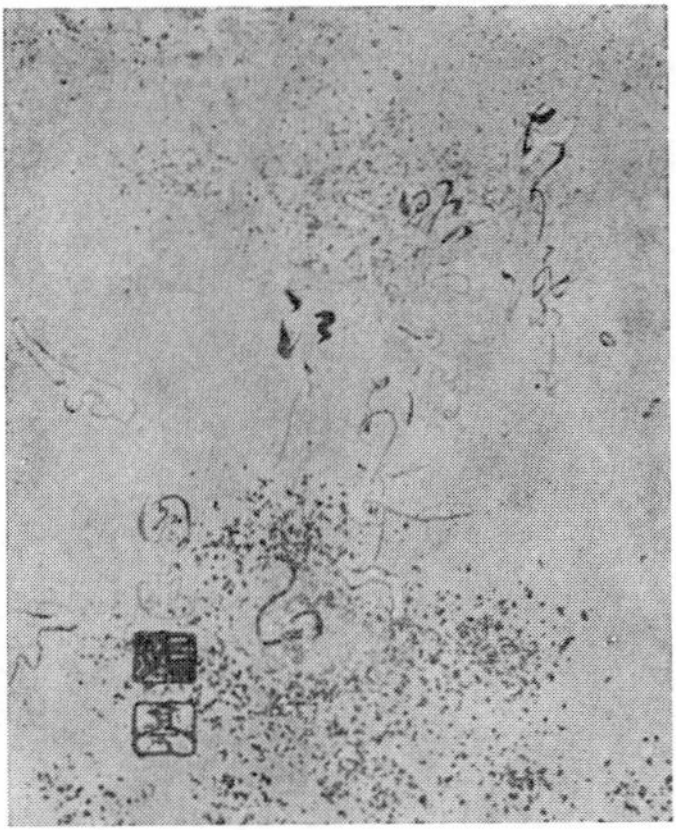

三遊亭圓遊の色紙(橘右近氏蔵)

辞世の句は、関根黙庵さんの『講談落語今昔譚』では、

　散りぎわも賑やかであり花の山……

となっています。圓遊は鼻の大きいのを売りものにしていたので、この「花」は自分の「鼻」を利かした洒落がはいっている

んだと思います。

それから、そのお葬式の模様を関根さんの書きましたのをここに借用いたします。

「圓遊が歿した時は三筋町に住居があり、その隣りが今の金馬〈圓生註。二代目・碓井米吉〉の宅であったが、圓遊の通夜には金馬の宅で馬鹿囃子を打ち込み、圓遊の家には生前の遺言によりて高座を作り、仲間の落語家がかわるがわるにあらわれて一席ずつ弁じ、通夜の人々を飽かせなかった。生前きわめて各方面に交際の広かった男とて会葬者数百を数え、ことにお題目の信者とて、講中も葬儀にくり出し、前後へ馬鹿囃子をつけて寺へくり込むという騒ぎ、要するに圓遊は一代を派手に送った、好芸人であった。」

としてあります。ま、とにかく圓遊という人は、明治時代を風靡した、たいした人気者でございました。

三遊亭　清遊

同町同番地　竹内金太郎長男　孝太郎事

肩書にあるとおり、圓遊師の長男で、のちに噺家をよして、踊りの若柳流の二代目の家元、若柳吉蔵となりました。

あたくしがこの人に初めて会いましたのは、数え年で九つの時、明治四十一年に、市村座で落語家芝居を出した時のことで、あたくしは常磐津の『靭猿《うつぼざる》』でお猿の役をいたしました。

この時のことは『寄席育ち』にも書きましたが、猿廻しが、大阪からまいりました桂小南

中央若柳吉蔵，右より 2 人目若柳吉次郎(『百花園』第 236 号)

(本名・若田秀吉)、色奴《いろやっこ》が三《み》升紋弥《ますもんや》(初代)、女大名が都家歌六《うたろく》(のちの雷門助六。本名・青木鏡太郎)という顔ぶれで、その時、若柳の師匠に踊りを教《おせ》えてもらいました。

その後、あたくしが噺家になりまして、踊りをおぼえなくちゃァいけないというので、〝道灌〟の遊雀という人からの話で、

「若柳さんの所へおいで」

ってんで、稽古に行きましたが、もうその時は、浪花町に家を持って、若柳流の家元になっていました。ときどきそこへ「蔵前のおッ師匠《しょ》さん」という若柳寿童(初代家元)、この人が監督に来るんですが、こわい顔をして、煙草盆を前へ置いて稽古を見ておりました。

そのころは、吉蔵さんはまだあんまりうまくなかったんだそうです。あたくしはまだ子どもでもあり、踊りなんぞはよくわか

らない時分で、お稽古に行ってましたが、いつかおかしかったのは、

「この次、おまい、何を稽古ォする？」

って師匠にきかれたから
「すみませんが今度『かっぽれ』を教《おせ》えてください」

ったら、

『かっぽれ』？　うゥん『かっぽれ』ねェ……それァどうも、ちょっと具合がわるいから」

ってましたが、なるほどそうでしょうよ、一流の家元が、まさか『かっぽれ』を教《おせ》えるわけにいかない。もちろんもとは噺家をしていたんだから、『かっぽれ』を知らないことァない。けれども、お稽古場で『かっぽれ』はいけない。こっちァ子どもでそんなことは無神経でわかりませんから。

それから四、五年のちでございますが、あたくしの先代《おやじ》が圓窓になってまもなくの大正二、三年ごろ、当時のことですから今のように「名人会」なんとは言わない、「有名会」というので、あたくしの先代《おやじ》が落語、大島伯鶴が講談、そのほかにもまだ何かがあって、大切りが若柳吉蔵の踊りというわけで、長唄は富士田音蔵、体《なり》の小さい、大薩摩を演らせると、歌舞伎座でもぴィんとひびけたというたいした声でございました。この一行が北陸地方を巡業した。先代《おやじ》に聞いた話ですが、その時吉蔵さんが『越後獅子』を踊ったそうです。あの、

〽なんたら愚痴じゃえ……

という所がありますね、あすコンとこで、三味線がトチチリチリ、トチチン…たら、音蔵さんが、

〽なんたァらァ…まずいね……

とうたったという、その話を聞いて、ひどいことを言うもんだと思いましたが、事実、あんまりうまくなかったんでしょうねェ。家元が晩年になってから、舞踊大会で、あたくしが見たことがありましたが、その時には、もう実に立派な芸でございました。

やっぱり噺家から出たかただけに、ずぼらなとこがありました。ふだんお稽古をするのに兵児帯でやっていましたから……今考えて、蔵前の師匠がどうしてそれをやかましく言わなかったのかと、ふしぎに思いますが、あたくしどもが稽古に行っている時分に、お師匠《しょ》さんは、兵児帯を締めて稽古をしている。だから、あたくしどもも、やっぱり稽古に行くのに兵児帯を締めて行きました。二、三年踊りの稽古をやめていたら、師匠の圓蔵が、踊りをまたやらなくちゃいけないと言って、

「花柳の徳太郎さんの所へ、おれが頼んでやるから」

と言って、師匠から頼んでくれまして、お稽古に行きましたが、こっちァ若柳さんとおんなしに、兵児帯を締めて行きました。そうすると、お師匠《しょ》さんから内弟子から、みんな角帯を締めている。お稽古がすんでこっちへ来たら、

「あしたッから、兵児帯を締めちゃいけませんよ。角帯を締めていらっしゃい」

って言われましたが、なるほど、角帯を締めなきゃァいけないのは、あたりまえなんです。

若柳の家元は兵児帯で教《おせ》えてたから、こっちァそれでいいもんだと思って、花柳さんへ行って、大変に叱られたことがありました。

胡蝶斎という、足で曲芸をやる人がありましたが、その人の伜で春風亭三郎という芸名の人が、昭和八、九年の頃でしたか、若柳の家元へ稽古に行ってるので、

「このごろ、あのおッ師匠《しょ》さんどうだね。ずぼらはいくらかなおったかい?」

ったら、

「えゝ、どうも、やっぱり兵児帯を締めて稽古をしております。このごろよく煙草を吸いながら稽古をします」

「煙草を吸いながら……?」

巻煙草を吸いながら教《おせ》えるんだそうです。三味線の合の手でもって、ひょいとむこうへ灰を落とすんですって……それを聞いて、あたくしァ実におかしかった。

まァものごとにこだわらないというか、そんなふうで……ですから、名取りにするんでもなんでも、あんまりうるさいことを言わないで、どんどん名取りをこさえた。若柳流というのは、それまでは小さい流派だったんでしょう。それを、とにもかくにも今日の盛大にしたのは、この二代目家元になった吉蔵というかたです。名人に二代なし、というが、おとっつァんである初代といわれた圓遊は、もちろんえらかったが、息子の吉蔵さんも、若柳流にとっては大変な恩人で、親子二代にわたって、落語・舞踊に大きく貢献されたものです。

このかたの晩年に、若柳流の忘年会があった時に、あたくしが先代《おやじ》といっしょに行ったこ

とがありました。あたくしが、いやだってのに無理に踊ってくれと言われて、しようがないから『かっぽれ』を踊ったら、もうちょっとちゃんとしたものを踊って頂きたいが、と言われて、閉口しました。その時、しばらくぶりに吉蔵さんに会いましたが、この人の若いころは、おとっつァんと違って、まことにいい男で、まさかおとっつァんのような顔になるとは思いませんでしたが、そのころはもう圓遊さんそっくりの顔になっていましたねェ。

今度、いろいろ舞踊のほうの本なども調べましたら、明治十二年六月二十一日生まれ、昭和十九年一月二十五日歿、行年六十六歳だったそうです。この本の巻頭の写真では、まだ子供々々していますが、明治三十年ごろにとったものとすれば、十八、九のころでしょう。この明治二十七年の名簿では、清遊ですが、写真では、もう若柳吉蔵の名前でのっております。それから、明治四十一年十一月の『文芸倶楽部』第14巻第15号に、次のような記事が出ておりました。

▼若柳吉蔵の名披露目会　故三遊亭圓遊の遺子、若柳吉蔵は、師父寿童ならびに三遊・柳両派落語家の後援によって、去月二十三日、二十四日の両日午後一時より、新富座において、名びろめ会を催したるが、なかなかの盛会なりし。

これは、二代目家元になった、その披露目だろうと思います。ですから明治四十一年十月に家元を襲《つ》いだ、というわけでしょう。

玉の家　梅翁

同佐久間町三丁目廿三番地　鈴木重造事

これは、圓遊が『文芸倶楽部』〔第13巻第6号(明治40・4)〕の身の上噺の中で、

「噺家になるなら、名人ではあるし自分も大好きであるから、圓朝の弟子になろうと思って、頼んでみますと、師匠はもう弟子を取らないといってことわられましたので、ある人の世話で先々代五明楼玉輔……ご存知でございましょう、後に玉の家梅翁となりまして、亡くなります前は、しじゅう私の一座に出ておりました……あの人の弟子になりまして、志う雀という芸名を貰いました。これがちょうど上野の戦争の年で……」

と言っている、その玉の家梅翁です。つまり圓遊と、それから後の初代遊三の、はじめの師匠になる人で、晩年は、圓遊さんのところの、ま、〝内輪〟というか、弟子分になっていたわけなんですが、文之助の系図によると
「始め初代雀家翫之助門人志う鶴といい、後に元祖玉輔門人国輔といい、また二代目玉輔となる。のちまた改め東雲またまた改め梅の家東司。のち圓朝門人となり圓叟または玉童、改め五明老、またまた改め鼻光《びこう》といい、またまた改め梅翁となる。義士銘々伝を得意とす。神田連雀町に住み、明治三十年九月十八日、六十九歳にて卒す」

と書いてあります。ずいぶんとまた、名前を取ッ替えたもんで……。

圓遊・遊三という、のちの三遊派の大看板を弟子にもったわけですが、あたくしの考えで

は、まァたいした噺家じゃァなかったんだろうと思いますねェ。よかったら何もこんなに名前を替える必要はないわけでしょうし、圓右や圓喬も、前に引用した「圓遊追憶録」の中で、この梅翁……当時の玉輔のことを「山の手組の噺家で……」と言っています。「山の手組」というのは、つまり二流所で、東京のまん中へは出て来られない、端ッこの方の端席《はせき》という、そういう所しきゃ打てない噺家というわけで、まァとにかくたいした者ではございません。結局は、もと弟子だった圓遊の所へご厄介になって、どうやらこうやらやっていたというわけでしょう。『義士銘々伝』を得意とする、と書いてありますが、圓遊さんも『三村の薪割り』とか『赤垣源蔵徳利の別れ』なんという、あまり柄《がら》にない噺ですが、時々やっていたのは、玉輔のところで前座をしていた時代に覚えたものだろうと思います。

ところで、この玉輔という名前が、どうもややこしいことになっております。

初代の玉輔は、はっきりしていて、文之助の系図では

「始め元祖馬生門人馬朝または馬風より二代目を継ぎ金原亭馬生となり、後に故ありて二代焉馬の門に入り立川玉輔と改め、またまた五明楼と称す。湯島に住み、後に玉童」

とあり、また関根さんの『今昔譚』には、

「馬生の門人馬朝また馬風と称し、後に二代目馬生となった男がある。これぞ初代の玉輔で、彼は故ありて馬生の門より講談師初代東玉〈圓生註。桃林亭東玉、名人の聞こえ高い〉の門に転じ、更に二代目焉馬〈立川焉馬の二代目。二代目の焉馬は作者で、噺家ではありませんが、やはり立川焉馬の名を襲いでいるので、噺家の方にも陰然たる勢力があったものと見えます〉に乞いて立川玉

輔となった。落語はうまくはなかったが、当時落語家中の首席であった。玉輔は明治元年五月晦日歿し、本郷丸山本妙寺に葬り、法名・蓮城院清徳日談信士」

とあります。いくつで亡くなったのかわからないが、とにかく初代玉輔という人は、幕末の番付などを見ましても、大変な大看板です。

ところが、二代目の玉輔がはっきりしないので、文之助の系図では、二代目がふたりあるわけで、どっちが本当なんだか、よくわかりません。

ひとりは、この圓遊のはじめの師匠である、玉の家梅翁になった鈴木重造ですが、もうひとりは、三代目金原亭馬生となった人で、「元祖馬生門人、始め馬吉または馬若といい、後に二代目玉輔となりてより相続す」と書いてあります。

あたくしが考えるに、この三代目馬生の方がさきに玉輔になっているのではないかと思います。というのは、三代目馬生の師匠である初代の馬生は、天保九年(一八三八)に亡くなっていますが、圓遊の師匠の鈴木重造の梅翁は、明治三十年(一八九七)に六十九歳で亡くなっているわけですから、その天保九年には十歳かそこらです。だから三代目馬生の方が鈴木重造よりもかなり年上だったに違いないということがひとつ。それから初代玉輔は、二代目馬生で、三代目馬生と同じく初代馬生の弟子だったのが、馬生の名前を返して玉輔になった。その玉輔が玉童になったので、三代目馬生が、馬若からちょっと玉輔を襲いで、そしてすぐに三代目馬生になったのではないか、と思います。

してみると鈴木重造の玉輔は三代目でなければならない。そして圓遊が志う雀という名前を貰ったのが、上野の戦争の年といえば明治元年、それから圓遊二十四歳のときに師匠玉輔が一時廃業したというのを一応信用するとすれば、明治四年ごろには噺家をよしているわけなんで、だからおそらく明治元年から四年までの間くらいに志う鶴から国輔になって三代目玉輔になったのかも知れないんですね。玉輔になったとしても、ごく僅かの間で、いったん廃業したんだろうと、こう思います。

三遊亭　三玉

同富山町十九番地　鈴木定太郎事

この人は、あたくしもよく知っておりますが、文之助の系図によると、「神田にて家根職を業とす。始め素人連にて万年家亀三郎という。遊三門人」としてあります。つまり「天狗連」といいますが、「おれはうまい」「おれはうまい」という素人のお天狗ばかりが寄り集まって作ったグループで「浅草連」「芝連」「神田連」なんというのがありました、その出身なんで、その時に勝手に自分で万年家亀三郎という名をつけていたんでしょう。

のちに商売人になって、遊三の門人となり、三玉という名前を貰った。あたくしが知りました時分、明治三十九年ごろは、もう小遊三でした。小遊三で真打になったんだろうと思います。

この人は大変にどうも不器量な人で、鼻がぺちゃんこで横に広がっているので、顔を見た

だけでお客さまがわッと笑う。そこで当人も、

「あたくしのことをば、みなお客さまが、公園公園とおっしゃる。どういうわけだてえと、はなが開いて遊《あす》びのある顔だというので、どうぞまァごゆっくりお遊びを願います」

なんと言った。これでお客がわッと笑います。それで三玉から小遊三になった時分には、なかなかどうして大変な人気でした。

音曲をやり、踊りも踊りましたし、噺の方も新作をやったり、いろいろやりましたが、土台があまりうまい人じゃァない。人気というペンキがはげてきて、地肌が出てくるようになると、もういけません。だんだんどうも下火になってきて、そのうちに三遊亭公園と改めました。さらに大正時代になってから、あたくしの師匠の圓蔵が口上をいって、橘家圓太郎になりました。この圓太郎は六代目になります。圓太郎になって、またひと花咲かせようと思ったが、やっぱりいけない。晩年になって、五代目の左楽さん(本名・中山千太郎)が楽屋で聞いてて、

「この人ァまずいねェ、これでも昔売れたことがあンのかねェ」

なんて、あたくしに話しかけたことがある。三玉から小遊三になった時分は、それァ実にばりばり売れたんです。まさか五代目も知らないことはないが、しらばッくれてそんなことを言ったんでしょうが、とにかく終りはどこかの寺男かなんかになって死んだらしいというんですが、はっきりしたことがわかりません。

三遊亭　三之助

同町同番地　吉野由次郎事

この人もあたくしはよく知っております。苗字は違いますが、鈴木定太郎の三玉の実の弟で、のちにこの人が三玉になりました。

物まねなぞをいたしました。ごんごん独楽《ごま》といって、廻すとごんごん鳴る独楽のまねだとか、それから汽車の物まねなんぞをしました。その時分、どこの寄席でも障子がありましたが、こいつをはずして、横にして自分の前へ置きまして、汽車が発車して走っているあいだ、その障子をたたいてリズムをとり、汽車が着くと、客席へ自分の顔を横向けに見せて、鼻を押さえて「よこはなァ(横浜)」という……まことにこの、たわいのないもんですけれども、そういう物まねをした、おもしろい噺家でしたが、これァまァ生涯二つ目で終りました。

橘家　新喬

同岩本町四十番地　鈴木新吉事

これは文之助の系図に、

「始め神田連志ん猫という。後に圓馬門人竹馬と改め、後に圓喬門人喬楽と改める」

とあります。圓喬さんの弟子で新喬となったわけでしょうが、あたくしはよく存じません。

三遊亭　千朝

同下白壁町二番地　長沼重吉事

この人もあたくしは存じませんが、文之助の系図で、圓朝の弟子に圓八という人がありまして、「始め千朝という」と書いてありますので、この人のことだろうと思います。

三遊亭　三好

同町七番地　関根孝三郎事

この人は、本名のところに脱字があって、はっきりしなかったんですが、六代目林家正蔵(本名・今西久吉)が、お寺を歩き廻ってわかっただけの芸人のお墓を調べたものを「墓誌」として記《しる》したものがありまして、それに出ておりまして、関根孝三郎となっていました。この次の三好は、音曲師で有名なんですが、この三好はどういう人かと思っておりましたら、この「墓誌」に、春風亭柳門《りゅうもん》の名で「明治四十一年五月十二日歿す」としてあります。

それから国会図書館に『落語家名前揃』という本がありまして、これは、当時の芸人は税金を納めて鑑札《かんさつ》というものを貰わなければ営業できません、そのため開業、改名、移転などをした時々に、納税引受人という保証人と連名で届を出す、その届書の写《うつし》を和綴にしたもので、明治二十一年から同二十九年までの各年分が一冊ずつになって、合計八冊ございます。

この届書を書いたのは、春風亭柳花、本名を松平乗房といって、お大名みたいな立派な名前ですが、噺家としちゃァあまりえらくない、柳派の書記みたいなことをしていた人で、この人が書きました。ですから柳派の人のものだけでございます。もちろん三遊派でも届書を出したには違いないが、まことに残念ながら残っておりません。この柳派の届を見ますと、税金の高によって、上等、中等、下等と分かれております。上等、中等はいいとして、下等というのはどうもいやな名前で……そのせいか、明治二十五年度からは改めて、一等、二等、三等となっております。それで、これには必ず本名と生年月日が書いてあります。公《おおやけ》の届ですから、これは嘘やごまかしはないわけで、この本のおかげで、年齢などを調べるのには大きに助かりました。

そこで話は三好に戻りますが、この関根孝三郎は、明治二十五年五月、桂文吾という名前で、鑑札遺失の届を出しておりまして、それによると、嘉永六年八月生としてあります。この二十五年か、あるいは翌二十六年に三遊派に加入して三好になり、のちまた柳派へ帰って柳門となったものと思われます。嘉永六年生まれの明治四十一年歿ですから、行年五十六歳ということになります。

三遊亭　三ゑん

同町十四番地　小倉伝太郎事

この人のことは、まるッきりわかりません。

三遊亭　三輔

同三河町三丁目三番地　鈴木鎌吉事

この人は、文之助の系図によりますと、「始め志ん生門人志ん蔵。また遊三門人三輔」となっております。この志ん生は、俗に〝お相撲〟といわれた二代目志ん生(本名・福原常蔵)だと思います。その人の門人だったのが遊三の門に移って三輔となったんでしょう。そして更に系図では、「改めて福遊三という」とあって、そののちまた四代目の柳亭左楽(俗に〝オットセイ〟という。本名・福田太郎吉)の弟子になって「福楽」となった、としてあります。

『落語家名前揃』にも、明治二十二年に、志ん蔵で届が出ております。慶応元年五月生まれとなっております。

三遊亭　遊福

同佐久間町二丁目十二番地　竹内よし娘　わか事

やはり文之助系図で、〝鼻〟の圓遊の門人に、遊福というのが二人並べて書いてありまして、先の方には「三遊亭三蔵娘」と書いてあります。次の遊福は「天遊斎明一の弟子」としてありますから、多分西洋手品をやったんでしょう。この竹内わかが、どっちの遊福なのか、よくわかりません。

三遊亭　遊六

同町同番地　橋本林蔵事

これは〝玉乗り〟の遊六といって、あたくしもよく知っておりますが、はじめは〝鼻〟の圓遊さんの倅を引いていて、十九軒掛け持ちをしたということは、圓遊追憶録で当人が言っているとおりで、後に噺家になりたいというので、そのまま圓遊さんの弟子になって、初めの名前を遊車といった。圓遊の倅を引っぱっていたんで遊車なぞは、実にしゃれた、いい名前だと思います。

三遊亭遊六(『百花園』第 239 号)

系図を見ると、この人はずいぶん名前を取ッ替えてるんですね。遊車から遊びんになり、遊六になり、遊左衛門になり、それから一時柳派の方へ行って、扇歌の門人になって歌保茶《かぼちゃ》、また三遊へ戻って、圓楽の門人になって一楽。もとの師匠圓遊の所へ帰って遊禄となり、またもう一度遊六になって、そののち品川の圓蔵の弟子になって圓六となりました。ずいぶん取ッ替えたもんですが、どうやったってあまりえらくなる噺家じゃァない。晩年はあたくしの先代《おやじ》もずいぶん面倒を見てやったことがあります。

なんか他人とは変わった、妙な話しかたで、噺はごく短かくやって、そのあと百面相をやる。それから一番しまいに、

「これから玉乗りの曲芸をごらんに入れます」

ってんで、当時、浅草の六区で、江川の玉乗りという見世物があって、これは十一、二から十七、八のみんな若い女の子、これが大きな玉の上へ乗っかって、ぐるぐるぐる転がしながら歩くという、玉乗りの曲芸というものがありました。その玉乗りの曲芸のまねを、この遊六がするわけなんです。頭ィ桃割れみたいな、鬘《かつら》ッてえほどのもんじゃァない、繻子《しゅす》のきれでこしらえたものを、すっぽりとかぶって、そして体の前のほうだけに衣裳をくっつけて、膝で立ち上がると、そこまでがいっぱいに足になるという形にできておりまして、その衣裳をつけて、膝で高座の前のほうへ出てまいります。

「これから、玉の上には、かからせます」

かからせます、というのは、玉に乗るということですね。それで当時の俥屋さんのかぶった饅頭笠《まんじゅうがさ》というものがある、丸い形をして、白いきれが張ってあります。それから、自分の膝のお皿(膝蓋骨)の所へ、足袋を半分にして、爪先のほうだけに芯を入れたものをしばりつけてある。そこで今度立って、饅頭笠を前へ持ってって、膝にしばりつけた足袋の下へくっつけますてえと、客席のほうから見ると、ちょうど玉に乗ったようなかたちンなるわけなんです。ちょこちょこ、ちょこちょこ、小きざみに前へ出て来ると、なるほど、なんかこう玉

の上へ乗っかってるように見える。『四丁目《しちょうめ》』という三味線につれて、ぅしろ向きンなるてえと、うしろはもう、まるッきり足が見《め》えて、そっくり衣裳の仕掛けがわかる、お客さまがそこでどォッ…と笑うという……必ずこれを演っておしまいにする。

この人が、のちにあたくしの師匠の弟子になって、橘家圓六となりました。法華経信者で、旅なんぞィ行きますと、毎朝お経を読むんです。寿量品《じゅりょうぼん》をあげておりました。それから、脚気を根切れ(根治)にするという、お灸をすえるのが特技でして、これァべつに何もお金を取るわけでもなんでもないんですが、

「人助けのためにあたしは、このお灸をすえてあげるんだ」

と言って、すえる時は、敷居《しきえ》の所へ、そのすえる人を立たせまして、足の親指を並べて立つ、その下へ附木《つけぎ》というものを……附木というのは、昔、火打ち石で、ちょんちょんちょんちょんとやっておこした火を、ほかへ移す時に使う、薄い木の切れはしです……そいつを足の親指の下の所へ置いて、親指の先から少ゥし離れた所へ艾《もぐさ》を五センチぐらい積み上げる。左右両方一ぺんに火をつけて、最後までじっと立っている。

あたくしもこれを、一ぺんやってもらったことがあります。

「これはね、生涯に一ぺんきりなんだ。そのかわりおまいさん、生涯、脚気はわずらわないから、おやり」

って言われたんで、若い時にすえてもらいましたが、いやどうもその熱いことといったら、艾は足の指にくっついているわけじゃない、附木の上で人差指一本ぐらいの間、離れている

んですが、艾がずゥ…ッと燃えてきた時は、頭の芯まで響けるよう、

「うゥ…ん」

と言ってうなったもんで。それがすっかり燃えきってしまうてえと、何か、秘密の九字(仏教で護身の呪法として用いる九つの文字)だと言って、

「やア、うッ」

と言って、手をこう組み合わしてね、九字を切ります(九字をとなえながら指で空中を切ってまじないをすること)。

「これでもう生涯すえなくてもいいんだ」

ってんで……そのおかげかなんか、あたくしァ脚気というものは、わずらったことはありません。

この人が、あたくしの師匠の弟子になってから、旅へ行きまして、愛知県の岡崎という所へ乗り込んだ。

「岡崎女郎衆は、よい女郎衆……」という古い唄があります。あすこは廓があって、あたくしは行きませんでしたが、この圓六は当時もう六十…五、六でしたが、なかなか元気のいい人で、若い者と一緒に、遊びに行ったんですね。ところがどうも大変にいい女郎で、とてももてなしがよかった、なんてんで、もうおじいさん大変夢中ンなっちまってね、毎晩かよっている。と、そのうちにある時、部屋でぼんやりしているから、

「おじさんどうしたの?」

「どうも弱っちゃった」

「弱っちゃったって、どうしたの」

訊いてみると、疳瘡《かんそう》という病気で、男根のあたまが硝子《びいどろ》みたいに腫れあがったという。

「それァ大変だ、医者ィ行かなきゃ……」

「いやなに、医者ィ行くことはない」

って、一生けんめいに、薬をつけて、あとでその九字を切ってました。

「えいッ」

てんですけども……こりゃァどうも実におかしかった。自分で病気を背負ってきて、自分で九字を切ったって効くわけがない。ここらが実に噺家らしいところだと大笑いをしたことがありました。

おしまいごろは、はっきり覚えがありませんが、確か大正の中ごろまではおりましたから、震災前ぐらいに亡くなったんだろうと思います。

三遊亭　鯉生

同表神保町六番地　杉山銀治事

これは四代目圓生の弟子で、文之助の系図には「始め柳橋門人」と書いてありますが、その時の名前は何といったのかわかりません。

三遊亭　生之助

同佐柄木町廿一番地　小山せん事

これは、生子・生之助で、生之助が三味線をひいて常磐津で出ていたものとみえます。のちに生子は芸妓になり、生之助は常磐津の師匠になった、ということが文之助の系図に出ております。

三遊亭　奴遊

同東福田町三番地　野村甚三郎事

この人は、はじめ二代目圓馬(本名・竹沢斧太郎)の門人で竹馬、それから圓遊の門人で奴遊となりました。のちに三遊亭花遊と改名をした。あたくしが知ってからは、もう花遊でした。「奴遊」は「とゆう」と読むんでしょう。

この人のことは『寄席育ち』でも話をしましたが、音曲をやっておりまして、右でしたか左でしたか、片方《かたかた》の眼がわるい。しかし非常な美音で、あたくしも音曲師というものをずいぶん聞いていますが、この人の唄は、実に澄んだいい声で、それでまたうまい。たんと演らないで、都々逸なぞは三ッつぐらい、それで『大津絵』なら『大津絵』を一つうたい、それでおしまいにした。芸は陰気ですけれども、江戸前な人で、煙草入れ道楽で、自分でもいろいろ持っているが、晩年に、五代目の左楽に、よく、

「花遊さん、煙草入れ……こういうものを……」

なんて頼まれて、

「あ、そうですか。じゃあたくしが何か見《め》ッけましょう」

なんてんで、その時分だから方々に道具屋がある。それを見て歩いて、

「こういうものを見《め》ッけて来ましたが……」

なんというのは、実に取り合わせがうまいんですね。

まず純然たる江戸ッ子で、あたくしの先代《おやじ》が圓窓で真打になって間もなくでしたが、この花遊という人の芸に惚れ込んで、

「どうかひとつ、おれのひざがわりになってくれ」

って……昔は、ひざがわりというものは真打の権限内で、自分がこれと思う人を使えるわけなんです……だけど眼がそのまゝまじゃいけない、義眼をすれば、客席から見てもちょいッとわからない。服装《なり》も縮緬《ちりめん》かなんかのぞろッとしたものにして、その銭はおれが出すからと言って……そのころうちの先代《おやじ》は貧乏で借金だらけなんです。それでもほんとに出すつもりでいたらしい。そう言って花遊に頼んだら、

「そういうことをしてまで、あたしァ売れたくない。やっぱりこのまゝま気楽にやっていたいから、まァうっちゃっといてくれ」

と言って、とうとう言うことをきかなかった。そんなふうですから、唄でもなんでも、非常にすんなりとした、欲のない、いい芸でしたが、この人なぞは、まァ実に惜しいと思いま

すけれども、無欲といいますかねェ、本当に出世をしたくないと思っていたらしい。あたくしはこの人から、博文館発行の帝国文庫の『風来山人傑作集』という、風来山人は例の平賀源内の筆名ですが、この本をもらったことがある。読んでみて非常におもしろかったんで、それからこの風来山人のものをあたくしァ読むようになりました。とにかく江戸ッ子で本当にいい人でしたね。どこかへ寄り合いやなんかで行くなんてえと、取ッときの古渡り唐桟の袢纏《はんてん》なんぞを着ましてね、そういうおつな服装《なり》もしましたし、昔の噺家らしい人でした。

亡くなったのは、いつごろかよく覚えませんが、確か震災後だったと思います。

三遊亭　遊一

同元柳原町四十四番地　海東万吉事

これは後に大漁《だいりょう》という名前になった人で、あたくしはよく覚えています。右の足だったか、左の足だったたか、膝の関節までありましたが、その下がない。それは神田の火事で、屋根から落っこって怪我をして、とうとう足を切断したという。仕事師だと言っていましたが、訊いたら仕事師でもなんでもない、弥次馬で屋根へ乗っかっていて、ころがり落っこって切断をしたという。おッそろしくどうも、楽屋でも荒ッぽい口のきき方をした、乱暴な人でしたが、人はよかったんでしょう。

あたくしが知ってからは、もう大漁でした。ちょいと小噺を演って音曲を演るんですが、高座へ上がる時は、御簾《みす》かまたは緞帳《どんちょう》をおろして上がりましたが、降りる時には、黒骨に牡丹の絵の扇を広げて『木遣り』を演りながら、横にだんだんだんだんずゝつて来て、最後の〽やアれ、これわいなア……で、おじぎをして、ちょうど楽屋へはいるようにしていました。だから降りるときは御簾をおろさなくともすむというわけで。

この人が長唄『勧進帳』の、〽ついに泣かぬ……という所のはいった都々逸をよく演りましたが、その文句をおぼえております。

〽ついに泣かぬ弁慶も、一期《いちご》の涙ぞ殊勝なる、判官《ほうがん》おん手を取りたまい……

という、これをその、自分のことにして、

〽ついに泣かぬ万公《まんこう》も(本名が万吉)、神田の火事では情けなや、両眼《りょうがん》(眼も少しわるかったので、目を指《さ》して)おん足切りたまい……

という。あとになんか都々逸の文句が付いて、終りました。

この人は天丼が好きで、楽屋へ行くと天丼のあきがらが三ッつぐらい重ねてある。前座が、大漁さんがたべたんだって言うんで、

「ひとりでこんなにたべるの？」

ったら、そうだっていうから、いつか訊いてみたんで。

「おじさん、そんなにたべるんですか？」

「あゝ、三ッつや四ッつはお茶受けだ」

「どのくらいたべたらいいんです？」

「まァ八ッつから九つ食わなきゃァ食ったような気がしねえ」

このたべ方がおもしろい。天丼をひとつずつたべるんではなく、前へ八ッつなら八ッつを全部ずうッと一列に並べて、ふたをあけて、ふたの上へ天ぷらをみんな出してしまって、おまんまだけを端《はじ》のほうからたべていく。夏、蚊ばしらというものが立ちますね。そこへ蟇《がま》が出て来て、ぱァッと口をあくと、蚊がすッすッと吸い込まれる……ちょうどあいったように、はッと口をあくと、おまんまのほうから、ぱッ、ぱッ、と口の中へとび込んでいくようで、実にこの、不思議なたべ方をする。それからあとで天ぷらだけをたべるという。

この人が死んだ時が、なんでも〝たべくらべ〟かなんかで、天丼を八ッつか、たべて、バナナの大きなやつを十二本、スイカをひとつ、ソーダ水を半ダースか飲んで、とうとうそのまま死んだというんで……。

あたくしは『阿武松《おうのまつ》』という噺で、この大食をマクラに使っております。

火事場で屋根から落っこちて怪我をして、ほかに何もすることがないから、寄席へ出ていたというわけなんでしょうが、実にどうも、大へんに変わった人でした。

この人は、明治二十八年三月柳派へ行って、遊一改め桂文語楼となったことが、『落語家名前揃』でわかりました。それによると、生まれが文久元年十月となっております。桂文語楼というから、桂文治(六代目)の弟子だったんでしょう。その後また三遊へ戻って、圓遊の弟子で三遊亭大漁となったもんでございます。

確か明治の末か大正のはじめに亡くなったように思います。

橘家　酒好

同元岩井町廿一番地　真瀬木金次郎事

二代目圓生の門人から圓朝師の門人となった五代目の朝寝坊むらく(本名・鹿島五兵衛)という人があり、その人の伜が、猩々亭酒楽(本名・鹿島与三松)といって、後に理髪師になったということが、文之助の系図に書いてあります。

酒好という名前からみて、おそらくこの酒楽の弟子だったんではないかと思うんです。

三遊亭　圓輔

同五軒町廿番地　小川惣太方　惣吉事

この人もあたくしは存じませんが、文之助系図によると、三代目圓生の門人から、四代目圓生の門人となり、百生から圓輔になったとしてあります。

土橋亭　里う蔵

同豊島町三十三番地　中村猪之助事

これもあたくしはよく存じませんが、系図では、五代目土橋亭里う馬(本名・金子金吉)の弟子に里う蔵という者があり、「龍生門人龍蔵改め」と書いてありますから、初めは六代目の司馬龍生(本名・永島勝之助)の弟子だったんでしょう。

三遊亭　遊三

日本橋区檜物町十九番地　小島長重事

前の『寄席育ち』でも話をいたしましたが、このかたは大看板でもあり、実におもしろい噺家でございました。

『文芸倶楽部』に身の上噺が出ておりますので、まずそれをごらん頂きます。

▽三遊亭遊三

▼私は旧幕の御賄御家人《おまかないごけにん》で、小石川の小日向《こびなた》新屋敷におりましたが、いったい御賄御家人なんていうものは至って楽な勤め向きで、まるで遊んでいるようなものでしたから、みな自然遊芸を習ったり、寄席や芝居へばかり行って、のらくらしていましたが、私はその時分から噺が大好きで、しじゅう目白の目白亭へ噺を聴きに行っておりました。

▼で、聴けば聴くほど面白くなって、しまいには自分も噺家になってみたくなりましたから、内々で先々代の五明楼玉輔(梅翁)の弟子になって、玉秀《たまひで》という名で高座へ出ましたのは、かりそめにも侍の身としてずいぶん乱暴な話で……こういうような心がけの侍ばかり多かったのですから、徳川政府のめちゃめちゃになったのも無理はありませんや。

▼で、番に出ていながら、夜になると噺家になって、毎晩寄席へ出ておりますと、ある時組頭《くみがしら》に見つかって大吐言《おおこごと》を食って、以来きっとやめますとは言ったものの、なかなかよすどこ

ろではなく、相変わらずやっておりますうち、師匠玉輔の前名《ぜんみょう》を継いで雀家翫《すずめやかん》の助《すけ》と改名しましたが、この時分でしたろう、今の師匠圓遊が玉輔の弟子になりまして、志う雀といって私といっしょにやっておりました。

▼ところが御維新《ごいっしん》の騒ぎで、私は一時やめまして、しばらく遊んでおりますと、親戚の者なぞが、噺家なぞはきっぱり思い切って、官途にでもついたらよかろうと、やいやい勧めましたので、私もその気になって、ある人の周旋で司法省の使部《しぶ》へ出まして、等外二等で月給八円をいただくことになりました。

三遊亭遊三(『文芸倶楽部』11-14)

▼私の役目はというと、司法卿の大木喬任様、河野敏鎌様、渡辺毅様などの高等官から、これをどこそこへ持って行けといって渡される状箱を小使に持たせて、私がそれに附いて行くのですが、そのお使いもめったにないのですから、朝九時ごろに出勤して、午後の三時四時ごろまで、椅子に腰を掛けたまま御用のあるのを待っているので、ほかになんにも用がないのですから、あんまり楽過ぎて毎日々々退屈で、しまいには苦しくってたまらなくなりましたから、お役替えを願いますと、刑事の検坐《けんざ》へ廻されました。

▼が、これは泥棒なぞを調べるのに立ち会う

ので、時によると縛ったり殴ったりするのを、手伝わなければなりませんから、私は前の役よりは、なお閉口して、さっそくお役御免を願って、今度は芝巴町《ともえちょう》の区裁判所の検坐に出ました。

▼区裁判所の方は刑事被告人を取扱うのでありませんから、別にいやな心持ちもしませんで勤めておりますと、私の知り合いの平野さんというかたが築地区裁判所の五等判事に出ましたので、そのほうへ頼んで書記に雇われて出ておりますうち、その平野さんというかたが北海道函館裁判所の所長になりましたので、私も共に函館裁判所へ行きました。

▼ところが、函館でつまらないことからしくじりをやって、東京へ帰って日本橋小伝馬町で雇人受宿《やといにんうけやど》を始めますと、これがいい塩梅《あんばい》に当たって、繁昌しておりましたが、ある晩ふと両国の立花家へ行ってみますと、もと私と同門の志う雀が、当時圓遊となって、売出しのたいした人気ですし、故人圓太郎が上がると割れッかえるような人気でしたから、私はそれがうらやましくなって、自分もまた急に噺家になりたくなりました。

▼そこでさっそく店を人に譲って、圓朝師匠の弟子になろうとしましたところが、圓朝師匠はそのころもう弟子を取らないというので、以前からの知り合いですから、圓遊の弟子になって、そのころ役者の助高屋高助が売れている時分でしたから、それから思いついて三遊亭遊三という名になりました。

〔『文芸倶楽部』第13巻第6号(明治40・4)〕

右の身の上噺で、函館でつまらぬことで失策をしたという、どういうつまらぬ事件か、次の「煙草屋美人の裁判」をごらんください。

▽煙草屋美人の裁判　　三遊亭遊三

▼私が明治初年に、先々代玉輔の弟子になって、雀家翫の助という名で寄席へ出ておりましたのを、いったんやめて、司法省の使部《しぶ》へ奉職しましたことは、昨年の文芸倶楽部臨時増刊「落語十八番」の附録に出ておりますが、その後築地区裁判所の五等判事で平野芳方さんという、私を司法省へ出してくだすったかたが、北海道函館裁判所の所長に転任なさるのについて、いっしょに行ったらどうだといってくだすったので、そのかたに連れられて函館裁判所へ行ったのです。

▼その時私は等外一等月給十円で、係りは勧解《かんかい》といって、主に無証拠のごく手軽い訴訟ばかりを裁判するので、いわば判事の下役のようなものでした。

▼で、相生町という所の、相川という素人下宿の二階に住まって、毎日大工町の裁判所へかよって行きますと、その途中の煙草屋に年の頃が三十くらいで、どうもすてきなべっぴんが店番をしていますから、函館にもいい女がいればいるもんだが、垢抜《あかぬ》けのしているところは確かに素人じゃァない、芸妓《げいしゃ》あがりか何かで、囲い者にでもなっているのじゃァないかしらなんて、余計な心配をしていますと、

▼ひと月ばかりたって、その女がある高利貸に訴えられて、それがちょうど私の係りになっ

たと思し召せ……そこで段々双方を調べてみると、その女は田村いと、といって、一時亭主同様にしていた宇之助という者が、三年程前にその高利貸から、知り合いのあいだだったと
みえて、別に証文もなんにもなく、五円の金を借りたまんま返さずに、いとを置き去りにし
て、どこへか出奔してしまったのです。
▼すると、ちょうどその時分、函館へ灯台が出来るについて、東京から出張していたある技
師が、どういう関係からか、いとを妾《めかけ》にして、灯台が出来上がると、いとを連れて東京へ帰
ったところが、二年ばかりたつとその技師が死んでしまったので、いとはその技師に買って
もらった家から道具諸式を売って、金をふところへ入れて、また函館へ帰って行くと、例の
高利貸が、いとが金を持っていることを知って、前年の五円の金に利に利が重なって、元利
で二十一円なにがしを返せといって掛け合い込んだのです。
▼ところが、いとはその金はもともと宇之助が借りたので、自分はその時ただ使いに行った
だけなのだから、返さなくッてもいいのだが、しかし亭主同様にしていた男のことだから、
十五円できれいに証文を捲いてくれろといっても、高利貸のほうでは、いとが金を持ってい
るのにつけ込んで、二十一円なにがしが一文欠けても負からないと因業《いんごう》なことをいって、い
とを相手どって訴えたというわけなのです。
▼そこで私はこの裁判を……もともとこの貸金は、原告が宇之助なる者に貸したのであって、
被告いとが借りたのではない、よって、いとが返却するには当たらないのではあるが、元金
五円を借りる時に使いに行ったかどがあるから、その五円だけは、いとが差し出して、利息

のところは原被双方《げんぴ》で宇之助のありかを探して、同人から差し出させればよろしい……と、こうさばいたのです。

▼それだものですから、いとは大喜びで帰って行きましたが、それに引きかえて高利貸の方は大不平で、控《ひか》え所《しょ》へ下がってから、「あの役人は相手が女だものだから、依估《えこ》ひいきをして片手落ちの裁判をする、実にけしからん助平役人だ」なんて、ぷんぷん怒って帰ったそうですが、これはそうでしょう、行方不明の男から利息を取れといって、元金の五円で追ッ払われたのですから、怒るのが当りまえでさァ。

▼それから二、三日たって、様子を見かたがた、いとの所へ、ほかへ遣《つか》い物《もの》にする煙草を買いに行きますと、いとは十五円のところが五円で助かったのですから、大恐悦で奥から飛んで出て来まして、まァどうぞ奥へヘッてんで座敷へ上げて、裁判一件の礼を言って、わたしと女中ばかりで、ほかに誰もおりませんのですから、どうかごゆっくりなすって下さいッてなことをいってチヤホヤして、やがて酒肴を取り揃えて御馳走をするのでしょう。

▼何しろまだ年の若い時分ですし、それにふだんから内々思し召しのある女にチヤホヤされるので、悪い心持ちもしませんから、いい気になっていろいろの話をしながら様子を見ると、気のせいか女の方でもまんざらでない塩梅ですから、事によったらものになるかもしれないと思って、どうです姐さん、この次の日曜にひとつどこかへ遊びに出かけませんかッて水を向けてみると、二つ返事で承知をしましたから、しめたなと思ってその日はそのまま帰って、次の日曜を一日千秋の思いで待っていますと、日曜の正午《ひる》ごろ約束どおり、いとが私の下宿

へたずねて来ました。

▼すると下宿のあるじが、いとを下に待たせておいて、二階へ上がって来まして私に、あなたは今日あの煙草屋の女と、どこかへ行くお約束をなすったのでしょうが、悪いことは言いませんからおよしなさい……あなたはこっちへおいでになってまだ間がないからなんにもご存じないが、あの女はこの函館でおこもという淫売婦《いんばい》で、なかなか凄い腕の、下ッ腹に毛のない代物《しろもの》ですから、ひょっとあの女にかかりあったら大変な目にあいますよ、それにあなたはこのあいだあの女の裁判で依估《えこ》のさばきをしたという噂で、だいぶ評判の悪い矢先ですから、およしなすったほうがお為でしょうぜといって、親切に注意をしてくれました。

▼けれども、こっちはのぼせているところでしたから、その親切の言葉も上《うわ》の空《そら》に聞き流して、なに大丈夫だといって、支度もそこそこ下へ降りて、いとと二人で、東京のちょうど向島のような、あっちの八《や》ち頭《がしら》という所の温泉へ行って、役所の方へは病気届けを出して、四、五日でれでれ遊んでいると、たちまちこの事が所長の平野さんの耳へはいったので、呼び付けられましたから、おいでなすったと思って、帰って平野さんの家へ行きました。

▼すると平野さんが、聞けばあの女は主《ぬし》のある者だそうで、職掌柄はなはだよろしくないから、本来免職にするところだが、わざわざ遠々《とおどお》のところを連れて来て、そういうことにしては、後来《こうらい》の身のためによくないから、自分から辞職をするようにしたほうがおだやかでよかろうと言いましたので、身から出た錆で仕方がありませんから、さっそく辞職をしようとすると、判事補の中山という人が、ちょうどその時江差《えさし》へ区裁判所が出来て、その所長になっ

て行くので、平野さんに話して、私をそのほうへ転任させることにして、一緒に江差へ連れて行ってくれました。

▼ところが、私が江差へ行くと三日目に、おいとがあとを追っかけて来ましたので、ある隠居所を借りて、そこに二人で三月ほど住まっておりますうちに、私は東京から用意に持って行ったかなりの金も、すっかり使ってしまい、着物もみんな都合してしまって、そのうえ借金だらけになって、もうにっちもさっちも行かなくなると、おいとはプイと函館へ帰ってしまいました。

▼だんだん聞いてみると、この、おいとという女は、前に下宿屋の主人が忠告してくれたとおりの莫連者《ばくれんもの》で、そのころはある船乗りを亭主にしていながら、その男が航海に出かけた留守中は、別に旦那どりをして、そのうえおめでたそうな男があると、うまく引っかけて絞れるだけは絞るのを商売同様にして、その手にかかって馬鹿を見たものが、どのくらいあるかわからないということが知れたので、私もすっかり迷いの夢がさめて、さっそく東京から金を呼んで、借金の始末をつけて、ほうほうの態で帰って来ましたのは、いやはやとんだ大しくじりでした。

〔『文芸倶楽部』第14巻第2号（明治41・1）〕

まァこの話のように、女ではたびたびしくじったようです。

遊三という人は、背の高い、がっしりした立派な体格で、また話し口調も落ち着いて、し

三遊亭遊三(『百花園』第216号)

っとりした品のある芸で、しかもそれでいながら、何ともいえない色気がありましたし、また時折りはびっくりするようなふざけかたもしました。

今、文楽さんの演っている『よかちょろ』、あれは遊三のものなんです。もとはああいう噺でなかったものを、遊三が自分で考えて、なおして演ったもんでございます。

それから『素人汁粉』という、つまり御維新になって、侍が昔のように両刀をたばさんでいるわけにいかない。それで、奉還金というものをもらい、商売でもしなくちゃならない。そこで何をやろうかというので、汁粉屋を始めたという。これも遊三特有の演り方で、大体原作は圓朝がこしらえたんだそうですが、圓朝がある時、望まれて汁粉屋を、というので、演ったら、聞いた人が、

「どうも圓朝のはあまりおもしろくない、遊三のほうが大変おもしろい」

と言ったそうですが、それは圓朝師は圓朝師の考えで演ったもので、遊三はそれをもっとぐゥ…ッとふざけたものにして演ったわけで。しかしそのふざけた中にも、今のような壊《こわ》れかたとは訳が違う。『汁粉屋』で、お客の註文を聞きに来るのが、屋敷の用人と言いまして

ね、昔の三太夫さん。ところが遊三はその侍をちゃんとやって来た人なんだから、相手が町人だというので横柄な口のきき方をして、頭から高飛車《たかびしゃ》に出る、そのどうも呼吸《いき》なんというものは、あたくしども、本当の侍は知らなくッとも、

「ははァなるほど、昔の屋敷のご用人なんてえものは、こういったような横柄なもんだったんだなァ」

ということがちゃんとわかる。実にほうふつたるもので。奥方が出、お嬢さまが出、これもみなお屋敷の人だなという、ちゃんと品位もあり、その人物の呼吸《いき》というものがそこにかよって、よく出ている。決してただふざけただけの演り方ではないわけなんです。

『お見立て』なんという噺は、この師匠のを聞いて以後、それだけにできる噺家は、今までにかつて一人もありません。何かこう、ふざけたような噺ぶりでいながら、やはりその人物というものが、そこへちゃんと出ている。この噺の中で、杢兵衛大尽が来ると、花魁の喜瀬川が、会いたくないから、病気だとかなんとか、若い衆の喜助に言わせるが、どうしても帰らない。花魁が、

「じゃ、もうめんどくさいから、いっそ死んだと言っとくれ」

と頼むんで、喜助が杢兵衛さんに、

「花魁はなくなりました」

「本当に死んだのか」

「へえ、なくなりました」

「そう言えば、それは先月の二十八ン日《ち》ではねえか」
「へえ、左様《さい》でございます」
って調子を合わせると、
「そう言えば喜瀬川がその日におれンとこへ会いに来た。真夜中に喜瀬川の声で、「ここ、あけてくだせえ」と言われて、こんな夜中にここィ来るわけがない、してみると、これは狐・狸がおれをたぶらかしに来たんだろう。野郎、馬鹿なことをするなッておれがどなったとたんに目がさめた」

というところがあるんですね。そこンとこで何か本当に、ぞッとさせるような凄みがありましたが、これは到底出来星《できぼし》の噺家にはできないことです。

この遊三という人は、素人の頃から本当に噺が好きで、以前には、人情噺もやったことがあるという。ですから、ちゃんとした人情噺もさんざん演ったうえで、それをぐっとくだけてふざけたような演り方にした。ふざけたといっても、〃鼻〃の圓遊とはまた離れた、独自のものをもっていたわけなんで。

裁判官にもなったくらいですから、相当、文字《もんじ》(学問)もあったんでしょうが、なかなかどうも、ああいう素枯《すが》れた、粋《いき》な噺家というものは、そう出来るもんじゃァない。遊三という人の芸は、たいしたものだったと、あたくしは思います。

この人の家が、確か京橋の中橋でございましたかな、あたくしが子供の頃に一ぺん行ったことがあります。噺家なんてえものは、みんなちゃやちな裏店《うらだな》に住んでるもんだと思っていたら、この遊三師の家が、何とも立派な家だったのに驚いたことがありました。

この人は一年じゅうのワリを使わずに、暮の大晦日とかに、一ン日《ち》がかりで、このワリを全部ほどくんだそうで。ワリを包んであった新聞紙で、御飯を炊いてたべるのが家の習慣になっていたという、一年間の収入を手つかずに置けたということは、どうもうらやましいことですが、相当な蓄財があったものでございましょう。

この人は、トリの時はまことに噺が短い、スケのほうがかえってゆっくり演る。トリ席は割合いに早くしまって急いで帰るんです。なんで急いで帰るのかってえと、二号がいましてね、そこへ寄って本宅へ帰るわけで、だからあんまりおそくなるといけないというので、トリ席の時はなるべく急いで勤めて帰る。

「なかなかどうも、年をとっても盛んなもんだ。ひとつ遊三さんをかつごうじゃァねえか」

ってんで、楽屋で遊三さんがむこうへすわっていると、わざッと大きな声で、

「どうだい、やったかい、あれを」

「あゝ、あのバナナにバタをつけて食うんだろ？　ありゃァやってみたところがどうも驚いたねエ、たいしたききめだねエ」

「そうだろう？　おれもやったんだがあれは効くんだよ、うん。あんなどうも精分のつくものはないね」

ってんで……これはつまり巧《たく》んで、遊三師に聞こえるように、大きな声で話をした。すると、遊三師はむこうの方で知らん顔をして火鉢にあたっていたが、それから二、三日たつて

えと、遊三の俥を引いている車夫が、

「このごろうちの師匠は変なものをたべます」

「なんだい？　変なものをたべるッて」

「なんだか、バナナにバタをつけてたべていらっしゃいますが、ありゃうまいんですかねエ？」

楽屋の者が大笑いで、とうとうやったよ、ひっかかったよって……バナナにバタをつけたって、あんまりうまいもんじゃァないでしょう。これァいたずらなやつが巧んでやったことですが、それを信用してたべたッてえところは実に正直な人でございます。

晩年は音声もすっかり落ちましたが、道楽に義太夫も語りました。芝居なんぞも好きで演ったそうですが、いや、そのまずさてえのはないんだそうですね。実に、まずいったって、まずすぎる。だからお客さまがわッわっといって笑うんだそうです。

自分の奥さんに、

「わしが芝居をするから見に来なさい」

その奥さんというのは、本当の堅気のいい所のお嬢さんだったんでしょうが、芝居を見て帰って来て、涙をこぼして、

「どうか、ご離縁をいただきたい」

と言う。遊三さんもびっくりして、

「どうしたんだい」

った ら、

「今日《こんにち》芝居を拝見に行きましたら、お客さまがあなたの芝居を見て笑いました。わたくしは実に居ても立ってもいられません。ああいう恥辱を受けるということは、まことに残念なことで、今後芝居をなさいますなら、あたくしはもう当家には辛抱できませんから、離縁をいただきたい」

女房から離縁をせまられるほど、まずい芝居だったらしいんですが、これも遊三らしい話でございます。

大正三年七月八日、行年七十五歳で亡くなりました。ですから逆算すると、天保十一年の生まれということになります。

三遊亭　圓橘

同薬研堀町廿二番地　佐藤三吉事

上の役員の欄には、橘家圓橘となっていて、この住所の欄には、三遊亭圓橘としてありますが、橘家というのは間違いで、三遊亭圓橘が本当です。薬研堀《やげんぼり》に住んでいたんで〝薬研堀〟の圓橘といいます。この人は、弟子に圓右、それから橘之助という大物をこしらえた。一時、師匠の圓朝と仲を違《たが》えて、そして近所へ看板を上げて、せり合おうとしたぐらい大変人気があったそうです。

『寄席育ち』にも書きましたが、圓朝師の七回忌の時、一門の大真打だけで「空也《くうや》念仏」

三遊亭圓橘(『文芸倶楽部』11-14)

というものをやりました。直弟子《じきでし》の〝鼻〟の圓遊・圓喬・圓右・圓左・小圓朝、それから大阪へ行っていた二代目の圓馬も出て来ました。あとは孫弟子になります、あたくしの師匠の圓蔵と初代の遊三、この二人がはいっている。その中の大僧正を圓橘が勤めたわけですが、その時「空也念仏」が終ってから脳溢血で倒れて、弟子の橘之助の膝枕で、息を引きとったという。

「大僧正の装《なり》をして、お寺で亡くなるというのは、実に大変な死に方だ。そういうことをしたいと言ってもできるもんじゃァない」

と、当時、非常な評判でした。

茶人でもあり、絵も画いたし、なんでも大変行儀のいい人だったらしい。

『文芸倶楽部』に出ていた記事を次にのせます。

▽圓橘の変化　紅涙子写字

編集者曰く――本編は故三遊亭圓朝の遺弟圓橘が、生前みずから画歴史《えれきし》と題して、その履歴を記しおけるものを一字一句も改訂せずして写字せしもの、ここにその絵画をも挿入したけれど、時日なきより縮写し得ざるを遺憾とす。ただ圓橘がその本業の落語をまなびし以外、丹青《たんせい》にも巧みなるは、まことに当世の珍とすべく、しかも亡師七回忌の当夜そのあとを追いし事実は、圓橘が深くその師を愛慕せし心根を神にも知ろしめされしものと覚え、哀れことに深かりけり。

およそ人の盛衰あるは今いうまでもなく、予《よ》は不幸にして両親に早く別る。十三歳にして母に別れ、十六歳の春親父《しんぷ》歿す。妹《いもと》九歳、弟《おとと》六歳なり。薄情なる伯父のために難儀をなせり。

予は天保八酉年二月に生まれて、麹町十丁目家《いえ》持ち三之助の長男なり。今にその家同所に存せり。

祖父は俗にカラ三というて、明治三十年頃の商業新報にりれきを出《い》だせり。

まず予が生まれしころは、祖父のあるころにて、家も栄え、乳母は二人ありしとかや。一人の乳母、麹町平川天神の社内に百日芝居というがありて、その役者某となれそめ、予を芝居土間《どま》のはしらにしばり付け、そのまま駈け落ちせしということ可笑《おか》し。

また、父は予を武家にせんと思いて、手習いを麹町九丁目雲龍堂《うんりゅうどう》に九年間習わせたり。未熟にして無筆なり。

そのころ麹町七丁目に心学道話会場あり。これへ入塾と《ママ》しておきぬ。時に十四歳なり。

祖父は六歳の時歿し、母は離縁す。すなわち十三歳なり。

本宅はいよいよ衰微して、家を閉ざし、予を安川という者に《ママ》料理の稽古をなさしむ。そのうちに、ますます家おとろえて、神田旅籠町に、わずかなる店を開く。

翌年、父三之助、四十一歳にして病死す。閉店して、祖母を伯父に渡し、兄弟に預《ママ》け、予は旅行せんとおもい立ち、嘉永五年ごろ、播州明石《あかし》侯の道中某《なにがし》をたのみ、当日早朝より邸内へ行きしに、イヤハヤ中間《ちゅうげん》ほどにもゆかぬ、俗にいうぶらの衆と申すごとき者にて、大荷物を背負い、手に下駄二足をさげさしむ。なかなか一日に十里づめの旅行なりがたく、ようようのこと戸塚に泊まり、翌日七つ刻《どき》、今の四時ごろ、おきて仕度にかかり、うすぐらきに出立《しゅったつ》す。大磯の宿《しゅく》にて、両足ともはれあがり、ちょっとも先へ出《い》でず。小休み宿屋某に頼み、包み荷物をあずけ、裏道田畑《たはた》つたえに逃げ去りて、一泊して翌日馬に乗りて、江戸に帰る。

そのころ、宅は四谷裏塩《ママ》町一丁目、裏屋住《ず》まいにて、祖母病中、養女にとりという十歳あまりの妹を一人付けおきて、万事、伯父弥八という者、仕送りなしたり。これ実母のことにて、宅へ引き取るはいやという《ママ》右《みぎ》母の一生のたのみとて、弥八に頼み、金《きん》十両を出しくれて、絵草紙屋の店を開く。すなわち安政三年二月なり。

店の片手に絵をえがき、弟忠次郎を引き取り、八《ママ》歳二人にて暮らしおる。同年八月二十五日、大風雨にて二階を打ちこわす。ただし、俗に太神楽《だいかぐら》という《ママ》別に二階を付くる。下座敷店《したざしきみせ》は一面の大水となって、諸道具衣類は申さず、売りものことごとく水にひたし、一文の価《あたい》もなし。いたしかたなく家をしまい、同所表伝馬町一丁目の裏屋に住《じゅう》す。画工を業として二ヶ年暮らしおる。

話あとにもどる。前記塩町に住すとき、安政二年江戸大地震にて、伯父の家大破にて、日々《ひび》土蔵の破れし土を荷《にな》うこと日々夜々《にちにちやや》、なれてのち伯父の家出来しのちは、諸所へ雇《やと》い人に出《い》ずる。その勉励をみて、弥八も金十両を出《い》だしたることあり。

画工とても、立派の絵をなすにあらず。岐阜提灯絵画《かいが》の類にて、一人なかなか暮らしかねるほどにて、一日、赤坂裏伝馬町二丁目何某《なにがし》岩次郎という宮地《みやじ》役者頭取《とうどり》に雇われ、諸所芝居小屋道具の絵をてつだいに行く。また同人につれられて、相州《そうしゅう》小田原寺町《てらまち》、桐長桐座《きりちょうきりざ》へ雇われ、尾上多目蔵《ためぞう》座頭にして行き、その時、安政五年のころにて、箱根大水にて、塔の沢のこらず流失す。芝居はことのほかの不入りにて、そろそろ役者は逃げ出し、無人《ぶにん》となるにて、役者の下《した》まわりに代理《ママ》せり。それより江戸に帰りても、おりおり役者のまね《ママ》となる。いよいよ自分は遊惰《ゆうだ》に流れきったり。書くもはずかし。

時に万延のころ、浅草仲町の衣裳屋何某《なにがし》へ使者に行く。同店にて無人なれば、其許《そのもと》持ち行きくれやというにまかせ、大きなる風呂敷包みを背負い、風俗に気もつかず、神田川水道橋にかかる時、うしろより牛込肴町加役《かやく》同心金子七左衛門手先《てさき》某追い来たり、賊《ぞく》待ての声にて同所の番屋に吟味を受けたり。岩次郎来たりて、賊にあらざることを証して、引き取り、かえる。この時はじめてわが身のおろかなるをかえりみ、改心す。

ここに自分はいよいよ改心して、四谷天徳寺代地《だいち》に、料理店弥八方《かた》に料理人となって、兄弟三人にて二、三ケ年□□する。また弥八の残酷にこらえかね、妹とくを加役同心福田某へ奉公に出《い》だし、弟忠次郎は行方知れずなり、自身もその家を抜け出し、赤坂今井谷町《いまいだにまち》岡本島太夫方《ママ》二階借りして、京橋連《れん》という天狗連に出席す。

出席の合間《あいま》に、芝増上寺文照院殿お魂屋《たまや》修覆さいしきに行く。一日の手間、先弁当《さきべんとう》にて二百五十文、今いう二銭五厘なり。その場に知己をもとめて、品川上《かみ》、俗にさつま屋敷という所に、上絵師《うわえし》丁字屋勘二郎方へ、画工のてつだいに行く。一日の手間賃一貫文となる。暮れに至りて金《きん》二朱となる。夕方より品川を出《い》で夜席千住までかよいしことあり。

お魂屋さいしきの節、手間賃二百五十文なるにて、隣室の受け負い人某が、わがもとへ来たらば三百文払うということにて、一日休み、またその某方《ぼうかた》隣室《ママ》に行きぬ。先の受け負い人いかって予を取っておさえ、さんざんにののしる。かれこれ丁勘《ちょうかん》の仲裁によっておさまること文久二 壬《みずのえいぬ》戌年、改めて丁勘の弟子となって、友禅上絵等を習う。

ここに四谷の伯父弥八は、博奕《ばくえき》のために閉店して、家内をつれて東海道におもむく。小田原より江尻辺を、芸妓稼ぎをなしたるよし。そのころその辺には芸妓なく、女郎が三味線をひきしなり。

文久二年の暮れ、赤坂田町三丁目、俗に桐畑の河岸に、新長屋出来《しゅったい》にて、その裏屋を借り受け、はじめて妻をむかえる。

そのころ吉原大火につき、この辺に遊女屋の仮宅《かりたく》来たりて、向う長屋及び隣家まで、みな仮宅へ高値に貸しつけたり。予は引きうつりて二ヶ月あまりのこととて、応じがたく、一、三日過ぐるうち、また赤坂の大火その辺の火災にかかり、命からがら立ちのきたり。赤坂今井谷に仮宅して、ようよう四谷南伊賀町、俗に心英寺前に住《じゅう》す。翌年正月元日四谷の大火にて、またまた類火して、四谷坂町の裏屋に住す。この時こそ、世俗にいう九尺《くしゃくに》二間《けん》棟割長屋という。

元治の初年、岩次郎の世話にて、立川談洲楼三代目焉馬の門人となる。桂文治の教授によりてそろそろ諸席へ出席す。立川花久馬《かくば》という。また焉馬歿す。そののち土橋亭里う蝶の周旋にて、三遊亭圓馬の門に入り、同市馬という。一ヶ年半にして、故ありてひとたび礼状を張《ママ》って廃業す。明治二年二月なり。

また明治二巳年二月末、三遊亭圓朝の門に入る。時に予は三十歳なり。なれどもいまだ上絵師をやめず。

明治六年五月五日、真打となって怪談噺となり、のちに道具を使う。これよりそうそう上絵師をやめる。

明治十丑年、両国薬研堀二十二の宅へ引き移る。ある日浦井竹宗《ちくそう》居士来たりて一泊す。その時、同人を師と頼みて、茶道に入る。

また明治十九年のころ、同社中ならびに師圓朝の《ママ》折り合い悪《あ》しく、諸所旅行す。それより舅《しゅうと》六三郎歿す。いよいよ旅行、京阪播州《けいはん》に至る。

明治三十五年十一月、京都鹿苑寺現住《ろくおんじげんじゅう》伊東貫宗《かんそう》禅師、小宅へお立ち寄りくだされ、橘阿弥《きつあみ》の号を賜わる。


〔『文芸倶楽部』第12巻第11号(明治39・8)〕

▽故三遊亭圓橘　真猿山人

▼三遊亭圓橘、本名は佐藤三吉、故圓朝の高弟で落語界の古老なることは、あまねく人のよく知るところであったが、去月十一日谷中全生庵に於いて、圓朝七回忌の法会の席上、俄然脳溢血を発して人事不省の状態におちいり、上野桜木町の丸茂《まるも》病院へ入院後まもなく、同夜六十九歳を一期《いちご》として〈圓生註。七十歳の誤り〉遂にこの世を去った。年に不足はないものの、斯道《しどう》のためには、まことに惜しむべきことである。

▼その半生の経歴は、本号別にかかぐるところの、同人自稿の「圓橘の変化」に詳細に尽くされてあるので、改めてここにくり返すの要はないが、憾むらくは肝心の圓橘となってののちのことが、至って簡単に僅々数行で筆を止めてあるから、小生は別に後半生の圓橘を記すこととした。

▼自稿の「圓橘の変化」の中にもあるごとく、明治二年〝駒止め〟圓馬の門を辞して、圓朝の弟子になると、たちまちめきめき売り出して、僅か三、四年で真打に出世した。圓朝の弟子もずいぶん数あるが、その中で一番最初に看板をあげたのは圓橘である。

▼看板主《かんばんぬし》となってからはますます好評で、門下にはへらへら坊万橘、橘之助、三橘（今の圓右）らの人気者を出《い》だし、都下いたる所の寄席に大入りをしめて、全盛並ぶ者なき勢いであった。

▼当時の圓橘が、いかに非常の人気者であったかは、ある者がその全盛をねたむの余り、師

匠圓朝に讒《ざん》を構えて二人の間に不和を起こさせた時、同人は談洲楼圓馬〈圓生註。焉馬の誤り〉と名のって、八丁饑饉の名ある圓朝と対抗しようとした一事をもっても、ほぼ推察し得らるるであろう。しかしこれはまもなく、ある者が為にするところの策略とわかって、双方の感情は融和した。

▼同人は稼業柄に似合わぬ律儀篤実の質《たち》で、他の者のようにおべんちゃらの世辞軽薄や、嘘いつわりを言うことが大嫌いで、芸人としてははなはだ不愛嬌な、むしろ偏屈のほうであったが、これがまた通りものになって、ひいき客はなかなか多く、主に上流社会の人士に愛されて、金子男爵、西男爵らにはことに愛顧を受けたそうである。

▼こんな性質であったから、道楽も酒や博打の下卑たのでなく、茶事を好み、書画を愛するというふうで、ことに茶は深くたしなみ、雲州流の奥義をきわめて、わが家へ数寄屋《すきや》をさえ設けてあった。

▼絵は少年時代から好んで、一時は職としたほどであるから、かなり器用に画いて、ひまさえあると絵筆を舐《ねぶ》って、みずからたのしんでいた。されば、過般亡師圓朝七回忌の法会に際して、諸大家に幽霊画の揮毫を乞うた時、自分もふるって丹精を凝らし、「墨染の精」の一幅を画きあげて出品した。本欄挿《はさ》むところの写真はすなわちそれであるが、亡師の年回に幽霊を画いてそれが絶筆となったは、まことに奇《く》しきことで、また何ぞの因縁ではあるまいか。

▼生前得意とした噺は、人情噺で美人の生き埋め、業平文治《なりひらぶんじ》、累ケ淵、札所《ふだしょ》の霊験等、また

素噺《すばなし》では、万歳の女郎買い、松山鏡、おはち廻り、子宝、搗屋無間《つきやむげん》、三軒長屋、せむしの遊び、寿限無、朝友《あさとも》などで、自作の噺では、隅田川流れの白浪(雲助坊妙信《くもすけぼうみょうしん》)、千代田の奥、業平文治の後日《ごにち》等がもっとも評判であった。

▼晩年とる年に腕もおいおいにぶってきたのを自分もさとってか、数年前から看板をおろして、その後は気楽にスケのみを勤めていたが、七月一日から門人昔々亭《せきせきてい》桃太郎(前名千橘、横浜の落語家にて常に地方を打ち廻しおる者)に頼まれて、横浜伊勢佐木町の新富亭に出席したのが、この世のおなごりの高座となったのである。

▼去月九日の夜、十一日の圓朝法会について、横浜から帰京の汽車中、当日余興の三題噺、累ケ淵、山門《さんもん》、茄子のしん焼きの趣向を考えて、帰宅ののち妻と娘にこういう噺をこしらえたと、筋を話して聴かせたそうであるが、当日不幸にもかのごとく発病したため、遂に演壇にのぼらなかったのは遺憾千万で、せめては今生《こんじょう》の思い出に、この噺だけは演らせてやりたかった。

▼圓朝法会の僧侶行列について、同人は古参かつ年長者のかどで、大僧正の役に当たったのであるが、当日の朝、その扮装《いでたち》をしながら、妻女に「この服装《なり》で師匠の法会の席へ行って、一門一同のそろったところで、お経を聴きながらそのままこの世を去ったら、これが本当の大往生で、おれは本望だ」と冗談を言って、家を立ちいでたところ、はたしてその言のごとくなったのは、いわゆる虫が知らせたというのであろうか！　とにかく偶然の一奇である。

▼不思議はただにそればかりではなく、八ッつの時から弟子にして丹精をした、かの立花家橘之助が、今日《こんにち》女ながらも寄席芸人一流の大看板になったのをいたくよろこんで、橘之助がすでに四十の中婆《ちゅうばあ》さんになったにもかかわらず、小娘かなんぞのように、橘坊々と、まるでわが実の娘同様鍾愛して、発病当時も橘之助をわがかたわらに坐《ざ》せしめ、圓朝の未亡人と亡師追懐談をなしつつあるうち、橘之助の膝に倒れ、その手にいだかれて仮りの病床へ移されたのは、よくよく深い師弟のえにしである。

▼師匠圓朝の恩を常に深く感銘してよく忠実につかえ、その歿後も遺子《わすれがたみ》の某を懇切に世話して、自分が今日かく安穏に生活し得らるるのも、ひとえに亡師のたまものであるから、たとえ某が幾百回無心に来るとも、決していやな顔などせず、こころよく応分の助力をしなくてはすまぬと常に妻女に言いきかせていたそうである。

〔『文芸倶楽部』第12巻第11号(明治39・8)〕

この圓朝の遺子《わすれがたみ》の某というのはこれは伜の朝太郎という人で、再々無心に来たものとみえますが、それを何回来ても決していやな顔をしないで、めぐんでやったという。この圓橘という人は人格者でございました。

明治三十九年七月十一日、行年七十歳で亡くなっております。

竹本　和佐太夫　　同矢の倉町十四番地　米谷安蔵事

竹本　昇太夫　　同通四丁目二番地　西川昌吉事

岸の家　吾光斎　　同通三丁目六番地　中村雪尾一事

岸の家　吾遊　　同町同番地　中村武市郎事

ここまでの四人については、どういう人か全く不明でございます。

三遊亭　圓七　　同新よし町六番地　山本喜三郎事

文之助の系図で、圓右の門人中に「初め右光または三橋改め」圓七とあるのが、この人ではなかろうかと思います。

三遊亭　喜遊　　同本石町一丁目　吉田由之助事

三遊亭左圓遊（『百花園』第 229 号）

これは圓遊門人で、初めの名が喜遊ですから、この時は前座でしょう。それから遊雀になり左圓遊になりました。あたくしどもが知ったのは、この左圓遊時代からです。さらに小圓遊になり、のちに師匠のあとを襲《つ》いで圓遊になりました。〝鼻〟の圓遊を初代とすれば、この吉田由之助の圓遊が二代目になるわけでございます。

この人は作家の松居松葉《しょうよう》氏の細君の弟にあたるそうです。師匠の圓遊の演ったとおりを一言一句違いなく、終生それで押し通して、芸に対して自己《おのれ》というものはちっともなかった人ですが、中看板《ちゅうかんばん》の少しいい所へ行きました。それも初代の圓遊が偉大であった、そのおかげで、つくづくこの二代目圓遊は運がよかったと思います。

大正十三年五月三十一日、五十八歳で亡くなりました。

橘家　花太郎

同浜町二丁目六番地　安田富五郎事

これは、文之助系図によりますと、禽語楼小さんの門人で小富《ことみ》といって、のちに四代目

〝ラッパ〟の圓太郎の門人になり、花太郎、さらに改めて圓左衛門となりました。あたくしども子どものころ、圓左衛門で、見た記憶がございますが、なんかこう、あばたの顔で、あまり風采のあがらない人でした。

橘家　日本　　同薬研堀町廿二番地　高井トヨ方　小久保亀太郎事

橘家　国女　　同町同番地　市原クニ事

この二人についても、全くわかりません。

三遊亭　朝遊　　同通三丁目六番地　川嶋長三郎事

文之助の系図によりますと、初代圓遊の門人に朝遊があって、「柳條の弟、初め朝三」としてあります。この人のことでしょう。柳條というのは誰のことかよくわかりません。

花沢　花之助　　京橋区南八丁堀一丁目三十二番地　今井せい事

文之助系図で、四代目圓生の門人に花之助という名があって、「義太夫上るり」と書いてあるのが、多分この人だと思います。弾き語りかなにかで演ったもんでございましょう。

石井 ブラック

同入舟町八丁目一番地　元英国人　ブラック事

快楽亭ブラックともいいました。この人は養子になって日本へ帰化したんで、石井貌刺屈という字を当てたりしました。

このブラックという人の噺も、あたくしは二度ばかり聞いたことがございます。二度とも漫談みたいな、そばを食いに行ったってえ噺でした。そば屋へ行って、天ぷらそばを二十あつらえたが、いつまで待っても持って来ない。ほかの人はどんどんあとから来てたべて行くのに、先にあつらえた自分のがちっとも来ない。腹はへってくるし、あんまり待たせられるんで、

「どういうわけで、あたしのそばは来ないんだ」

ったら、

「お連れさまが、まだお見えゝなりませんから」

「お連れさまなんかない。わたしひとり

快楽亭ブラック(『文芸倶楽部』11-14)

でたべるんだ」

ったら、びっくりして、天ぷらそばを二十、急いで持って来た。自分もずいぶん待たされて驚いたが、むこうでも驚いた。家内中で、じィ…ッと見ていられるんで、そばを食っても、まことに気がひけて、恥ずかしい思いをしたってえ噺なんですが、これァ自分の実見談なんでしょう。天ぷらそばを、ひとりで二十ぱい食うってんですから、かなりの大食家だったんで……。ふとった、恰幅のいい人でした。英国人というが、ほんとに英国で生まれたんじゃァないとかなんとか言ってました。この人は人情噺やなんかもしたということですが、のちに寄席をよして、外国の映画の説明をしていたという……これァその字幕を見ただけで、何が書いてあるかすぐわかるんですから、それで映画説明をしていたんでしょう。東京ではなく大阪とか神戸とかで演って、晩年はその地で亡くなられたようです。

明治時代は、ちょっと変わった者が出ると評判になるので、この人も相当にお客を呼び、なかなか人気があったらしい。『文芸倶楽部』に身の上噺が出ていますが、それによりますと、二十六年七月に三遊派へ加入したという、それでこの名簿にも、客員として名を連ねているわけです。

あたくしがブラックさんに会ったのは、明治四十三、四年ごろのことだろうと思います。そして大正十年ごろに、神戸の方で、亡くなられたように思います。

▽快楽亭ブラック　二洲橋生

目色毛色の変わった、男ッぷりよろしいところの快楽亭ブラックを、本所外手町《そとでまち》のその宅に訪《と》うて、経歴談を聞く。彼、なれきったる江戸弁いともさわやかに、おもむろに自己の身の上を語っていわく、

▼私の生れ　ましたのは英国ロンドンのブライトンというところで、父はジョンデイ・ブラックと申しやして、こいがその実業家でございましたが、諸方を漫遊致しァして、ちょうど維新前に、

▼日本へ渡来　致して参りました。私は母が体が弱いものですから、母とともに英国《くに》に残っておりましたが、父が横浜にとどまってヘラルドという新聞をこしらえましたので、英国《くに》から母と私をこちらへ呼び迎えてくれました。ちょうどその時私は八ッつで、父は私がまだ母の胎内におるうちに英国《くに》を出ましたので、この時始めてこいがその、

▼親子の対面　致しました。ところが父は何か都合がありまして、そのあくる年でしたかヘラルドを他に譲って、別にガゼットを起こして、しばらくやっておりましたが、明治四年にそれをまた他に譲って、今度は東京へ出て、築地の備前橋ぎわへ、日新真時誌《にっしんしんじし》という新聞を起こしました。この新聞社はその後銀座四丁目の、只今の服部大時計〈圓生註。現在の和光〉のところへ移転して、なかなか盛んにやりましたが、こいがそもそも東京に新聞の出来た始めでございます。そこで私の一家も東京へ参りましたが、その時私はちょうど十三か十四でした、ところがその頃の日本は、

▼まだ全く開けなくッて　私などは時々おそろしい思いをしたり、またこわい目にあわさ

れたりして、ずいぶん驚いたことがありましたよ。ある時のことでしたが、私と母が米国公使館の連中に誘われて、公使の家族と馬車へ相乗りで、角筈《つのはず》の十二社《じゅうにそう》へ遊びに行きましたが、むこうへ着いて馬車からおりようとすると、むこうから酔った武士体《さむらいてい》の者が二人駆けて来て、いきなり腰の刀を抜いて、

▼私たちを斬ろうとする　　のでしょう、私たちは驚いたのなんのッて、みんなまっさおになってしまいました。するといい塩梅に役人が来て、その乱暴者を取り押さえてくれましたが、実にびっくり致しァしたよ……それからその後でしたが、父にいいつけられて、馬へ乗って横浜へ新聞の紙を催促に行く途中、高輪へんで日が暮れてしまって、ちょうど鈴ケ森へかかると、

▼あとから馬上の侍が　　追いかけて来るのです。なんせよ、こっちは子供で、物騒なことはかねて承知しておりますから、こいがその、、その私を斬るのじゃァないかと思うと、急に総身へ冷水《おひや》かけられるようで、あァ誰か来てくれればよろしいがと思っても、場所が悪い……天下の仕置場《しおきば》鈴ケ森で、ことに夜ですから人ッこ一人通りァしません。そこでなんでもこれは逃げられるだけ逃げてみようと思って、どんどん駒を速めると、あとの侍もまたどんどんおんなじように飛ばせて来る。あんまり走って息が切れたから、馬を止めて休息すると、あとの侍もやっぱり馬を止める、変だ変だと思いながら、横浜《はま》へ着いて、だんだん様子聞いてみると、

▼こいがその、、その大間違い　　で、この侍は、高輪の番所で、私が供も連れずただひとり馬に乗

って行くのを見て、もし途中に間違いでもあってはいけないというので、あとから護衛に付いて来てくれたのだそうです……。父はそのころ西郷隆盛先生や板垣伯《はく》、後藤伯、河村伯、その他朝野の名士がたと、親しくご交際致しておりました。あの江藤新平君などはちょくちょく我家《うち》へ遊びにおいでになって、あの佐賀へお帰りになる前夜も、うちで夕飯召上がったのです。その後父は、

▼太政官の左院の顧問　の御雇《おやとい》を拝命しましたので、新聞の方は他人に譲ってしまいましたが、左院の廃された時、また築地で万国新聞というのを発行致しました。ところが間もなく新聞条例が発布になりましたので、父はその新聞をやること出来なくなって、上海《しゃんはい》へ行って、また新聞事業をくわだてることになり、私と母は当分シャトルの親戚のもとへ参りましたが、親戚の者たちは、私に実業家になれなれと勧めるんです。ところがご案内のとおり、あちらでは、銀行にしろ商館にしろ、はいった当座、

▼二三年は見習い　で、ほんの追いまわし同様にあつかわれて、なかなか一人前には使ってくれァせん。ですから私は馬鹿々々しくってやれない、なぜやれないというと、日本にいた時は父の新聞社へ出て、相当の給料を貰っていたのですから、今更そんなことが出来るもんかという、生意気な考えを起こしまして、間もなくあっちを出発《たっ》て、

▼再び日本へ引っ返し　て参りました。そうしてしばらくあっちこっちと遊んでおりァすと、ちょうどその頃は政談演説が非常にはやりまして、毎日そこにもあるここにもあるというふうで、父の友人の非職海軍中尉堀龍太という人も、やはり盛んに演説をやっておりまし

たが、その人が私に、君は日本語になれてるから一つ演説をやってみないかというのです。私も生意気ざかりでしたから、政事思想も意見も別にないくせに、よろしいやりましょうと受け合い込んで、そこで、
▼公衆の前で演説　をしたので、只今は無くなりましたが、麴町有楽町の有楽館というところでした。ところがこいが不思議に非常の喝采を博しァしたので、乗気になって、沼間《ぬま》守一君、高梨哲四郎君、荒川高俊君、土居光華君などという、有名な弁士のあいだにはいって、諸方の演説会へ出席しておりァした。すると講談師の松林伯圓さん……左様、故人の東玉《とうぎょく》さんが、時々この演説会へ余興に来るので、私はいつか、
▼伯圓さんと懇意　になりました。こいがそもそも私が芸人と交際をした始めで、自分も遂に芸人社会へはいる端緒《たんしょ》となったのです。その後私が横浜へ遊びに行くと、ちょうど伯圓さんが鉄《かね》の橋《はし》の富竹楼《とみたけろう》にかかっていァしたから、出かけて行ってみると、なんしろ伯圓さんの全盛時代ですから、あの広い席が満場の大入り、その時伯圓さんが、私にぜひ飛び入りに演説を一席やってくれと頼むのです。私も面白ずくで始めて、
▼寄席の高座へのぼって　一場の演説致しましたところが、客が大受けに受けたので、私が楽屋へ降りると、席亭の主人《あるじ》が楽屋へやって来て、私に来月馬車道《ばしゃみち》の清竹《きよたけ》へ出てくれと頼みましたが、私はもとより芸人でないのですからことわると、伯圓さんがそばから口を出して、ずいぶんいい収入があるから、一つやってみてはどうだと勧める。席亭の主人はまた五十円の手金を出して、たってといって頼む、そこで私もどうやらこうやら承知して、確か明

治十二年の一月だったと思います。横浜馬車道の清竹という寄席へ、
▼始めて看板をあげました　が、一座は私のほかに伊東燕凌《えんりょう》という講談師と、伊藤長川《ちょうせん》という医者、こいがその衛生演説をやるのです。私は演説をやってそいからチャールス一世の話とか、またはフランスのヂョンダークの伝などをやりますと、珍らしいのでこいがその非常の大入り。したがって金にもなりましたから、こいつは面白いと思って、諸方を興行しておりますうちに、
▼集会条例が発布　になりまして、大変にめんど(面倒)になりますし、また寄席取締規則ができまして、寄席でむやみに政談演説することが出来なくなりました。そこで演説のほうさっぱりやめまして、その後は講談専門ということにしまして、相変わらずやっていますと、私の友人たちが、私の寄席へ出るのを攻撃しまして、することもあろうに寄席芸人とは何だ。
▼第一親父の顔にかかわる　ではないか、外聞が悪いからやめろやめろッて、しきりに忠告されるんで、自分もその気になって、ひとまずやめまして、当分遊んでおりましたが、その頃は英語学ぶことがたいそう流行しまして、猫も杓子も勉強するというふうでしたから、ちょうどいいと思いまして、京橋の宗十郎町へ、
▼英語学校をはじめ　ますと、一時は非常に生徒が参りました。それからまたほかの学校へも教師に雇われて行きまして、学校の先生となりすましておりますと、運悪く条約改正がのびることになりましたので、こいがその非常にききまして、生徒が一人減り二人減り、心

細いようにおいおい来なくなりました。さァそうなると、朝の九時から夜の十時頃まであくせく働いて、そいでいろいろの入費を引いてみると、

▼つまり骨折損くたびれ儲け　で、こんな馬鹿げたことはありませんから、これァいっそまた芸人になったほうが気がきいていると考えまして、そこで学校をやめて、再び芸人社会へはいりましたが、その時、

▼日本へ帰化　致しまして、石井という家の養子籍になりましたのです。そいが方々の端《は》席《せき》を打っておりますと、ある時懇意に致しておりました、故人土橋亭里う馬(先々代)〈圓生註。五代目・金子金吉のことで、この人は明治二十六年十一月一日、三十八歳で亡くなっているので、話はぴったり合っています〉に頼まれて、両国の立花家《たちばなや》と木原店《きはらだな》の木原亭の三遊連の大寄せへ参りまして、一席ずつやりましたところが、今までは主に講談の席か、さもなければ、場末《ばすえ》の色物の端席へばかりかかっていて、立花も木原も始めてだものですから、こいがその両方とも非常の喝采博しまして、西洋人の噺家は珍らしいというので、たちまちこいが大評判になりました。すると三遊の五厘の圓之助がやって参りまして、是非ひとつ三遊連へはいって出て貰いたいというのです。幸い圓朝さんも圓生《よだいめ》さんも前から交際して知っておりますから、そこで承知しまして、

▼三遊の落語家社会へ加入　しましたのが、千八百九十一年〈圓生註。これは、千八百九十三年の誤植です〉ですからちょうどわが明治二十六年……確か七月だったと記憶致します。始めて色物の上等な席へ快楽亭ブラックの看板をあげましたのが、本郷の若竹と神田の立花亭で、

それから引き続いて今日《こんにち》まで相変わらず皆さんのごひいき下さるのは、まことに有難いことでございます。私の経歴といっては、まずあらましこんなもので、ほかに別にお話し致すほどのこともございませんが、私が芝居をして、

▼幡随院長兵衛を勤めた話　致しましょう。それは明治二十七年に本郷の春木座……今の本郷座で、講談師の連中が芝居をした時で、ある日伯知さんと伯鶴さんが突然やって来て、今度われわれの連中が春木《ほんごう》座で芝居をするが、中幕に一つ鈴ケ森の長兵衛をやって貰いたいというのです。もっともこれにはわけのあることで、その前に伯知さんと二人で、故団十郎《なりたや》の長兵衛を見に行ったことがあって、その時私は団十郎《なりたや》の芸の結構なのに感心しまして、実に恐れ入ったものだ、どうしたらあんなにうまくやれるだろう、僕も一つあんな塩梅《あんばい》にやってみたいが、

▼目色毛色の変わった長兵衛　が出来たらさぞ面白かろうと、冗談にいったのがほんとになって、この話を持ち込んで来たのです。そこで私も面白半分してみる気になって、さっそく承知をしましたが、さっぱり様子がわかりませんから、芝居噺をする圓流(天狗連)という噺家を呼んで、書き抜きをこしらえて貰って、

▼まずそれを暗誦　しまして、それからせりふまわしからしぐさの稽古を一生懸命に致しましたから、いよいよ茶屋の二階で稽古の時に、私が一番すらすらと出来てみんなに褒められました。すると座付の勘五郎さんが来て、いろいろ型などを教えてくれる。芝鶴《しかく》さんは、自分の部屋から鏡台まで貸して、男衆を一人付けてくれる。みんな寄ってたかっていろいろ

親切に世話をしてくれて、いよいよ開場となると、とにかく私の長兵衛が変わっているのが評判になって、非常の大入りでした。すると四日目か五日目でした。団十郎《なりたや》さんの家族の人たちが見物に来て、私を呼んで、せりふまわしやしぐさに多少違っているところがあるから、あしたの朝でも旦那(団十郎)に聞きにおいでなさいと、親切にいってくれましたから、私はあくる日の朝、さっそく築地の団十郎《なりたや》さんのとこへ訪ねて行きますと、団十郎《なりたや》さんは大層喜んで、

▼自身に手を取って　あすこはこう、ここはこうと、親切に教えてくれましたから、私はさっそくその教えられたとおりにやりました。その後横浜《はま》の蔦座《つたざ》から長兵衛をやってくれと頼んで来ましたから、承知して、いざ出勤となると、一座の訥子《とっし》さん始めほかの役者たちが、私と一座するのを苦情を言って納まらない。そこで私も面白くないから、断然出勤をことわって帰ろうとすると、港座の座主がこれを聞いて、蔦座の方の約束が破《ば》れたのなら、こっちへ出てくれまいかと交渉して来ましたから、私は一座の役者に故障さえなければ、出勤しようと言ってやりましたところが、座方はこれを役者に交渉すると、座頭《ざがしら》の八百蔵さんが第一に賛成して、面白い、結構だ、さっそくやろうと言い出しましたので、たちまち相談がまとまって、いよいよ開場となりますと、前々から蔦座との関係のことや、八百蔵さんがこころよく賛成したことなどを、土地の新聞で盛んに書き立てなど致しましたため、人気は自然こっちの港座の方へ寄りまして、毎日非常の大入りでございました。

〔『文芸倶楽部』第11巻第14号(明治38・10)〕

鶴賀　若辰

同南鍛冶町十二番地　石野そめ事

この人は、初め鶴賀若染、のちに若辰となりました。あたくしも逢ったことがありますが、小柄な女の人で、盲人でございましたが、中年からの盲目《めくら》とみえて、手紙なんぞを書いているとこを見ました。半紙と筆を、こう手に持って、それで墨は他人《ひと》につけてもらって書いている……字もかなり書けました。

盲人ですが、非常な美声でございまして、新内はうまいかまずいか、あたくしは子供のことでよくわかりませんけれども、声は大変にいい、いいと、みんなも褒めていたことを覚えております。

新内のあとで「二上がり新内」を演《や》ったもんで、これがまた、大変哀調を帯びていて、いいというんで、一部には大いに愛好する人があったようです。

竹本　花太夫

同新富町三丁目四番地　小西瀧三郎事

この人は、あたくしは存じませんが、関根さんの『今昔譚』に「色物の義太夫としては、芝居掛かりの竹本花太夫が有名であった。鶴沢鬼若《きじゃく》の三味線で大道具なしで演ったこともあったが、やはり、団十郎の声色で福島中佐をうなり、菊五郎の声色で塩原多助を語ったり見せたりの方がにぎやかで人気があった」と、書いてあります。

同南槇町二番地　佐々木安太郎事

三遊亭　花遊

この人のことは、文之助の系図に、花圓遊として次のように書いてあります。

「始め鶴沢文左衛門といい、圓遊門人花遊、故文楽門人かん治または圓窓、のちに柳家小さん門人三語楼といい、再び圓遊門人花圓遊、また改め雀家翫之助、目下仙台にて幇間花圓遊という」

始めは鶴沢文左衛門というから義太夫を語っていたんでしょう。故文楽というのは〝デコデコ〟の文楽(四代目・新井文三)だろうと思います。目下というのは明治四十二年のことで、花圓遊という名前で幇間をしていたらしい。

この人は、ちょっと売り出したようなことを、何かの記事で見たような気もしますが、よく覚えておりません。師匠を幾度も変えて、何かこう、尻の落ち着かない人らしかったんですね。

藤浦富太郎さんという、これは、われわれの方で宗家《そうけ》といいまして、大根河岸《だいこがし》の三洲屋、藤浦家のご当主で、今年八十四歳という高齢ながら大変お元気で、東京中央青果株式会社の会長をしておられます。また、「圓朝顕彰会」というものができておりまして、その会長をして頂いております。藤浦家は圓朝とは特別のあいだがらで、現在圓朝の名は藤浦家が預かっております。圓朝が亡くなった時、富太郎氏は十四歳だったそうで、圓朝師のことも、直接によく知っておられます。このかたから伺ったところでは、この花遊という人は、背の高い人で、〝舶来《はくらい》の馬《うま》〟というあだ名があったそうです。そのころ舶来の馬といえば、きっと競馬の馬かなんかで、当時の日本のごつごつした馬車馬などにくらべて、すらッとしてる……この花遊が、背が高くてすらッとしていたんで、そんなあだ名がついたもんではないかと思います。

三遊亭　国遊

同新富町三丁目四番地　植草久太郎事

国遊ってえのは、現在なら国鉄にでも勤めそうな名前で……。

文之助の系図では、圓遊の弟子に遊喬というのがあって、「圓馬門人遊馬、後に国遊となる」とありますので、多分この人のことだろうと思います。国遊から遊喬になったものでしょうが、あたくしは存じません。

橘家　喬雀

同木挽町一丁目十四番地　小林兼次郎事

この人は音曲師で、あたくしにも覚えがありますが、あだ名を〝お茶兼〟と言いました。人間がお茶ちゃらで、本名が兼次郎だから〝お茶兼〟と言ったもんだろうと思います。どういう音曲をやったものか、そこまでは覚えておりませんが、音曲は本筋だったという事は、先代《おやじ》からも聞いております。

文之助系図では、小圓朝(二代目・芳村忠次郎)の弟子に出ておりまして、「始め小さん門人小かね、圓喬門人喬雀改め花圓喬といい、また改め圓輔、また改め友朝」となっております。大正二年三月の三遊の名簿には「小林兼次郎事、三遊亭遊朝」と出ておりまして、「友」から「遊」に変わっているが、師匠を変えたものか、それとも他の理由で字を変えたものか、そこはわかりません。明治二十四、五年ごろは柳派の方にいて、慶応三年十月の生まれであることが『落語家名前揃』でわかりました。明治二十六、七年に三遊へ移って、圓喬師の門人になったものでございましょう。あたくしが知って間もなく亡くなったように覚えていますが、大正二年の名簿には、まだのっているので、多分大正二、三年ごろに亡くなったものと思います。

この〝お茶兼〟の後に喬雀になった人がありまして、これは本名を郷嘉七といって、圓喬師の内弟子でおりました。

圓喬師は、本姓を桑原といったんですが、のちに芳町の芸者家「越後家」へ入夫《にゅうふ》して、柴田という姓になりました。このおかみさんが、おげんさんといって、大変にその、勝気な人で、気に入らないことがあると、亭主の圓喬さんでもなんでも、頭から炭取りをぶっかける。隣りのうちと芸者家同士でけんかをして、

「何を言ってやがんでえ、べらぼうめ、糞でも食らやァがれ」

ってんで、バケツの水をいきなり隣りのうちィざぶッ…と、垣根ごしにぶっかけたという、そういう乱暴な人で、隣りのうちでも胆《きも》をつぶしたそうです。当時そんな活発な女ってえものはあんまりなかったんで、おげんさんてえと、

「はァ、あれァ大変な女だ」

ってんで、みんなが舌を巻いたくらい。

で、この喬雀は、のちに噺家の方はやめてしまって、越後家の番頭みたいなことをしていたのを、あたくしも知っておりますが、圓喬師が亡くなったあと、おげんさんもまだそれほどの年齢《とし》じゃァないので、男妾《おとこめかけ》ッてえのもなんだが、まァこの喬雀という男が、つまりその、お相手をしたんでしょう。それで、これを呼ぶのに、その呼び方がおかしいんだそうですね。

「お前さん」とも「あなた」とも、また名前を呼ぶわけでもない。

「おいおい、張型《はりかた》、張型」

と言ったんだそうです。張型というのは、閨淋《ねやさむ》しき時に、婦人がもちいるあの道具ですね。つまりこの喬雀というのは、そういう意味で使っているんだということをば、あきらかに表現したもんで。

他人《ひと》が来たときでも何でも、その関係を隠しもしないで、

「おい、張型」

と言ったという……これは、今の志ん生さんから聞いた話ですが、実にどうも、奇抜な呼びかたをしたもんでございます。

橘家　小ゑん　　同岡崎町二丁目十番地　酒井弥太郎事

この人のことは不明です。

三遊亭　左登狸　　同築地南飯田町十番地　折角寅吉事

これも不明ですが、名前からみて、おそらく圓左さんの弟子だろうと思います。

一徳斎　美蝶　　芝区西久保桜川町一番地　鷲野峯吉事

この人は、あたくしもよく知っておりますが、糝粉《しんこ》細工というものを演っていました。糝粉というのは、米の粉を水でこね、蒸して作ったものですが、その白い糝粉でいろんなものの形をこしらえて、色のついた糝粉をちょいちょいとくッつけたりして細工をする。その頃、よく子どもの遊び道具で、売っていたもんです。子どもが買いに行くてえと、あのゥ附木《つけぎ》……附木というのは、薄い木の切れはしで、本当は火をつけるものなんですが、火をつけるのは先に硫黄が付いておりまして、火打ち石でかちかちッてんで起こした火を、この附木に移して使う。それと同《おん》なしもので硫黄の付いていないのも附木と言いました……その上へ、白い糝粉をどっさりと、あと、赤・青・黄色・紫なんという、いろいろ色のついた糝粉をちょいちょいと、こう、くッつけてありまして、それを一と組いくらで売るわけです。子どもがそれを買ってきて、自分で何かをこしらいようッてんですが、器用な子どもはこしらいられたでしょうが、あたくしなんぞは不器用だから、幾度も買ったけども、何にもできませんでしたがね。

この美蝶さんの糝粉細工を、あたくしはよく見ましたが、お客さまのお望みによって、梅だとか、桜だとか、そういった花の咲くものですね、そいつをこしらえる。小さい植木鉢へ、木だけ差したものがありまして、これへ梅なら梅の花をひとつずつ糝粉細工で作って、ちょッちょッと付けていくと、梅の木に花が咲いたように見える。これは寄席へ出て見せたぐらいですから、よほどその技《わざ》がすぐれていたんでしょう。「ユリの花がいい」とか「牡丹がいい」とか言われるてえと、それを作り、一番しまいに必らず菊の花を作ります。まン中ィ黄色い糝粉を入れまして、まわりを白い糝粉で包んで、『四丁目《しちょうめ》』という三味線を下座に弾かして、全部弾き終るまでに、はさみでもって、ちょきちょきちょき切っていく、するとこの白で包んであったやつが、ずゥッと花が開いていくように見える、そうして、中に黄色があるので、菊の花ができあがる。『四丁目』一つのあいだに細工をして切りあげるわけですね。これァ実に見事なもんでした。

あたくしァまだ子どもの時分で、この人に寄席で会うのが楽しみでして、一生けんめい楽屋からのぞいて見たもんでしたが、いつでしたか、この人がべろべろに酔ッぱらって来ましてね、菊の花の中に入れる、黄色い糝粉を何処《どッ》かィ落っことしちゃったらしいんですね。酔眼もうろうとして、そこいらを探していたけども、見つからないんで、楽屋へ、

「あの、あたり箱《ばこ》を貸しとくれ」

すずり箱のことを、われわれは「あたり箱」ってえます……そいつを前座に持ってこさして、墨をすってね、白い糝粉をちぎって中ィ入れましてね。何をそんなきたないことをしてるんだろうと思って見ていたら、墨をくっつけてまッ黒けになったやつを、白い糝粉でもって包んで、菊の花を切ったんですがねェ、いつものように黄色いのが出てくるんじゃなくて、白い中から墨をくっつけた糝粉が出てきたんで、あんまりきれいな花じゃァない。まァ、ほかに色のついたのがないから、間に合わせにそうしたんでしょうが。この菊の花を、

「お客さまがたに、さしあげます」

ったら、誰もくれといわなかったんで、子どもごころにも、実におかしいなと思って見たことがあります。酒好きな人だったんでしょう。

曾呂利　新語

同南佐久間町一丁目三番地　諏訪部伊之助事

文之助系図では、五代目土橋亭里う馬(本名・金子金吉)の門人に里ん馬という者があり、「のち曾呂利新語」とあります。また、『落語家名前揃』明治二十一年の分に、本名諏訪部伊之助、天保十四年十一月生、春風亭柳鼠、中等、で出ております。二十一年後には見当たり

ません。ですから、柳鼠から里う馬の弟子になって里ん馬となり、師匠の五代目里う馬は、明治二十六年に亡くなっていますので、この名簿の出来た二十七年には、里ん馬から曽呂利新語になっていたものと見えます。

三遊亭　遊林

同今入町三十番地　鳥羽長助事

この人は、「鳥長」という鳥屋の倅で、それで苗字が鳥羽ってんだからおもしろい。圓遊の門人となって、初め遊林、それから小圓遊になり、めきめきと売り出した。早死にをしましたので、あたくしは直接《じか》には知りませんが、よく話には聞きました。仲間では〝鳥《と》羽長《ばちょう》〟といいまして、芸もうまかったそうです。

三遊亭小圓遊(『百花園』第 210 号)

もちろん圓遊の噺をおぼえて演るんですが、その呼吸といい、若い者にしては非常にうまかったんでしょう。小圓遊になってからの話ですが、圓遊が高座に出て噺を演っていると、前で聞いていた子どもが、

「やァ、なんだ、小圓遊のまねをし

てえらァ」

って言ったそうですが、これァ主客転倒で、もちろん圓遊が小圓遊のまねをするわけがない。子どもだからそんなことはわからなかったんでしょうが、ま、そのくらいにこの小圓遊という者は、芸もすぐれ、人気もあったという、これは一つの逸話になって残っております。

藤浦富太郎さんに聞いたことですが、この人のあだ名を「お能の面」といったそうで、なかなかいい男で、それから旅へ行っての興行の仕方が実にうまかったそうですな。われわれのほうでドサという、旅ィ行った時に、町廻りというものをやりますが、ふつうは、それに重点はおかなかったもんで、いいかげんなものを着て、ずうッと廻っておりました。それを、

「いや、それではいけない。まず前座から残らず、おそろいのもので、きらびやかに見せなくちゃいけない」

と、すでに宣伝ということを頭において考えていたという。そういえば、田舎の興行では、いきなり見ただけでびっくりするような、きらびやかなもんでなくちゃお客は来ない。しかし当時、そんなことはあまりみんな気にもしていなかったんでしょうが、それをこの〝鳥羽長〟ってえ人は、非常に力を入れてやった。だから〝鳥羽長〟の興行ってものは、なかなか田舎でもお客を取ったそうで。芸ばかりでなく宣伝方法というものをば、興行に取り入れたという。その時分に、評判になるぐらいで、まァ他人《しと》の考え及ばなかったことをぽォんとや

ったわけでございます。

もう少し長生きをしていたらば、いい噺家になったんでしょうが、惜しいことをしたもんでございます。文之助の系図や、今西の正蔵の「墓誌」には、明治三十五年八月二十九日、三十二歳にて歿すとしてありますが、確か中国筋尾道で、旅興行の途中で死んだということです。それを聞いて左圓遊(この名簿では喜遊で出ている。本名・吉田由之助。のちに小圓遊になり、二代目の圓遊になった)が、

「小圓遊が死んだ。しめたッ」

て楽屋で言ったのが、これァどうもえらい評判になりました。

「しめたッ」てのは、つまり、それがいたら自分はなかなか出世はできない、その目の上のこぶがなくなったってんで、当人はうれしくて「しめたッ」と言ったんでしょうが、それにしても正直すぎるってえんで、これは当時誰知らぬ者もない噂ばなしでございます。

三遊亭　遊太郎

同西久保広町三十一番地　森彦太郎事

文之助の系図では、圓遊門人の中に遊雀というのが二人ありまして、そのうちのひとりが、「初め遊太郎といい、または遊八改め」と書いてあります。この遊太郎という人が遊八になって、遊雀になったもんでしょうが、この遊雀は、あたくしの知らない遊雀でございます。

橘家　喬子

同田町八丁目一番地　井上はま事

これも文之助の系図で、圓喬の門人であることがわかりました。「柳橋門人柳蛙の娘、上るり」としてあります。

おとっつァんの柳蛙というのは、初めは桂文治の弟子なのか、「桂万好といい、また芝吉」といった。それから「才賀門人才鏡、またまた改め柳橋門人となる」とあります。この柳橋は四代目でございます。

土橋亭　里う路

同琴平町二番地　涌井簑吉事

これは、文之助系図で、「初め正蔵門人小正蔵。後に新朝門人新柳」それから五代目土橋亭里う馬の弟子になって里う路になったということだけがわかっております。

養老　瀧之助

同田町九丁目十三番地　笠井松五郎事

この人はあたくしも知っております。のちに養老瀧五郎になりましたが、日本手妻《てづま》……つまり今でいう奇術ですが、その時分は手妻といいました……その日本手妻を使いました。あしまったことがありました。しかしまことに人間はいい人だったらしい。人は、手妻はあんまりうまくなかったらしいんです。時々酔ッぱらって、種《たね》をお客へ見せてへ投げるという、これァもう、日本手妻では必ず演ったものでございます。この瀧五郎ってこれをぐるぐる巻いてある。その「マキ」を帯へはさんでおいて、それで、つウッ…と客席しらえたテープのようなもので、いろいろ赤い色がつけてあったり模様が描いてあったり、の「マキ」と言いましてね、今の寸法で何ミリくらいになるんでしょうか、細い、和紙でこ

この人の娘は、あたくしァ見たことはないが、大変美人だったそうです。浅草の並木亭の筋向こうに、よか楼《ろう》という、これは東京でカフェというものの、先端を行ったほうにはいると思いますが、この、よか楼に、瀧五郎の娘が、当時の女給になっていたわけで。今ではホステスというんですか。で、歌舞伎の沢村源之助という俳優が、この娘に大変惚れ込みましてね。源之助という人は、女形として大そう芸のうまかった人で、当時、浅草田町《たまち》にいたんでしょう、〝田圃《たんぼ》の太夫〟と言ってましたね。昔は立女形《たておやま》という位置にある俳優を「太夫さん」と言ったんですね。

少し話が古くなりますが例の花井お梅の事件というのは、芝居や何かでは、銀之助とか、いろいろほかの名前になっていますが、本当はこの源之助と花井お梅とが、つまり、深くなって、そしてまァいろいろの事情があって、箱屋の峯吉という……これも芝居では巳之吉という名前になっていますが……これをお梅が殺害をする、というわけで……。

あたくしは源之助の芝居もたびたび見ていますが、まァ江戸最後の役者と言ってもいいと

言われたぐらいの女形《おやま》で、もう舞台に出て来たところから、江戸っ子というにおいがする。立役《たちやく》も演りましたし、これがまたなかなかうまかった。せりふの間《ま》のうまさなんというものは……源之助の当たり役に『切られお富』という、これは例の『切られ与三郎(与《よ》話情浮名《わなさけうきなの》横櫛《よこぐし》)』の書き替え狂言で、河竹黙阿弥が、女形の沢村田之助という、のちに脱疽《だっそ》という病気で手足を切断してしまいましたが、この田之助にはめて、主人公のお富が切られる筋に書き替えた、本名題を『処女翫《むすめごのみ》浮名横櫛』という芝居、これァお富が悪党の女になっておりますが、そういう毒婦ものなんてえのは、実に江戸前で、胸のすくようなせりふまわしで、なんともようござんしたねェ。

源之助さんは落語も好きで、晩年、上野の鈴本なぞへも、よく聞きに来たことがありますが、この〝田圃の太夫〟なるものが、養老瀧五郎の娘に夢中になって、結局、金を出して、二号ではなく正妻にしたそうです。いつか瀧五郎さんがあたくしのうちへ来た時、

「あたくしどもでも、いろいろめんどうを見ていただきまして、ありがたい事《こ》ッてす」

なんて、先代《おやじ》に話をしているのを聞いたことがありました。

この養老瀧五郎というのは三代目で、大正十三年四月二十六日に亡くなっていますが、手品のほうではたいした名前で、この人の先代の瀧五郎は、文之助系図に「手品頭取」と書いてあります。系図には、日本手品、西洋手品などとりまぜて合計四十七、八人も出ており、その中の頭取をしていたもんでございます。

三遊亭　左良左

赤坂区赤坂新町二丁目七番地　小作金太郎事

これは文之助の系図によりますと、圓左の門人で、左良左から左好になり、のちに五代目扇歌(本名・岡谷喜代松)の門に入って扇蔵となった、手品師としてあります。

三遊亭　圓花

麹町区三番町十番地　林清之助事

これは圓朝の門人で、一朝から圓花、圓寿となりました。この名簿に本名を林清之助と書いてありましたが、これは藤浦富太郎さんがよくご存じで、正しくは林清八というのが本当だそうです。

夢の家　音琴

同有楽町一丁目三番地　荒野龍平事

これは全くわかりません。

三遊亭　遊好

牛込区神楽町　岡宮恒吉事

この人は〝鼻〟の圓遊の門人で、〝ご随意《ずい》〟の遊好というあだ名がありました。

「貴方《あアた》、どっちがいい？」

「へえ……どうぞご随意に」

「貴方《あアた》これたべませんか？」

「いえ、どうぞご随意に」

なんて、何をきいても「ご随意に」と言う、そこでこういうあだ名がついている。人間はよく知りませんが、〝ご随意〟の遊好ってえ名はよくおぼえています。

三遊亭　猫遊

小石川区上富坂町廿一番地　小林弥三郎事

圓遊門人で、物まねの人ということが文之助系図に書いてあります。

三遊亭　雀太郎

同春日町廿番地　柏原民吉事

この人のことは不明です。

橘家 橘太郎

同柳町十八番地　高橋万之助事

この人は、薬研堀の圓橋の弟子ですが、初めは〝へらへら〟の万橋の門人で万治、のち圓遊門人で遊治となり、それから圓橋門人橘太郎となったと、文之助系図に出ております。

都々一 扇歌

本郷区根津宮永町三十七番地　志沢たけ事

この扇歌は四代目で、本名でもわかるとおり女の人です。初め東家小満之助《あずまやこまのすけ》といい、文之助の系図によると「年少より出席」としてあります。だから若い時分から寄席へ出ていたんでしょう。四代目扇歌を襲《つ》いだぐらいですから、芸はなかなかよかった人だと思います。

関根黙庵さんの『今昔譚』の文を借りると、

「扇歌は、女ながらも一方の旗頭、どうというまとまった物を演るでもないが、トッチリトンは毎晩おきまりの売り物、左の手の人差し指を年じゅう紙で巻いていて、三味線を弾くに使わなかったは、やむを得ずではなく、わざとやったる曲であろうと噂された。これに対する女真打は、今も盛んな橘之助であった」

今西の正蔵の「墓誌」には、「墓石に「さぬきや」とあり」と書いてありますが、どういう屋号なんですか。また、この「墓誌」では、都々一と書かずに都川扇歌としてあります。

三代目の小さんが一時この人の弟子になったことがあり、都川歌太郎といった。だから都川というのを亭号に使っていたことがあるのかもしれません。

『落語家名前揃』によると、安政三年九月生まれで、「墓誌」には「明治廿八年十一月十八日歿」としてあるから、四十歳で亡くなったことになります。

三遊亭　遊輔

同天神下同朋町十番地　末吉伊三郎事

この人のことは、文之助系図には「牛込神楽町料理店末よしの息子。圓遊門人、始め太遊という」とあり、また「この人大酒を好み、後に大阪三友派に入り永住す。東京へ帰り病死す」と書いてあります。

「末よし」というのは、戦前まで牛込で第一流の料亭で、苗字が末吉ですから、それを屋号に使っていたもんでしょう。この「末よし」の方へ訊けば、何かわかるかもしれないと思って、今度いろいろ調べましたら、明治末期か大正の初めに代替りになっているんですね。屋号はそのままですが、遊輔の末吉伊三郎とは、もう縁故が切れてしまっているわけで……。

この遊輔は、噺も相当できたらしいが、噺のあとで「改良剣舞」というものを演りました。あたくしは、この人は全然見たことはありませんが、のちに〝道灌〟の遊雀といわれた人が、時折り、噺のあとでこの「改良剣舞」をやったのを見たことがあります。この改良剣舞というのは、おそらくは遊輔が考えて始めたもんだろうと思いますが、剣舞といっても別に剣を振りまわすんでも何でもない、尻をはしょりましてね、手拭いをたたんでうしろ鉢巻きをして、初めのところは詩吟のように、

〽思い切ったる鎧の袖ェ……行きがた知れずゥなりにけりィ……

と、それから三味線がはいって、

〽ここに刈り取る真柴垣《ましばがき》、夕顔棚のこなたより……

という、『太功記・十段目』光秀の出の義太夫の文句を、三味線に合わして、

〽突ッ込む手練の槍先に、わっと魂《たま》ぎる女の泣き声、合点《がてん》ゆかずと引き出す手負い、真柴にあらで真実の、母の皐月《さつき》が七転八倒、こはこはいかに、こはいかに、薬はなきやと取りいだす、このまた薬の効能は、胆石、溜飲、食あたり……

これは、生盛薬館《せいせいやっかん》といいましてね、金モールをつけた軍服のようなものを着て、箱を肩から斜《はす》にかけて、手風琴を鳴らしながら売りに来た薬屋がありまして、つまり、おしまいの方は、この薬屋のまねになるわけで、踊りというほどのものでもないんですが、

〽そもそも薬の効能は……

ってえとこになると、お客が、その時分、毎日その薬屋の姿を見て知っているわけですから、そこへくるとわァ…ッと笑いました。で、おしまいに、その薬屋が「オイチニィ…オイチニィ」といって、調子をとって歩いていたもんなんで、そのとおりに唄の最後で、

〽オイチニィ……オイチニィ……

と、それでおじぎをしておりる。ま、言ってみれば、〝へらへら〟の万橘だとか、〝ラッパ〟の圓太郎なんかと同じたぐいの、別に大したもんじゃァないが、その時分は、こういう余興を演ると、大変お客が喜んだもんなんで……。

この遊輔という人は大酒家《たいしゅか》だったとしてありますが、酔っぱらって寄席へ来たことなんぞもよくあったのかもしれません。

この人が、名人の圓喬のことを皮肉って、

住むとこが左衛門《さえもん》だけに法螺を吹き……

と書いた紙を楽屋へ張ったことがあるってえます。これは、ちょっとおわかりにならないかもしれませんが、圓喬師はその頃神田の左衛門町に住んでいました。それから、今のかたはご存じないでしょうが、「さえもん」というのは「でろれん祭文」といいまして、片ッ方《かたっぽ》の手に小さい錫杖みたいなものを持って、片ッ方に法螺の貝を持ってる。この貝を吹くんじゃァなくって口のところへあてがって、

〽でろれん……でろれん……

といって、祭文というものを語る、今の浪曲の前身です。だから、圓喬は法螺ばかり吹いている、ということを、これは風刺したもんなんで……。当時、圓喬は若手真打でばりばり売れているし、遊輔とでは看板も大変に違っていたに相違ない。それをこういう風刺を書いて楽屋へ張り出すってんですから、こいつァやっぱりしらふじゃできないことでしょう。

この人はのちに東京から大阪へ行って、むこうへ長く居ついてしまいました。〝泥棒〟遊輔というあだ名がついたが、本当に泥棒するんじゃァない。『出来心』という落語……『花色木綿』ともいいます、あれを演って大阪のお客に大変うけたんでしょう、高座へあがるとお客から、

「泥棒、泥棒……」

という声がかかる。で、この『出来心』を演って、あとは改良剣舞を演る。大阪では大変人気も出て、それに酒の好きな人ですから、大阪へ行けば当時、東京よりはずっとうまい酒が飲める、というようなことでむこうに居ついたのかもしれませんが、あまり大酒《たいしゅ》をしたために体をわるくして、東京に帰って死んだという。

いつ死んだのか、何歳で死んだのかも不明で、いろいろ調べてみたがわかりません、が、あたくしは明治末期ではないかと考えます。なぜならばその次の二代目の遊輔は、確か大正のごく初年にできましたんで……。

この二代目遊輔は、あたくしもよく知っております。本名を斎藤愛之助といって、上州高崎の人で、高崎の帳面屋の、伜なのか、奉公していたのかよくわかりませんが、なんでも帳面屋をしていたという。

「末よし」の遊輔の弟子には、小遊輔、一輔、高輔、亀輔、鯛輔、半輔などというのがあったと系図にありますが、このうちの「高輔。後に小圓朝門人圓平という」とあるのが、こ

の二代目遊輔の斎藤愛之助だと思います。つまり高崎から来て遊輔の弟子になったんで、高輔とつけたんでしょう。

圓平から圓璃という名前になり、更に遊輔となり、また後には蜃気楼龍玉となりました。あたくしが知ったのは、圓璃のころですが、まもなく遊輔を襲いで、噺も大変調子のいい、あたくしが子どもで聞いて、うまいな、と思いました。『小言幸兵衛』なぞを得意で演っておりまして、あたくしのやる『小言幸兵衛』のおしまいのところあたりは、この人の噺を採《と》ったんです。

それからこの人は、「問答」というものをよく演りました。これは、お客さまから題をとります。

「一枚をもって煎《せん》(千)餅《べい》とはこれいかに」

「ひとつをもって饅《まん》(万)頭《じゅう》というがごとし」

というようなやりとりで、どんなことを訊かれても、実にあざやかにうまく答えました。これを覚えて、後にやりましたのが、二代目燕枝の弟子であった雀枝(本名・寄木昇)……その後リーガル万吉となって、千太・万吉の漫才でなかなか売れた人です……これが受けついで演りました。その次に先々代の江戸家猫八(今の猫八の実父)がこれをおぼえて、大変売りものにしておりました。この「問答」の出どころは、みんな斎藤愛之助の遊輔からです。

そういうふうになかなか頓智もいいし、帳面屋ですから字もうまい、噺もうまい、それでまことに如才ない、そんなら出世をしそうなもんですが、この人は生涯他人《ひと》からきらわれて終ってしまった。どうしてかというに、まことにわるい癖《へき》で、他人《ひと》の悪口を言う。それが、自分が世話になった人でもなんでも、実にひどいことを言うんですね。その人の目の前へ行くてえと、

「あなたでなければ……」

とかなんとか大変にたてまつってお世辞がいいが、その人がひょいと立ってむこうへ行っちまうと、今まで言ってたことと、がらッと変わって、

「やつはどうも、まことに困ったもので……」

と言う。恩になった人でも、くそをたたくようにわるく言う。どこへ行ってもそれが評判になりまして、それがために、おいおい爪弾《つまはじ》きをされて、蜃気楼龍玉となって、弟子もひとしきり、ずいぶん多く持っておりましたが、この人がはいると内輪を揉ましていけないから、と、排斥されまして、いつのころだったか忘れてしまいましたが、高崎へ帰って、養老院のようなところで淋《さむ》しく亡くなったということを聞きました。まことに妙な性質で、あれで人間がもっと素直だったら、芸もよかったんですから、出世をしたもんでしょうけれども、惜しいもんでございます。

この人の伜が斎藤文次郎といって、小圓遊になって踊りも踊り、一時売れッ子でしたが、若死にをしました。今西の正蔵の「墓誌」には「大正十五年二月十六日歿」となっております。行年はわかりませんが、三十二、三歳ぐらいでしたろうと思います。

三遊亭　右橘　　同町十一番地　佐藤信禧事

これは圓橘の門人で、橘蔵。「後に右橘となる」と文之助系図に書いてあります。圓橘から圓右の門に移って右橘になったもんでしょう。

三遊亭　遊之助　　同本郷二丁目三十二番地　大畑する為事

三遊亭　若雀　　同田町三十九番地　菅谷小美佐事

この二人は、全くわかりません。

三遊亭　圓右　　下谷区上野北大門町九番地　沢木勘次郎事

まず初めに、圓右の身の上噺というのがございますので、それをご覧に入れます。

▽圓右身の上噺　　門人三遊亭右猿記

▼わたくしは万延元年六月の生まれで、父は沢木林蔵と申しまして、本郷竹町《たけちょう》に住まい、水

戸の御作事方《おさくじかた》を勤めておりましたが、その頃は湯島天神社内に百日芝居と申す小屋がありまして、父はその家主《やぬし》を兼ねて致しおりました。わたくしは子供の節は実に病身で困りましたが、伯父に佐野幸吉と申す人があり、御家人《ごけにん》にて芝居のお囃子方を致しており、伯母さんは手習いの師匠をしていたし、近所の子供を集めて読書算術習字を教えていました。その時分は寺子屋といいまして、まァ今の学校の小さいのです。わたくしはこの伯母に習字を仕込まれました。伯父の佐野幸吉に伜があって、名を巳之助といい、この巳之助氏、ただ今浅草公園にみさのという料理店を出しておられます。

▼わたくしは、子供の時分から実に芸事が好きでございまして、そのころ三遊亭圓朝師が全盛をきわめまして、その人気というものは大したものでございました。その圓朝師が、ちょうど茅場町の薬師境内宮松亭《みやまつてい》にて、芝居噺に大道具を使い毎晩大入りをしめておりましたが、佐野幸吉も囃子方に頼まれて出勤しておりました縁故で、その佐野に連れられて、圓朝師のお宅へ参り、病身ではあるがどうか芸人に致してくれと頼みました時に、圓朝師の言わるるには、わたしは今弟子を仕込んでいるひまもないが、圓橋さんは丹念な人ではあるし、弟子も少ないから、圓橋さんに頼んだらよかろう、わたしか

三遊亭圓右(『文芸倶楽部』11-14)

らも頼んであげようということで、それからいよいよ圓橘氏へ食い扶持持参で入門致し、名を橘六と貰いましたのが、わたくしの十三歳の時であります。

▼圓橘師は絵をよく画きますから、上絵師《うわえし》も致しておられました。その頃は芸人などになりますと、家の出入りを止めるなどというので、父もわたくしを勘当同様にして家へ出入りをさせません。わたくしも父から出入りを止められてさえ芸人になりたかったというのは、よほど芸事が好きであったと見えますが、今から思うと実にお恥ずかしい次第でございます。

▼そのころはただ今とは違いまして、昼席が立っておりました。両国の立花家、薬師の宮松亭、浅草の並木亭、この三軒は常に昼席を致しておりました。この昼席にて看板の上下《うえした》、給金のあげさげがありまして、みんな勉強致しましたものですが、それはそれは大車輪になって競争をしたもので、少しも心に油断というものがなかった。ただ今はそんなことがなくなりましたから、若手の薬にはなりません。昔は大真打《おおしんうち》が寄りまして、芸についての巧拙を論じ、若手の芸について批評も致して、看板の上下《うえした》も致しました。どうか、只今もそういうふうに研究をしてみたいものでございます。

▼わたくしが圓橘師のもとへ弟子入りして、橘六という名を貰ったのが、十二月の廿五日で、その後三橘と改名致し、明治十五年に圓右と改名しました。この時圓朝師に向かって、どうか真打になりたいと申しますと、まだ早いけれども、まァやってみるがよい、それについては今少し稽古をしなければならんが、当分圓朝のところへかよって来るがいいと言われました時は、天へものぼるほどうれしく思いました。

▼これから圓朝師の宅へ、雨の日も風の日もいとわずかよいました。その時圓朝師は本所二葉町におられました。ある日のこと、少々時刻が遅くなりましたから、さだめしどんな小言でも言われはせぬか、師匠が待ちかねておりはせぬかと、心配致しながら参りますと、師匠の姿が座敷に見えませぬ。おかみさんに伺うと、まだお眠《ねぶ》りですとのこと、お体が悪いのではありませんかと聞きますと、いえ、ゆうべ遅くまで書きものをしておいででした。なんでも今日《こんにち》じゅうに入用の書きものだが、今日お前さんが稽古に来なさるから、一日でも休ましてはならぬと、ゆうべ四時までかかって書いてしまわれたのです、と言われた時は、わたくしは思わずありがた涙を流しました。それから圓朝師は眠いのもいとわず、すぐ起きて稽古をしてくれる、それはそれはわたくしが稽古にかよい始めましてからは、忙しき体も他出《たしゅつ》致さず、熱心に教えてくれました。

▼それくらい師匠に仕込まれましたから、話の方はどうにかこうにか出来るようになりましたが、芝居の立廻りが出来ませんから、ひとくふうせんければならんと、これから芝居の幕内へはいり込んで、芝居の方の人々と友だち同様になって、いろいろ見聞致しまして、ずいぶん艱難辛苦致しましたが、ようやく高座で未熟な芸を御覧に入れることが出来るようになり、いったんあげた看板もおろさずにやり通しましたのは、これもみなごひいきさまと師匠とのおかげでございます。

〔小野田翠雨編『三遊亭圓右滑稽落語集』大学館発行（明治43・3）〕

若き日の三遊亭圓右
(『百花園』第217号)

三遊亭圓右(橘右近氏蔵)

この身の上噺にもありますように、十三の時に噺家になったといいますが、当時〝宝沢《ほうたく》〟というあだ名がついていたそうです。ご承知のように、これは天一坊の幼名で、つまり、なかなか油断のできない小僧だという、それで宝沢といったんでしょう。そのくらいだから相当人を食った子供だったんでしょうねェ。

圓喬のほうは〝代脈〟というあだ名で……これは黄八丈の着物に黒の羽織をよく着ていたというんで……その当時の代脈(医師の代診)がそういう服装《なり》をしていたもんですから、このあだ名がついた。圓右の〝宝沢〟、圓喬の〝代脈〟というあだ名は、あたくしどもも楽屋でよく聞きました。

圓右という人は、人間が大変ずぼらなところがあって、その噺もなんかこう、ぞろッぺいで、しかし、その技《わざ》としては実にうまかった。だから噺はいけぞんざいだが、その切れ味のすばらしいことといったらば、圓喬とは違った鋭いところがありましたし、呼吸《いき》のパッとしたところのうまさなんというものは、実に天才的だったもんで……。噺の筋をすッと飛ばしても、その形《かたち》と間《ま》でもってお客にはっきりそのあいだの筋がわかったというぐらい、技としてはすぐれていたもんです。

あたくしも芸としては崇拝しておりますが、この人はよく高座で「手前の師匠圓朝が……」と、圓朝をふりまわしていましたが、なぜか圓橋の弟子だったことを決して言わない。橘六から三橘で、圓橋の弟子であったことは否《いな》めませんし、師匠として圓橋はみっともないような芸でもなし、人間でもないのに、なぜ圓橋の弟子と言わないのか、そのへんの事はよくわかりませんが、一朝さんなんかも当時楽屋で、そのことを言っておりました。

亡くなる直前に、二代目三遊亭圓朝になりました。これは、圓朝の名跡《みょうせき》をあずかっていた大根河岸《だいこがし》の藤浦さんも承諾のうえで、当人も大崇拝していた圓朝師匠の名前を襲ぐというんで、どんなにか嬉しかったんでしょうが、圓朝になってから高座に出たことは一回もありません。ただ襲いだというだけで、ふとんの上で襲名の式をして、二、三日たって亡くなりました。

亡くなったのは、大正十三年十一月二日、行年六十五歳でございました。

橘家　圓太郎

同二長町五十番地　石井菊松事

これは〝ラッパ〟の圓太郎でございます。圓朝の門人で、初め万朝、二つ目になって圓好、それから四代目の橘家圓太郎となりました。

ここで圓太郎の代々というものを申し上げておきますが、初代は圓朝師の実父である出淵長蔵という人です。

二代目は、圓朝門人で初め栄朝、圓三、それから圓太郎になり、のちに五代目司馬龍生となって、越後へ行ってコレラで死んだといいます。

三代目は今までよくわかりませんでしたが、文之助系図によりますと、「大声の文楽門人金楽、圓朝門人圓寿改め」として、圓太郎の名前がありまして、これが三代目に当たると思います。もちろんこれァ音曲をやったもんでございましょう。

その次の四代目が、この〝ラッパ〟の圓太郎です。長い間売れないでいたが、豆腐屋のぷぷぷぷゥ…というラッパを吹いて、

「おばあさん、あぶないよゥ」

って、東京に走っていた乗合馬車の御者《ぎょしゃ》のまねをしたのが大当たりで、至るところで人気を得て、〝すててこ〟の圓遊と並んで、これァもう寄席の名物になりました。「圓太郎馬車」という呼び名は、この圓太郎からできたものだそうです。文之助系図に「高座においてラッ

パを吹く。音曲噺の愛嬌者なり。片業に張物屋を致す」と書いてありますから、噺家のかたわら、うちで洗い張り屋をしていたとみえます。

亡くなったのは明治三十一年十一月四日ということがわかっておりますが、行年はわかりません。

明治三十九年四月の『文芸倶楽部』に、この四代目の圓太郎の記事が出ております。初め、追悼号かと思いましたが、読んでみますとこれは思い出噺として出たものでしょう。もう八年も以前に亡くなっているのに、明治三十九年とは実に妙な時にぽかりと出したものので……。

▽橘家圓太郎　真　猿

▼三遊派の落語家で近頃の奇人といったら、まず故人橘家圓太郎でしょう……そりゃァよほど変わっていましたからね、あのくらいのんきで無邪気無頓着な男もまれで、芸人社会では先代の芝翫《しかん》と好一対《いっつい》、ちょうど似合いの取り組みでしょう。あの人についてはずいぶん面白い奇談がたくさんありますよ。

▼あの男は浅草駒形の生れで、もと紺屋《こうや》職人でしたが、師匠圓朝が売り出したころ弟子になって、初めの名を万朝といいましたが、いたって不器用な性質《たち》で、そのうえごく物覚えの悪いため、師匠も、万朝は生涯前座で、とても出世の見込みはないと言っていました。

▼無邪気といえば無邪気、よほどのわからず屋で、毎度大笑いのことがありましたが、ある

時圓朝をひいきのお客が圓朝を始め弟子ら一同を連れて、代地の川長《かわちょう》へ御飯をたべに行ったのです。すると万朝はお膳へ出た鯛のうしおの椀のふたを取って見て、大変怒り出して「コウ、なんぼおれが前座だと思って、あんまり人を馬鹿にするな。人《ひと》面白くもねえ、鯛の頭ばかり入れて来やァがった」って、ぽんぽんどなりつけたので、傍《はた》の弟子たちは女中の手前、顔から火の出るような思いをしましたが、隣りにすわっていた鯉朝(故四代目圓生)がそっと袖を引いて、「これは鯛のうしおといって、わざと頭を入れるので、この十何人の客へ残らず頭を付けるところ《ここ》が川長の自慢なのだ」と言いきかせると、やっとそれで得心しましたが、一事が万事、すべてこんな調子だったのです。

▼不思議なことに、たいそう鼠が好きな男で、その時分昼席の帰りに南京鼠《なんきんねずみ》を買って、弁当の空き箱の中へ入れて帰るのです。それですから家へ行ってみると、南京鼠がうじゃうじゃいて、それがだんだん子を生みますから、何百ぴきという数になって、その臭さといったらたまりませんでしたが、当人平気で、米なぞをやっては可愛がっていると、運のよかったのは、南京鼠の価《ね》が出て、いいのはひとつがい五円から十円ぐらいの相場になったものですから、福徳の三年目だといって、その鼠をすっかり売って、莫大の金を儲けましたが、さすが芸人で、その金でもって鼠小紋のぞろりとした服装《なり》をこしらえて、それへ鼠の紋を付けて、あくまで鼠を利かせたのは、面白いじゃァありませんか。

▼のちに司馬龍生となった、二代目圓太郎の子供が死んで、葬《とむら》いに行った時、穴掘りの男が棺桶の上から荒ッぽく踏みつけて土をかけるので、いかにのんきの万朝もさすがに見かねた

とみえて、「おいおい、そんなひどいことをするのはかあいそうだ。赤ン坊だって亀の尾を踏まれちゃアたまるめえ」って、まじめくさって小言を言ったので、みんなが思わず吹き出して、「おい万朝さん、亀の尾ってのは一体どこだえ」って聞きますと、「おめえ知らないのか、亀の尾ってのは頭のてっぺんだなァ」ってたなァ受けましたね。

▼一生前座だといわれたのが、圓好と改名して、どうやらこうやら二つ目になりまして、その後三代目圓太郎〈圓生註。四代目の誤り〉と改名しましたが、根が変わり者だけに思いつきも変わっていて、高座へラッパを持って上がって、音曲を演りながらそれを吹いて、おばあさんあぶないよなんて、当時もっぱらはやった、俗にガタ馬車……インダラ馬車といったあの乗合馬車のまねをしたのが、不思議に人気にはまって、圓遊のすてこ、万橘のへらへら、談志の釜掘りなどとともに大評判になって、しまいにはあの馬車のことを世間で圓太郎馬車というようになりました。

▼噺といったら一つまとまって満足に出来ず、音曲も歌の文句は毎晩同じようなものばかり歌っていても、高座へ上がってラッパさえ吹けば、それでお客が承知をして、いつどこへ行っても相変わらず大人気だったのは、めずらしい徳人《とくじん》だったのです。もっとも高座にまで無邪気なところが現われて、言うに言われぬ愛嬌のあったのも一つの不思議でした。

▼おかしかったのは、掛け持ちの途中で縁日などの人ごみのところへ行くと、俥《くるま》の上で例のラッパを出して、いきなりぷッぷッぷッぷッと吹き立てるもんですから、群集《くんじゅ》の人は驚いて左右へよけてしまいますが、相乗りをしていた下座の女房は、毎度これをやられるので、そ

のたゝびに顔から火が出るような、きまりの悪い思いをすると言って、よくこぼしていましたっけ。

▼こんな男でしたから、銭勘定などにはごく無頓着でしたが、それでも時々なかなか欲ばった事を言って、一人で不理屈を並べ立てました。しかしもともと無欲なのですから、ご無理ご尤もで、はいはい言っていいかげんに取り計らってやりさえすれば、ごまかされたって何だって、そんな事には一向気がつきませんでした。

〔『文芸倶楽部』第12巻第6号（明治39・4）〕

同数寄屋町七番地　波済条太郎事

帰天斎　正一

明治時代の帰天斎正一という人は、西洋奇術で大変に人気もあり、大看板になった人で、藤浦富太郎さんに伺いましたら、西洋手品といっても洋服をきないで、しじゅう和服だったそうです。お納戸《なんど》色の濃《こ》い着物とか、あるいは鼠《ねずみ》色といったような装《なり》で、西洋手品を使っていたそうで……。

三代目正蔵の門人で「初め正楽といい、自立して帰天斎となり、西洋手品に高評をとり、下谷数寄屋町に「いせ本」という芸妓屋を出す」と、文之助系図に書いてあります。歿年はわかりませんが、『落語家名前揃』で、天保十四年九月生ということがわかっております。

三遊亭　金馬

同仲徒士町二丁目三十三番地　芳村忠太郎事

この人は、のちに二代目の小圓朝になりました。今の小圓朝（三代目・芳村幸太郎）のおとっつァんでございます。この名簿で本名が忠太郎となっていますが、正しくは忠次郎です。初め〝駒止め〟圓馬の門人で圓平《えんぺい》といい、さらに六代目文治の門人となって文之助、それから圓朝の門に入ったので、初めから圓朝師の弟子ではなかったわけです。圓朝門人になって朝松、改めて圓花となり、三代目小圓太を襲《つ》いで、これで真打になったんでしょう。そのち金馬になりました。金馬という名前はそれ以前からありましたが、これは立川金馬で、初代立川焉馬の門人で大看板だった人が初代、その次に立川金馬を襲いだ人があって、これで三代目になるんですが、三遊亭という亭号になってからは初めてなので、この金馬を初代といっております。

三遊亭金馬（『百花園』第 216 号）

この人は圓流（のちに圓麗となった）という人の倅で、子どもの時分から、自分の意志ではなく、方々へ弟子入りをして、結局圓朝師のところに落ち着いた、というわけでしょう。若い頃は大変きれいだったそうで、金馬になりましてからは、大そう売れましたが、そのうちに自分の弟子の圓流(二代目金馬。本名・碓井米吉)を真打にするのに、金馬の名をやりたいというわけなんですが、自分がつける名前がないんで、圓馬になりましたが、二代目圓馬(本名・竹沢斧太郎)が大阪にいるので、むこうからの苦情もあり、文字を「焉馬《えんば》」と改めた。ところが看板に書いてもお客が読めないってんですね。

「なんてえ名だい?」

と言われるんで、これじゃァいけないと、小圓朝と改めました。

今の小圓朝は「うちのおやじは小圓朝の初代だ」と言っておりまして、その前の小圓朝は公認ではないというのですが、のちに一朝になった倉片省吾という人が小圓朝になったことがあるのは、まぎれもないことなんで、芳村忠次郎の小圓朝はやはり二代目になるわけです。

この人は、圓朝師の噺をば、まことによく覚えて、克明に演っておりましたが、失礼ながら、あまりうまくなかった。なんというんですか、冴えというものがないんですね。圓喬や圓右には芸の冴えというものがあり、妙味がありましたが、この人の噺は、『牡丹燈籠』だとか『塩原多助』とか、いろんなものを演りましたのを聞きましたが、品《ひん》はいいし、よく覚えてはいる、ただしそれだけで、「あァ、ここはいい」という、ぱッとした所がひとつもない。ただこう平坦に噺をしているだけなんで……。あたくしは、むしろ今の小圓朝の方が、おとっつァんよりもうまいと思います。

大正十二年八月十三日、六十七歳で亡くなりました。

ここに、『文芸倶楽部』にのった小圓朝の身の上噺をのせることにいたします。

▽三遊亭小圓朝

▼私の親父は、二代目三遊亭圓生の弟子で圓麗といった噺家だったものですから、私をやっぱり噺家にするつもりで、小さいうちからしじゅう寄席へ連れて行き行きしましたため、私も自然、噺が好きになって、八ッつの年から圓平《えんぺい》という名で、高座へ出ることになりました。

▼その後十五の時、圓朝の弟子になりまして、朝松という名で前座を勤めておりましたが、十八の時、小圓太と改名しまして、まもなく神田弁慶橋の岩井亭で、道具を使って看板をあげました。

▼ところが若気のいたりで、ある女と浮気をして旅へ出ましたため、いったん師匠のほうをしくじりましたが、二十五の時久しぶりで東京へ帰ってみますと、私が田舎へ出る時までは、まださほどでもなかった圓遊や先代小さんが、めきめき売り出していつかどの人気者になっていましたから、私は驚いて、つくづく後悔して、さっそく師匠のほうへ詫びを入れると、ご勘気御免になりましたから、圓花と改名して、師匠の前へ出て一心不乱に勉強しておりますうち、再び以前の小圓太の名になりましたが、その後金馬と改名して看板をあげまして、前年小圓朝になったのでございます。

〔『文芸倶楽部』第13巻第6号(明治40・4)〕

橘家　圓蔵

同南稲荷町六十三番地　松本栄吉事

これはあたくしの師匠の四代目圓蔵でございます。明治二十年、四代目圓生に入門して、さん生という名を貰いました。二十三年に四代目圓蔵になりましたが、その時はまだ二つ目で、明治三十年に「伊勢本」で、圓蔵のままで真打になりました。その頃としたら、出世は早いほうでございます。

圓蔵身の上噺が、やはり『文芸倶楽部』に出ておりますから、ここに掲げます。

▽橘家圓蔵

▼私は、もと商人で、最初の考えは噺家なぞになるつもりは少しもなくって、あくまで商業で身を立てる希望でしたのが、ふとしたことからとうとう好きなこの道へ身を入れるようになったので、それはこういうわけなのです。

▼私の家は浅草向柳原《むこうやなぎわら》で古着渡世《とせい》を致しておりましたので、私は十二、三から店を手伝って、小僧がわりに働いておりましたが、その時分から落語の寄席が好きでしたので、使いに出ると、両国の立花家、浅草の並木亭なぞの昼席へはいって、噺を聴いて油を売っておりました。

▼そうこうしておりますうちに、私の十五の時、父が歿しまして、十九の時、母が長わずら

いのあげく亡くなりましたので、それやこれで資本も何も失《す》ってしまって困っておりますと、そのころ佐竹の原の竹栄館《ちくえいかん》に出ておりました、人形遣《つか》いの西川力蔵という者が亡父《おやじ》の知り合いで……田舎へ出るのだが手がたりなくって困るから、人形遣いになって一緒に行かないかと、しきりに勧めましたので、私もその気になって、人形遣いになりました。

▼そこで上総《かずさ》・下総の方へ興行に出かけましたところが、あいにく行く先々が不入りで、大《おお》御難《ごなん》をしましたので、私はつくづく考えて、人形遣いなんて馬鹿々々しいものだ、それに第一、ひとつの人形に二、三人掛からなければならないなんて、こんな不自由な芸を覚えたところがしようがないから、いっそやめてしまおう……だが、たとえ三日でも芸人の飯を食ったからには、何か芸人で身を立てよう、それには子供の時分から好きな噺家になろう、とこう思ったので、力蔵に別れて東京へ帰って、ある人の世話で、故人四代目圓生の弟子になりましたのが明治二十年の六月でした。

橘家圓蔵(『文芸倶楽部』11-14)

▼で、さん生という名を貰いまして、七月一日から京橋八丁堀の朝田《あさだ》亭《てい》へ見習いに出ましたのが初高座で、その後二十三年の九月、圓蔵と改名しましたところ、皆様方のお引き立てによって、三十年に日本橋瀬戸物町の伊勢本で真打になったのでございます。

〔『文芸倶楽部』第13巻第6号(明治40・4)〕

あたくしの師匠は、芝居なぞをいたしまして、六方なぞを踏ませると非常にうまかった。なんとなく……手をひろげるとこやなんか、とんとんとんと、こう角度をつけまして、ひろげていく……これァおそろしいもんで、たとえわずかの間でも人形遣いをしたんで、すべての動作が、やはり人形になっていました。

『蔵前駕籠』という噺で、駕籠の垂れをぽォんと上げて、刀を前へ突き出して、駕籠の中をグッと見込むところなんぞは、かたちがやはり人形になっていましたねェ。それがために、何というか、漫画がかって、見ていて大変面白かった。そこへ行くと、橘家圓喬が『蔵前駕籠』を演ると、聴いてる方が、自分が駕籠の中へ乗っていて刀を突きつけられたような気がして、何かその、圧迫感を感じる。それが圓喬らしいうまさなんでしょうけれども、圓蔵の『蔵前駕籠』はあくまでも漫画がかっていて、おもしろく聴けた。これは芸のうまいまずいでなく、理屈なしに落語らしいというところが、あたくしの師匠は、実にまさってありました。

とにかく大看板になるだけに、やはり他の追従を許さないという、おもしろいところがある。それから警句を吐く。それがまたなんとも言えないうまみがありましてね、他人《ひと》の悪口なぞを言うのに妙を得ていた。相手を怒らせないで、悪口を言われた相手が、つい、ぷッとふき出すというような、敵ながらあっぱれなことを言やァがったと感心をするほどの、ずばッとした悪口を言う。それらのものが全部、噺の中ににじみ出ている。何かを罵倒する時なぞ、実に聞いていて痛快なんです。それであたくしの師匠は非常に人気を博したものでございます。

初めは、おッそろしくたて弁《べん》でございまして、息つく間もなくしゃべっていた。明治三十八年に落語研究会というものができまして、その当初二、三年の間は、まだまだ、ただべらべらとしゃべるだけでしたが、そのうち明治も四十二、三年頃になってくると、その噺にだんだん落ち着きがでてきまして、間《ま》を保《も》つ所は、じゅうぶんに保ち、たて弁だったのがゆっくりしゃべるようになりました。しかし、たたみ込む所はもちろんべらべらべらと例の能弁でいきまして、実に緩急自在、まことにしゃべり方に変化ができてきたというわけで。

悪口じゃァないが、四代目の春風亭柳枝という人も、たて弁でべらべらしゃべる、けれどもこの人のはただ、油《あぶら》ッ紙《かみ》に火がついたように、べらべらべらッとしゃべるだけで、何の妙味もない。ある人が評して、

「圓蔵のしゃべり方は同じ火がついたにしても、竹へ火がついたようだ。竹がずゥッと燃えてきて、節へ燃え移った時に、ぱァ…んとそこで弾《はじ》ける。そして間《ま》を保って、ずゥッと来て、また節へ来ては、ぱァ…んと弾けるという、それだけの違いがある。圓蔵の達弁と、柳枝の達弁とは、そこに雲泥の相違がある」

柳枝さんの方は、能弁といっても、どう聞いても決してうまいとは言えない噺でした。あたくしが身びいきで言うわけではなく、公平なところ、芸の上では格段の開きがあったと思

います。とにかく当時の、圓右・小さんなぞと並べても、その二者に劣らない、圓蔵は圓蔵の持ち味でいくというだけの、立派な芸の持ちぬしでございました。

ここで圓蔵の代々を申し上げます。

初代は、二代目圓生の前名でございます。これは、本名を尾形清次郎といい、四谷に住んでいて、木魚《もくぎょ》あたまだったところから、〝よつもく〟というあだ名がありまして、圓朝の師匠でございます。文久二年八月十二日に行年五十七歳で亡くなっております。

二代目圓蔵は、初代の弟子で、初め南生といい、圓志、圓坊から二代目圓蔵となりましたが、この人はたいして出世をしなかったものらしい。

三代目は、一朝となって昭和のはじめまで長生きした人です。この人は、武州所沢の郷士で名主をしていた倉片某《なにがし》の長男ですが、沼津の正蔵(五代目・吉本庄三郎)という人が、女を連れて所沢まで逃げて来たが、捉《つか》まえられて、名主の倉片家で預かって調べていると、先方からは娘を返せと掛け合いに来た、正蔵は驚いて、

「もう仰せのごとく娘さんとは別れます」

と言ったが、娘のほうがいやだと言って泣いて、なかなか離れない、それを見て、子どもごころにも「あァ噺家ってえものはいいもんだなァ」と思った、あんなに惚れられるんならば噺家になりたいてえんで……妙なところで噺家志望をしたもんですが……圓朝師匠の弟子になって、勢朝から圓蔵になりました。それから一時小圓朝になって、また圓楽となりまし

たが、あたくしども知ったのは圓楽の頃です。晩年、一朝となりました。若い頃は、あだ名を〝いい男〟圓蔵といって、一時はかなりの看板で、売れたこともあったらしいが、噺ぶりは、ごくぎごちない、ごつごつして色気のない噺でした。しかし、圓朝門弟としても古く、ものはよく知っておりまして、あたくしどもはおじさんと称して、ずいぶん噺も教えて貰い、世話になりました。下戸《げこ》で、見かけはずいぶんと荒っぽいようでいて、芯は大変親切な人でした。本名は倉片省吾というのが本当なんですが、戸籍の方では倉片圓蔵となっている……これは橘家圓蔵という芸名が大きく書いてあったのを見て、戸籍係の人が間違えて、本名に圓蔵と書いてしまい、それがために、いつの間にか本名・倉片圓蔵ということになってしまったという……当人が「おれも驚いたよ」と言っていました。昭和五年十一月十七日に行年八十四歳で亡くなっております。

四代目はあたくしの師匠で、俗に〝品川〟と呼ばれました。大正十一年二月八日、五十九歳で亡くなりました。

五代目はあたくしの先代《おやじ》です。〝品川〟の師匠の歿後、門弟一同・席主一同のすすめで五代目を襲《つ》ぎました。二月八日に師匠が亡くなり、二月十五日から五代目の看板をあげました。

大正十四年一月に先代《おやじ》が五代目圓生を襲ぐことになり、同時にあたくしが六代目橘家圓蔵を襲ぎました。

昭和十六年五月に、あたくしが六代目圓生を襲ぎましたので、圓蔵の名は一時あいておりましたが、いつまでもあけてもおけないので、桂文楽さんのお弟子で、当時、月の家圓鏡（本名・市原虎之助)でいたのが、ほかの名に改めたいというので、文楽さんと私と相談のうえで、昭和二十八年三月に、七代目圓蔵をゆずりました。

三遊亭　桃生

同入谷町十七番地　堀江元次郎事

この人は、文之助系図では、はじめ初代柳家小さんの門人で、小まんといい、三代目都々一扇歌門人歌《か》なめ、さらに四代目圓生の門人に移って、はじめ三喬、それから桃生になったとしてあります。四代目圓生のところでは、品川の圓蔵の兄弟子だったわけですが、晩年は品川の師匠の番頭をしていました。

噺家の給金というものは「ワリ」といって、その興行のトリをとる真打が、これを割るわけですが、若い真打の圓蔵が「ワリ」を割ると、やっぱりいろいろ困ることがあったんでしょう。あたくしの師匠は明治二十年に噺家になって、三十年にはもう真打になったんですが、師匠の四代目圓生が亡くなる時に「圓蔵を圓生にしてくれ」と遺言したんで、五代目の圓生を襲ぐつもりではいたんでしょうけれども、当時の雑誌か何かで見ましたが、「圓蔵は圓生になれるつもりで、すっかり手拭を染め、袢纏《はんてん》なぞをこしらえていたら、どっこい、それはいけないと仲間で苦情が出た」という……それは、当時としたら、圓朝亡きあとの三遊派頭取の四代目圓生というものは非常な大看板であって、いかに噺ができる、人気がある、売れっ子だとは言っても、当時の圓蔵としては、まだまだ圓生になるというだけの実力や人望はなかったんでしょう。それがために、まだあれは圓生なんてえのはとんでもないことだ、と傍《はた》から苦情が出て、とうとうなれなかったという記事をあたくしは見たことがあります。われわれはまだ子どもでよくはわからないし、うちの師匠はえらいと思っていましたけども、世間ではまだそれほどには認めていなかったわけなんでしょう。「ワリ」というようなものも、若い真打が割る場合は、よくして当り前なんで……その時分は「ワリを足《た》す」なんと言いましてね、若い真打は、楽屋入りのお金が少ないてえと、自分でそれへ金を足して、みんなにいい「ワリ」を出して、そうして自分の席を勤めてもらう……というわけですから、そんなことで苦情があっても困るというので、桃生さんが番頭として圓蔵の「ワリ」をこしらえていたらしい。

この桃生ってえ人は、「ワリ」に端銭《はせん》を入れなかったといいます。つまり九銭だとか八銭というような場合《ばやい》ですと、十銭入れる。つまり、四捨はしないで五入のほうだけにして、ほんの少ゥしのところは、余計にお金を入れておくわけで。そういうことも、やはり若い真打に対して、他人《ひと》が好意を持ってくれるようにやったもんでしょう。

この名簿で住所が入谷になってます。のちに池袋に越しましたが、入谷にいたってことは、あたくしもかすかに覚えています。

桃生さんのおかみさんというのが「金瓶大黒《きんぺいだいこく》」という、吉原では大見世《おおみせ》だった、そこのお職《しょく》をしていた花魁《おいらん》なんです。まァ、桃生さんは、その大見世へかよってどうするというほどの身分じゃァなかったでしょうから、どんないきさつがあったものか知りませんが、その金瓶大黒のお職であった花魁と、この桃生さんが夫婦になった。ところが、当時の大見世の花魁というのは、なんにも知らないんですってねェ。このおかみさんなんてものは、その知らないほうの代表的みたいなもんで……入谷にいた時分に、朝、桃生さんが、

「おい、納豆が食いてえから、納豆買いな」

「あいよ」

てんでおかみさんが納豆買ったんですが、

「だめだよゥ、とうちゃん」

このおかみさんはご亭主《ていしゅ》のことを、とうちゃんとうちゃんって言ってましたねェ。桃生の「桃《とう》ちゃん」なのか、それとも「おとっつァん」のほうの「とうちゃん」なのかそれァわからないが……。

「いくら洗ったってだめだよゥ、こりゃァ」

「なに、洗ったァ?」

「なんだかぬるぬるしてえてねェ、なかなかこれ、きれいにならないよ」

って……納豆を洗っちまっちゃァいけない。そういう人で、ものをたべればもう三日でも五日でも、端《はじ》から皿を出して使って、よごれたものは、ずゥッとよごれたまゝま、そこへ積みかさねておく。

「しようがねえなァ」

ってんで、苦情言いながら、桃生さんが、そのお皿をみんな洗ってしまうと、

「あらまァきれいになったわねェ」

「なにょォ言ってやがんだ、おれがかたづけたんだい」

なんてね。それでも夫婦仲はよかったらしいんですが、このご夫婦ってものは、おかしなもんでした。そのおかみさんが、昔、大見世のお職を張った有名な花魁だったんだってことはあとで聞きました。


池袋のほうへ越してから、いっぺん見舞いに行った覚えがあります。なんでもあたくしがまだ噺家になる前、八つか九つの頃だろうと思います。当時、池袋といえばもう大変ないなかで、汽車に乗って行きました。駅ったって、小汚ないいなかの駅でしてね。これは『寄席育ち』にも書きましたが、あたくしの先代《おやじ》が、そのころ桃生さんの養子籍になっておりまして、というのは、まァ早い話が兵役のがれで、もう桃生さんは六十すぎぐらいでしたから、その養子になれば、うちに年とった親があるからということで兵隊にとられずにすむだろう、というわけで……そういう因縁がありますから、この時、桃生さんの病気がもう重体で、それで見舞いに行ったんだろうと思うんです。何しろ子どものころのことですから、もう記憶もさだかじゃァありませんが、その後まもなく亡くなったんだと思います。おかみさんのほうは、そのあと〝品川〟の師匠がうちへ引き取って面倒をみていました。もちろん、もうばくばくのおばあさんで、女中がわりったって、あまり仕事もできないくらいで、昔のお職花魁のおもかげもありませんでした。

語笑楽　清我

同上野北大門町十四番地　福田金太郎事

文之助系図では、清我という名前が何カ所かに見えますが、あたくしの考えでは、三代目左楽の弟子に清我というのがあって後に「柳橋門人鯉橋」としてある、多分この人だろうと思うんです。三代目左楽は本名を高山長三郎といって、あとでお話しするふじ松ぎん蝶と兄弟ですが「明治二十二年十二月四日、三十四歳で歿す」としてありますから、若死にをしたんですね。その弟子の清我は、師匠が死んだんで柳橋の門に移るわけですが、この二十七年の名簿の時は、まだ清我のままでいたんじゃァないでしょうか。師匠の三代目左楽というのも、本当は柳派なんでしょうが、死ぬ前は三遊にいたものらしい。ま、この清我が、のちに鯉橋になった人だとするならば、系図の四代目柳橋の門人の項に「始め、つるの家亀寿《かめじゅ》門人亀朝といい、後に文治門人文勢、またまた三代目左楽門人となり清我より改め鯉橋」と書いてあります。今西の正蔵の「墓誌」にも、明治四十三年十二月三日歿として、瀧川鯉橋、本名・福田金太郎としてありますので、この人に間違いないと思います。

三遊亭　圓晴

同徒士町三丁目九十八番地　立花実文事

橘家　喬佐登

同町同番地　大枝きく事

圓晴という人の名は、文之助系図で、四代目馬生、四代目圓生の門人の項に出ておりまして、それを合わせてみると、はじめ四代目馬生の門人で馬纏、ばせんと読むんでしょう。それから宇治川馬黒となり、その後四代目圓生の門に移って花生、改めて圓晴となったものです。

喬佐登のほうは、名人圓喬の門人の項に、「もと小喜久といい、故圓晴妻」としてあります。

三遊亭　右龍

同南稲荷町六十三番地　太田卯三郎事

この人は、文之助の系図には、圓右門人の項に「初め圓朝門人圓次郎、また圓流、圓右門人右龍また改め、右猿」で出ておりますが、どういう人なのかと思いましたら、本名でわかりました。明治四十四年と大正二年の三遊派の名簿に、いずれも太田卯三郎事三遊亭圓條と出ている。この圓條ならあたくしも知っております。あだ名を〝お茶台〟といいました。どういう訳かってえと、頭のまん中が禿げているんで、茶わんを乗せるお茶台のようだからってんで、こういうあだ名をつけたものだそうです。

「圓條さんは噺はうまい」と、楽屋でもみんながよくそう言っていましたが、この人と一朝さん(本名・倉片省吾。当時は圓楽)が、三遊派の若手の稽古台になっていました。ところが、不思議なことに、圓條に稽古をして貰った人は圓楽のところへは稽古に行かず、圓楽に教えを受けた者は圓條の方へは行かず、というので、別に両方へ行ってはいけない訳じゃァないが、そこが妙な具合で、片っ方へ行った者は、どうも向うへ行きにくいような心持ちになる。また噺の性質《たち》も違いました。圓條さんの噺は、まことにやわらかで色気がある。噺も上手であったし、演りものとしては『品川心中』『湯屋番』『文違い』『明烏』なぞがよかったと思います。しかし、高座を聞いていると、なんとなく陰気になる芸で、あたくしはどうも好きになれませんでした。そこへ行くと一朝さんの方は、噺が固くて色気はないが、何かこう晴ればれとして陽気なところがありました。あたくしは先代《おやじ》と一緒に一朝さんの方で稽古をして貰いましたので、圓條さんのところへは行ったことがありません。先《せん》の圓歌さん(二代目・田中利助)が、圓條さんのところへよく稽古に行ったという話を聞きました。

この〃お茶台〃の圓條は、確か大正十二年の大震災前後まで生きていたと思います。

桂文蝶

同町六十四番地　鈴木久次郎事

六代目文治の門人の項に「始め文橘、鈴本弟」と文之助系図に書いてありました。上野鈴本の主人か、あるいは細君かの弟にあたる人かもしれません。

三遊亭　寿々馬

同徒士町二丁目廿七番地　味波文之助事

この人は、のちに市馬になっていたのを、あたくしも存じております。あばたのある、柚《ゆ》子《ず》みたいなきたない顔の音曲師ですが、これが細いすきとおるようないい声で、都々逸を一つうたっておいて、

「どうですお客さま、顔と声とは意外な相違でげしょう」

すると、お客がどォッ…と笑うという。この人が、最後に「すいりょう節」というのをうたいましたが、長くこう、ずゥッと引っぱって、聞いてて、もう、うっとりするような美声でございました。

文之助系図には、二代目圓馬(本名・竹沢斧太郎)門人の項に市馬としてありまして、「初め右柳門人で右楽。のち寿々馬という」と書いてあります。

三遊亭市馬の甥が、のちに柳亭市馬になりました。これは味波という苗字でわかりましたが、おじさんの三遊亭市馬が、この明治二十七年ごろは寿々馬だったらしいですね。酒に酔うと泣く癖があったことを覚えています。

この美声の「すいりょう節」やなんかを聞いたのが、あたくしの十一、二歳のころで、その後はほとんど見た覚えも聞いた覚えもないので、多分明治四十三、四年ごろに亡くなったものかと思います。

同車坂町三十一番地　松岡平吉事

同町同番地　松岡宗助事

三遊亭　右光

林屋　正楽

この二名は親子でございまして、松岡宗助の正楽のほうがおとっつァんでございます。倅の右光の方は圓右の弟子で、のちに帰天斎小正一になって奇術をやっておりました。この二人は、明治二十五年ごろまでは柳派の方にいて、鑑札の届が出ております。それで、松岡宗助は天保六年十一月生まれ、平吉は明治九年三月生まれということがわかりました。

おやじの方は、文之助系図によると、はじめは神田伯鯉というから講釈師だったらしい。それから帰天斎正一（本名・波済粂太郎）の門人となって林屋正楽になった。正一は三代目の正蔵の門人で正楽といっていたので、その名前を貰ったんでしょう。

このおとっつァんの正楽の方も奇術をやったもんだろうと思いますが、よくわかりません。倅の小正一の方は、あたくしどももよく知っております。男ッぷりがよくて、てきぱきとしたべらんめえで、燕尾服を着ていて、とにかく、啖呵《たんか》といいますか、口上は非常に切れのいい人でした。少し時間を長く演ってもらいたいと前座が頼むと、

「あ、よし、心得た」

なんてんで、テーブルを置いて奇術を演る前に、小噺なんかを演って、つないでいました。この人は奇術の人なのに、よく噺ができるなと思っていたら、もとはやはり噺家だったんで、それから転向して奇術師になったもんです。燕尾服で、おでん屋へはいって行って、

「おゥ、がんもで一本つけてくンねえ」

なんという……およそ服装と言葉つきとがふさわしくないと思った記憶があります。この人は不幸にも大正十二年九月一日の大震災の時に被服廠《ひふくしょう》で亡くなったと聞いております。行年は四十八歳になる筈です。

なお、おとっつァんの林屋正楽は、明治四十二年五月二十九日に亡くなったことが、今西の正蔵の「墓誌」で判明しましたが、天保六年の生まれですから、行年は七十五歳になります。

三遊亭　遊成

同竹町廿七番地　中川浪五郎事

この人は文之助系図によりますと、圓遊の門人ですが、初めは隅田川千成といった。それから隅田川浪五郎となり、日本手品で、圓遊を前座に使ったこともあるが、のちにその圓遊の弟子になり、遊成で圓遊の前へ出て、手品を演っていたということは、圓遊未亡人の追憶談にございます。

三遊亭　子朝　　同二長町五十番地　神田芳次郎事

文之助系図の四代目正蔵の門人の項に「小正。後に新朝門人子朝」とあるのがこの人のことだと思います。

両面舎　扇玉　　同上車坂町二番地　大沢常三郎事

六代目船遊亭扇橋(本名・千葉音造。明治十五年歿)の門人の項に「二代扇玉。初代扇玉実子、道具画を書く」とあるのがこの人でしょう。芝居の道具絵でも描いたんでしょうか。この人は、写し絵とそのころいいましたが、幻灯を演ったものと思います。なお、実父の初代扇玉は、『落語家奇奴部類』を書いた二代目扇橋の門人で、やはり両面舎扇玉といったことが、文之助系図にのっております。

三遊亭　吾一　　同仲徒士町三丁目廿四番地　久松一之助事

この人のことはわかりません。

豊竹　喜笑軒

同南大門町十四番地　田野井喜兵衛事

鶴沢　亀子

同町同番地　田野井かめ事

これは夫婦で、「チャリ義太夫（滑稽な義太夫）」を演ったもんでしょう。関根さんの『今昔譚』中に「義太夫のチャリ語りに喜昇軒という枯れた人もあった」とだけ見えますが、「笑」と「昇」で一字違うけれども、多分この人のことだろうと思います。

三遊亭　三朝

同東黒門町一番地　吉川市次郎事

三朝という名前は、文之助系図では二人ありまして、ひとりは四代目正蔵の門人で林朝といった人が「後に圓朝門人三朝」となったとしてある。もうひとりは、小遊三（本名・鈴木定太郎。この二十七年の名簿では三玉）の門人で三朝……この人は初め〝目っかち〟の今輔（二代目・名見崎栄治郎）の弟子で今太郎といったらしい。

年代からみて、この名簿の吉川市次郎の三朝は、四代目正蔵の門から圓朝の門に移った三朝の方だろうと思います。

都路　咲太夫　同仲徒士町二丁目三十七番地　岡野亀次郎事

新内だろうと思いますが、不明です。

立花家　小志女　同竹町十五番地　高橋たけ事

立花家　ゑん子　同西黒門町四番地　若松その事

この二人のことも全くわかりません。

三遊亭　右楽　同仲徒士町二丁目三十二番地　鈴木勝太郎事

文之助系図の圓右門人の項に「右楽。始め右若または右多助改め。ま木や」と書いてあります。「ま木や」というのは家が薪屋をやっていたんでしょう。

柳亭　左鏡　同金杉上町十七番地　山田多吉事

文之助系図の三代目左楽の門人の項に左鏡として「初め才賀門人才之助、あだ名　熊　という」と書いてあります。三代目左楽は前にも書きましたように、柳派から一時三遊に来ていて死んだので、この人も柳亭という柳の名前ですが、三遊派にいたもんでしょう。

三遊亭　圓麗

同仲徒士町二丁目三十三番地　吉村源六事

これは二代目三遊亭小圓朝の実父、今の小圓朝(三代目・芳村幸太郎)の祖父になる人です。

文之助系図では圓朝の門人の項に圓麗で出ておりまして「初め、らん馬。二代目圓生門人圓玉改め圓次郎またまた改め圓流という。小圓朝実父なり」と書いてあります。「らん馬」というのは「馬」の字がつくんですから、馬生とか馬の助とかの「馬派」の方の弟子だったのかもしれません。それから二代目の〝よつもく〟の圓生の弟子になったんですから、圓朝師とは兄弟弟子だったわけなんで……。この人は、なにか、圓朝師の若い時分からの友だちみたいだったんでしょう。それが、のちに圓朝はどんどんえらくなってしまう、自分はえらくならない。それで自分の子どもを圓朝の弟子にした、というようなことを、今の小圓朝さんからも聞きました。あたくしは、この圓麗という人を直接《じか》には知りませんが、話だけは聞いております。

なお、この名簿では本名が「吉村」になっていますが、「芳村」が本当です。

三遊亭　圓生

浅草区西三筋町六十三番地　立岩勝次郎事

圓朝の門人で、はじめ鯉朝から二代目小圓太……初代小圓太は圓朝です。その二代目を襲《つ》がしたのは、やはり見込みがあると見たんでしょう……そののち三代目圓喬となり、四代目圓生を襲いだもんでございます。

あたくしが子ども義太夫で寄席へ出る少し前に亡くなっておりますので、直接《じか》には知るよしもありませんが、まことに落とし噺の名人と言われておりました。

なんでも、圓生の噺はどうも短いという評判で、席亭の方でも、もう少し長く演ってもらいたいが、長く演らないで、ツッと、おりてしまうんで、

「お師匠《しょ》さん、あしたの晩からもう少し長く噺をしていただけませんでしょうか」

って頼んだら、

「おれが長く演って、あとへあがる噺家があるかい?」

と言ったそうですねェ。それでその翌晩、ちゃんと長く演ったら、果たせるかな、あとへ誰もあがれなかったという。それだけ自信をもって「おれのあとへあがるやつがあるかい」と言えるだけ、四代目という人は、よほどすぐれていたんでしょう。われわれどもは残念ながら、

「おれのあとへあがれるやつがあるかい」

って……とてもそれァ、どう気が狂《ふ》れても言えない言葉で。それをまじめに言って、またそのとおり、長く演ったらあとへはあがれないという、かけ離れてうまかった人でございます。

四代目圓生を推奨した圓朝師の手紙をあたくしは持っております。ある人から、この手紙を、ま、圓生の名前がはいっているから、買ってくれというので、買ったわけです。この手紙は圓朝師から藤野房次郎という人にあてたもので、この藤野という人は、当時日就社という……現在の読売新聞の前身だそうですが、その新聞記者をしていた人です。そのころ『塩原多助一代記』は、もう発表しておりましたが、その後日物語を新聞へ出してくれと、藤野氏から圓朝師に頼んだらしい。それがまだできあがらない時分なので、「塩原(後日物語)は、まだ出来申さず」と書いてあります。で、もう少し練《ね》ってから演りたいと思うから、今のところではどうもお望みに応じることができないので、あたくしの代わりとして、圓生を推薦する、というわけで……。

三遊亭圓生(『百花園』第 212 号)

それで、「圓生は性来名人なり……」と書いてある。名人という字は大きく書いてありますが、圓朝師は、芸に関してはまことに厳格で、この名人なんという言葉をみだりに使うようなかたではありません。それについては、こういう話があります。圓朝師匠の会があった時に、〝すてこ〟の圓遊が前座に出て、自分の師匠の会でもありますから、一生懸命に演《かい》った。当時の圓遊というものは非常に人気があったし、お客さまはもうひっくり返って、わァわァ笑う。その時に、圓朝師も前へ廻って一緒に聞いていたんだそうです。すると、隣りにすわっている人が、

「どうも実に、圓遊はうまいもんですなァ」

と言ったら、

「器用な男でございます」

と、圓朝師は答えたそうで。で、またお客が抱腹絶倒という時に、

「実にうまいですねェ」

と言ったら、

「へえ……器用な男でございます……」

で、最後に圓遊が大喝采でおりた。すっかり感心したお客が、

「師匠、実際圓遊はうまいもんですねェ」

ったら、

「へえ……器用な男でございます」

と言った……まァせっかくむこうがうまいうまいってんだから、われわれなら、

「えゝえゝ、なかなかうまいもんです」

って、調子を合わして言うところをば、「器用な男です」の一点ばりでもって、圓遊の芸に対して、うまいということは、終始ひとことも圓朝の口からは出なかったという……この一事をもってみても、いかに圓朝という人が、芸に対してきびしかったかということがわかります。

その圓朝師が、手紙に「圓生は性来名人なり」と書くぐらいなんですから、まことに四代目圓生という人は、ずぬけてうまかったらしい。

圓生の落とし噺を聞いて、圓朝師が、

「人情噺は、まァともかく、落とし噺はこういうふうに軽くやらなくちゃァいけない。あたしはこの人のようにはとてもできない。落とし噺はこの人のほうがうまいよ」

と、はっきりそう言ったそうです。四代目圓生の芸が、いかにすぐれていたかということは、これで立証されることと思います。

とりわけ女郎《じょうろ》買いの噺では、もう圓生の右に出る者はないというぐらい……また自分でも、女郎買いってものが大変に好きだったそうで。

弟子が席を抜いたりなんかァして、

「とんでもないやつだ」

ってんで、おこってる。明くる晩その弟子が、

「どうもまことに申しわけがございません……」

すると、こわい顔をして、

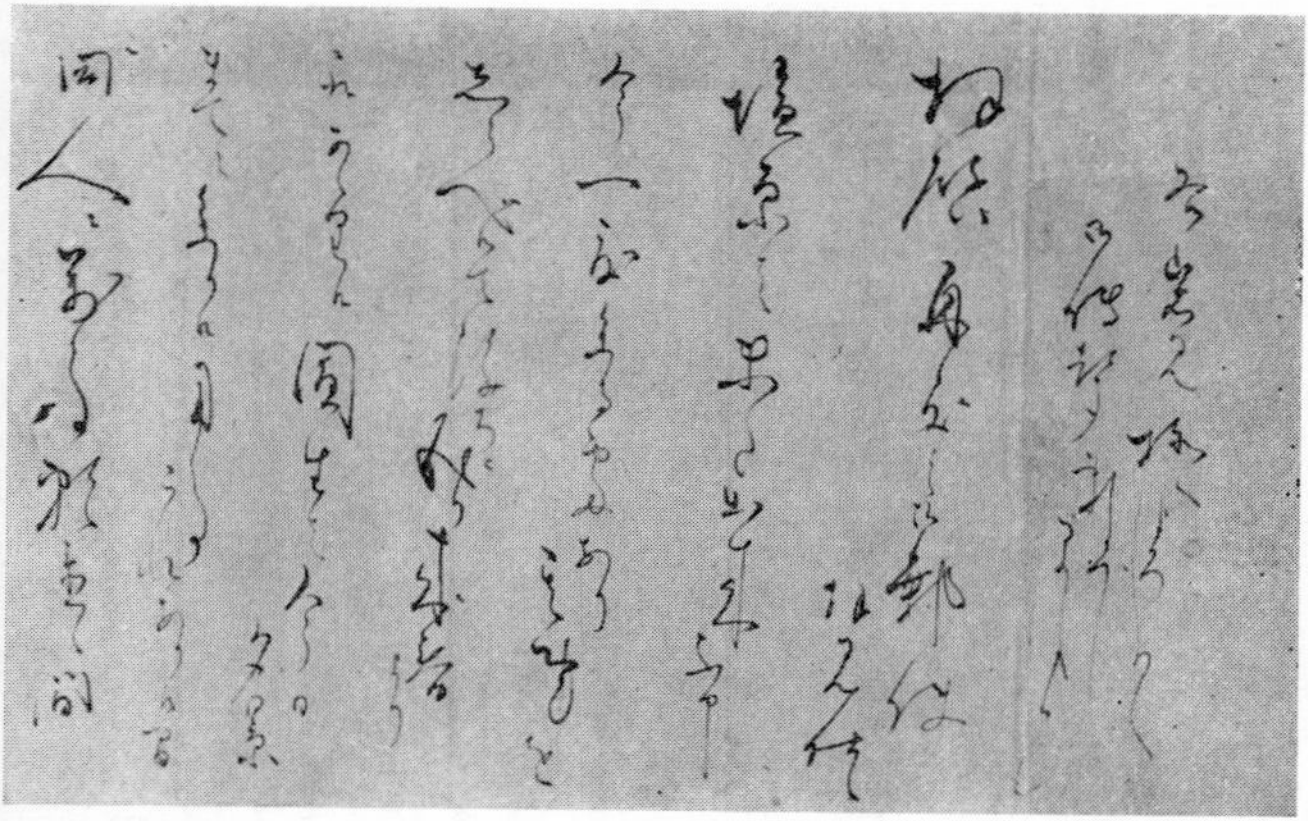

（著者蔵）

「どうしたんだッ、ゆうべは」

「実は、お客さまにさそわれまして……女郎買いに行きましたもんですから、本当に申しわけがございません」

てんで、平《ひら》あやまりにあやまると、今までおこっていたのが、

「ふ…ん？　どこィ行ったんだ」

そこで、うそでもなんでも、どこそこへあがりました、と言うと、

「ふ…ん、どんな妓《おんな》だったい？」

なァんてんで、叱言《こごと》はけろッと忘れちまって、ゆうべ行った女郎屋の、ああだこうだ、なんて話をすると、

「ふ…ん、そうかい、ふ…ん」

てんで、相好《そうごう》くずして、その話を聞いたというぐらい、ま、本当に芯から女郎買いの好きだった人で。

『首ったけ』という噺がありますが、あれ

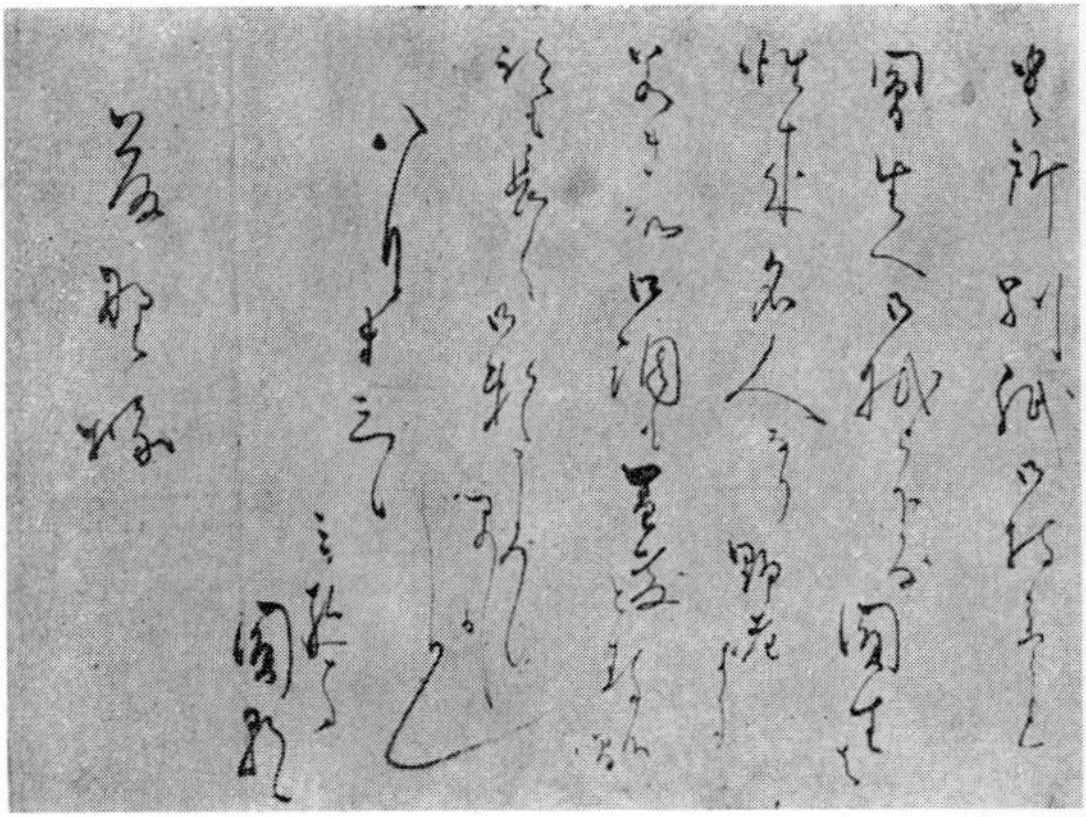
圓朝自筆書簡

は四代目圓生の作だと言います。ああいう話が実地にあったんでしょう。

吉原へ遊びに行った男が、女郎とけんかをして、その楼《うち》をとび出して、真向《まむ》こうの楼へあがる。吉原の事《こ》ッてすから、囲いもなんにもない、おもてはずゥッと明けッぱなしの格子で……そこィ並んでるんだから、向こうの楼へあがったのはわかる。だから男が、

「へへ、てめえなんぞンとこへ、二度と行くか。おれァこっちへあがってるんだよ」

ってんで、わざわざその前をすゥッと顔を見せて、向こう側へあがる。

吉原が大火事になって、女郎が逃げる途中で、お歯《は》黒溝《ぐろどぶ》ィ落っこって、

「助けてくださいよゥ」

というところへ、男が火事装束で、わァ…ッてんでとんで来た。

「ちょいと助けてくださいよ」

「おゥよしよし、あぶねえあぶねえ、これへつかまンねえ」

「ありがとう」

てんで、出した手鉤《てかぎ》につかまろうとする女の顔を見ると、前にけんかをした女なんで、

「おや、こんちきしょう」

ってんでね、出しかけた手鉤をひょいッとひっこめて、

「なんだ、てめえか……うぬなんぞ助けるか。くたばっちまえ……もぐって死んじまえ」

「そんなことを言わないでさ、助けておくれよ」

「誰が助けるかい」

「後生だからさァ……今度ばかりは首ったけだよ」

というのがサゲになる。今はもうこういう噺をしたところで、お歯黒溝というものもないし、雰囲気がわからないから、演者《やりて》もありませんが……。

そのほか、今あたくしが演ります『遠山政談』という噺も、事実あったことを四代目が聞いて、噺にこしらえたもんだということをば、あたくしは一朝老人から聞きました。

岡鬼太郎氏の古い落語家の評の中に、

「圓生はよほど文盲のように聞いたが噺は巧かった。しかし人気はなかった。早わかりのする言葉でいえば演り方が不器用であった。云々……」

とあります。文盲なぞといいますが、そりゃァ学問はなかったかもしれないが、圓生作の落とし噺も人情噺もたくさんあるくらいで、芸才は非常にあったものだと思います。

亡くなりましたのは、明治三十七年一月二十七日、行年五十九歳でございます。お墓を浅

草七軒町から高円寺の方に移しましたが、その坊主が金を持って逃げてしまいましたので、寺はございません。谷中全生庵の圓朝師の墓石の側に、初代、二代の圓生の墓石がございます。これは圓朝師が生前に建てたものですが、その墓石へ、三代と四代の圓生の名を、あたくしが入れました。二人とも圓朝師の直弟子《じきでし》でもあり、四代目には寺もないことなので、あたくしが藤浦さんにも承諾をもらって、入れさせて頂いたものでございます。

亡くなったときに、『文芸倶楽部』に追悼記事がのっておりますので、ごらん下さい。

▽故三遊亭圓生　　空板生

落語界の不幸――石屋の伜――小間物屋の養子――放蕩の結果勘当――葛西領へ梵天国――素人落語の内評――天稟の妙技――圓朝に弟子入り――熱心に修業――圓朝の嘱望――圓朝と扇連の確執――扇連の敗北――小圓太と改名――漸く売り出す――非常の艶福家――戸棚に忍ぶ――ふとん屋の恋聟――芝居茶屋の主人――再び高座へ現わる――始めての真打ち――圓喬と改名――四代目圓生を継ぐ――頭取にあげらる――舌癌にかかる――彼の辞世――圓喬の圓生談

▼圓朝歿後の落語界に、人情落語の真髄を伝えて、あっぱれ一世の名人と称えられたる、四代目三遊亭圓生の死はまことに惜しむべきの限りで、うたた落莫を感ずる、斯道《しどう》将来のために大いに悲しまざるを得ない。

▼圓生の死について、その経歴及び逸話の類は二、三の新聞紙に掲げられたが、そは余りに

簡単でかつ大いに誤まり伝えられたものがあるから、ここにいささか彼の一生涯を記述して、読者諸君の一顧をわずらわすこととした。

▼四代目三遊亭圓生、本名は立岩勝次郎といって、弘化三年年の生まれ……家はもと下谷の龍泉寺町大音寺前の石屋で、父は越前屋六右衛門とて相応に暮らしていた者、彼はその次男である。

▼六ッつの時というから嘉永四年である、彼は伯母の嫁していた日本橋上槙町《かみまきちょう》の小間物旅《たび》商人《あきんど》、幸手屋《さってや》栄蔵方へ貰われて、その家の養子となり、十四、五歳の頃から養父とともに、小間物の荷を背負って、江戸近傍の旅路をそれからそれと行商するうち、いつしか覚えた放蕩の味、深入りするにしたがってますます面白いので、ついには稼業も何もそっちのけにして有頂天の無我夢中。

▼養父母が口を酸《す》くしてのこわ意見もいっこうに糠に釘、改悛どころかますます自堕落に身を持ちくずして、したい三昧《ざんまい》にたわけの限りを尽くせば、さすがの養父母も今はあきれ果てて、そこでお約束の勘当ということになり、親類続きの下総葛西領青戸村の花屋おかんという婆さんのとこへ預けられて、改心のさまの見えるまで当分の間の窮命、これが彼の十九の時。

▼さて彼は青戸村へぼいこくられてみると、まるで世界が違ったような気がして、急に心細さを感じたが、これも身から出た錆、自業自得と観念して、わびしく月日を送りながら、つれづれの余りに村内の兄《せな》ァ手《で》合《あ》いを集めては、聴き覚えの落語などして不聊《ぶりょう》をなぐさめ

ていた。

▼末は扇一本の大看板となり、三寸の舌頭たくみに人情の機微をうがち、あるいは滑稽諧謔の妙をきわめて都下の人気を博すべきの彼、いまだ技は習わずとも、天稟の才能はすでに疾《と》く鋒鋩《ほうぼう》を現わして、よく人を感動せしむるものがあったのは、決して偶然ではないのである。彼の落語はたちまち一村の評判となって、実にうめえもんだ、商売人《しょうべいにん》もはだしだなどの讃辞は村人一同の口をついて出《い》ずるようになり、今夜は一つおらがとこへ来て演ってくんろ、あすはどこへ行ってもれえてえなどとお座敷の口ひんぴん。

▼始終この有様を見ていたおかん婆さん、彼の性質の到底升目《ますめ》そろばん玉をせせる商人肌でないのを見きわめたか、ある時彼に向かって、いっそ噺家になったらよかんべえ、もし望みなら幸いいい伝手《つて》があるとの勧告、これを聞いた彼は下地《したじ》は好きなり御意《ぎょい》はよし、いい伝手があるとは渡りに船のもっけの幸い、早速頼むと、万事をおかん婆さんに一任した。

▼おかん婆さんがいい伝手があると受け合ったのは、同じ村の飴屋が圓朝の母おすみの実家なので、そこへ話して圓朝のもとへ弟子入りをさせたのである。

▼当時圓朝は浅草中代地《なかだいち》に住まっていて、東両国垢離場《こりば》の寄席を定席《じょうせき》とし、芝居がかりの大道具を使って、ちょうど売り出したところであったが、弟子といってはわずかに圓太郎(二代目)圓録(上方噺家)圓之助(現今三遊の五りん)亀蝶《きちょう》(現今浅草鳥越に煎餅屋をいとなむ)ぽんた(白痴《ばか》にて有名なり)等の数名にすぎなかったので、彼はただちに弟子として鯉朝という名を与えた。ちなみに記すが鯉朝に一年おくれて入門したのが今の圓楽、当時の勢朝で、先

年故人となったラッパの圓太郎は当時万朝といって、道具方をしていたのである。

▼そこで彼は圓朝の家に内弟子となって、ぱったり道楽をやめ、師匠がきびしき監督のもとに孜々《しし》として技芸を練磨するのほか、また他意なかったので、したがって進歩もいちじるしく、たちまちにして聴衆の注意をひくようにもなり、圓朝もまた彼の将来に多大の望みを嘱《しょく》して愛育措《お》かなかった。

▼とかくするうち、垢離場の席で、圓朝の前を助《す》けていた扇歌・米蔵・玉輔らが、圓朝の人気、はるかに己《おのれ》らを越して隆々たるのを不快とし、事を構えて圓朝にけんかを売り、あるいは席亭に讒《ざん》して排斥運動を始めなどしたのを、温厚なる圓朝は、それと知りながらもあえて争わず、みずからいさぎよく身をひいて垢離場の席を明け渡し、自分は茅町《かやちょう》の武蔵野という席に拠って、社中ばかりの無人興行《ぶにんしばい》を始めた。

▼垢離場の席は、圓朝が去ると同時に扇歌・米蔵・玉輔ほか扇連一同が乗り込み、はなばしく開場して、武蔵野の圓朝をひと揉みに揉みつぶそうとかかったが、圓朝の人気の盛んなる、ついに反対に食われて、まもなく扇連は閉場《しま》ってしまった。

▼圓朝は結局かく勝利は得たものの、そも対陣の最初に当たっての苦心は実に非常なものであった。というのは相手はいずれも先輩で、しかも当時屈指の名人ぞろいの上に、席は客足の付いている垢離場である。しかるに味方は大看板というもの一まいもなく、いずれも社中の門下連ばかりで、肝心の自分とても昨日今日ようやく売り出したばかり、まだ海のものとも川のものともわからず、ことに席は新席のことであるから、作戦計画に非常の苦心を重ね

て、まず天狗連から圓馬を買い込んで、ようやく書き出しの大看板を一まいこしらえ、門下の鯉朝に己《おの》が前名の小圓太を与え、また勢朝を圓蔵、林朝を圓遊(先代)と改名させて、この三まいを庵看板《いおりかんばん》にあげることにした。

▼かくのごとき無人興行《ぶにんしばい》にもかかわらず、扇連の大敵にあたって首尾よく勝利をしめたのは、圓朝の人気の盛んであったにもよるであろうが、一つには門下に彼を始めあまたの腕達者がいて働いたからでもあるだろう。

▼しかして彼はこのころからおいおい売り出して、小圓太の名はだんだん世間に知らるるようになり、まずかなりの人気者となったが、彼は少しも慢ずる色なく、ますます進んで技芸の修養をおこたらなんだ。

▼彼は老年に及んでも、苦みばしったなかなかの好男子であったから、青年時代には非常な艶福家で、女に想いつかれたことも数あるが、この小圓太時代に一つの滑稽談がある。

▼ある時圓朝が下谷池の端の吹抜きへ出席《かか》ると、毎晩欠かさず年の頃二十四、五のみにくからぬ女が来るので、楽屋の若い連中、てんでに多分おれだろうとうぬぼれ返っていると、札はついに小圓太の手に落ちて、一座の圓録がその使者に頼まれ、女は湯島天神下の薪屋《まきや》の娘だが、小遣い銭も多少持っているようだから、一つ遊んでみないかとの取りもち顔、彼が一応断わったのをまァまァと言って、かの女の恋をとげさせた。

▼しかるにその後その女は、薪屋の娘などとは真ッ赤ないつわり、実は湯島天神の紅梅焼屋《こうばいやきや》の女房であって、家には現にれっきとした夫のある身とわかったので、彼は大いに驚き、急

に恐ろしくなって、その後は何ほど呼び出しを掛けられても更に応ぜず、避けるよう避けるようと注意していた。

▼女のほうは逢わねばますます想いが増すばかりで、切々《せつせつ》と呼び出しを掛けても、梨のつぶての音沙汰絶えてないところから、ついに堪えかねて、圓朝のかかっている日本橋万町《よろずちょう》の一力亭の昼席へ出かけて来たのを、彼は早くもそれとさとって、留守をつかって楽屋の戸棚へ身を忍ばせ、中からしっかと戸を押さえて口の内で桑原々々。

▼やがて女は楽屋へ来てみれば、確かにいるべきはずの小圓太の姿は見えぬが、そこに置いてある煙草入れはかねて見覚えの彼の所持品。さては他に増す花の出来たため、自分を見捨てて逃げ隠れするに違いないと、瞋恚《しんい》の炎《ほむら》を燃やして、くだんの煙草入れを取るやいなや、さながら半狂乱の体《てい》で客席へとび込み、満座の中で声高《こわだか》に、わたしの亭主の小圓太ほど薄情な男はない、くやしいくやしいと泣きわめかれて、さすがの彼、戸棚の中にもいたたまれず、そっと這い出して、裏口からいちもくさん。

▼もうもう女には懲《こ》り果てたと、おじけを振るってその当座、石部金吉鉄兜《かなかぶと》で通していたが、その後茅場町の宮松へ出た時、ふとまた女に見染められて、今度はついにいったん廃業するような始末に及んだ。

▼その女は日本橋長谷川町三光新道《さんこうじんみち》の角に、かなり大きくやっていた伊賀屋というふとん屋の娘で、名前はおよし、宮松で彼を見染めて想いの胸をこがし、ぜひともあの人と添いたいと駄々をこねて、果ては恋わずらいのきつい執心、当主国蔵は義理の兄にあたるので、およ

しをむこうへ嫁にやるわけにもゆかぬところから、人をもって彼を聟にと懇望した、すると彼の師圓朝が第一に賛成して、彼に勧めたので、彼ももとよりいやではないから、早速噺家の足を洗い、吉日を選んで伊賀屋へ聟入り。

▼されど堅気《かたぎ》をきらって落語家社会へはいった彼、どうして几帳面《きちょうめん》の前垂《まえだ》れ姿にかしこまっていらりょう。たちまちにして、まじめくさったふとん屋渡世《とせい》がいやでたまらなくなったが、女房のおよしとても噺家に恋してやんちゃを言うほどの女、これまた同じく家業をいとって、何か面白い派手な商売がしてみたいというところから、ここに夫婦の意気投合して、国蔵を金主に、中島座《なかじまざ》の茶屋の空き株を買い、三芳屋という芝居茶屋を開業した。

▼ところが幸い繁昌して、ずいぶん客もあったが、何せよ二人ともから素人で、いっさい人手まかせにしておいたものだから、いわゆる勘定合っての銭たらず、月々収支つぐのわずして、おいおい食い込んでしまったところへ、女房のおよしがわがまま気ままの勝手放題に、さすがの彼もあいそをつかして、果てはやけ半分の放蕩放埒、そんなことから互いに気まずくなって、ごたごたの末、ついに持ち上がった離縁話《ばればなし》。

▼川育ちは川で果てるのたとえの通り、彼は再びもどりの噺家となって出席し、まもなく圓喬と改名して中入り前に出世したが、ある年の夏、圓朝が暑中休みをしたおり、門下の連中が神田の立花亭《しんこくちょう》で社中興行《しばい》をもよおした時に、彼が初めて大切《きり》へすわったところが意外の好評を博したので、圓朝は彼に勧め、みずから後ろ楯となって看板をあげさせた。

▼その後彼は至る所に好評を博して、その技はますます練熟をくわえ、あっぱれ巧妙をきわ

むるようになったので、圓朝は三遊の家元たる圓生の名を彼に与えて、四代目を相続させた。
▼爾来常によく都下の人気を博して、近世の名人とたたえられ、同業者間の人望を得て、落語家頭取に推《お》されていたが、不幸一昨年来舌癌にかかって、佐藤博士の治療を受け、切開手術を三回までほどこされたが、命数尽きて、一月二十七日の夜半「話《はなし》して眠りに就くや春の雨」なる一句を辞世にのこして、眠るがごとくこの世を去った。
▼以下記すのは、彼の兄弟弟子で彼と親子《しんし》のごとき関係のあった、三遊派の立者《たてもの》橘家圓喬が彼の技芸を評し、あわせてその平素を語った談話である。
▼四代目などはまず近頃の名人でしょう。あの人の芸はほんとの江戸っ子芸で、みじんも卑怯のない、いやみッ気《け》の更にない、さらりとしたいい芸でした、一口に褒めたなら、軽妙と言っていいのでしょう。
▼この軽いうちに言うに言われぬうまみがあるというのがなかなか難しいので、これは習っても容易に出来るものではありません。四代目などのは、全く生まれつきなのです。
▼師匠があの人を可愛がって四代目を継がせたのも、つまりそこを見込んだので、あのごく地味な芸風に惚れていたのです。
▼一体この人情落語の極意《ごくい》というのは、ふだんの話と同じようにしゃべっていて、それでお客が知らず識らずじわじわと来るのがほんとのうまいので、一度にどっと笑わせるのはまだ腕が至らないのです。その中にも、くすぐって無理に笑わせるのなどは実に卑怯千万。
▼ですから四代目のうまい所は、多くのお客の気のつく所よりも、気のつかない所にかえっ

て多かったので、われわれ仲間の者すらも、これを知っていたのはたんとありませんくらいでした。

▼あの人の性質がまたあの噺のとおりで、けばけばしいことをきらって、なんでも地味なことを好みました。ちょっとしたことが、ふだん着る着物でも、風通《ふうつう》や市楽《いちらく》はきらって、結城《ゆうき》紬《つむぎ》を好いたというように、すべてがそんなふうでした。ですから四代目ばかりは、高座へあがる服装《なり》が、年じゅう結城紬で、お召や縮緬《ちりめん》はただの一度も着たことがありませんでした。圓生という人は、ちょうど結城紬のような、どこまでも地味な人だったのです。

▼それで、富貴に媚びず権門におもねらずという面白い気性でしたから、若い時からお座敷が大きらいで、死ぬまで、座敷はきゅうくつだから、いくら金になってもいやだと言って、勤めませんでしたのは、われわれ社会の人には珍らしいことです。

▼ある時こういうことがありました。本郷湯島切通しにお屋敷のあった三河様から、私にぜひ圓生を同道して来いとのお招きでしたから、早速当人に話すと、例によって御免をこうむる。でもせっかく名ざしで来たのだから、迷惑でもちょいとでいいから行ってくれろと頼んで、とうとう無理やりに引っぱり出して、先方へ行きますと、先さまでは大層よろこんで、圓生にじゅうぶん演ってくれとのご註文でしたが、当人そんなことはいっこう構わず、小噺をわずか二つ三つして、今にお膳が出るからと強《た》って止めるのを振り切って、逃げるように飛び出してしまいました。

▼仕方がないから、あとを私がじゅうぶん勤めてご馳走になり、四代目の分のご馳走をみや

げにいただいて帰って来ると、鳥又《とりまた》の前で四代目にひょっくり出ッ会《でこ》わしましたから、どうしたのだと聞いてみると、あんな所では酒を飲んでもうまい味はしないから、一人で今までここで飲んでいたと言って、私がみやげの折を渡すと、すぐそれを送り出して来た女中に、姐さんお前にやろう。

▼酒が非常に好きでしたが、あまり深酒はやらぬほうで、ただ、ちびりちびりのべつにやって、酒の気さえあればよかったのです、ですから毎晩かけもちの行く先々で飲む。飲めば勇気がつくとみえて、弁舌がいっそうさわやかになりました。

▼それでどこかへ飲みに行くのでも、名高い料理屋などへ行くのはきらいなほうで、あまり多くの人の知らない、つまらぬ家へ行っては、うまいものを捜し出すのが道楽で、たとえ居酒屋でもなんでも、気に入りさえすれば、そこへちょくちょく出かけました。

▼それからあの人は、寒中どんな寒い時でも、決して綿のはいったものを着たことがなく、せいぜい口綿《くちわた》ぐらいで、薄着をしながら、ついぞ寒がったことがありませんでした。

▼厚着をすると気が遠くなると言って、外套は着ず、帽子はかぶらず、それで楽屋へ来ると、締め切っておくのがきらいで、そこいらじゅう明けッぱなしてしまいました。そのくらいでしたから、どんな寒中でも火鉢にかじり付くなんということはありませんでした。

▼われわれの稼業はご承知のとおり、どうしても夜ふかしをしますから、自然朝寝をするようになりますが、四代目ばかりは不思議に早起きで、昔から朝はたいがい五時から五時半頃までに、きっと起きました。一体寝ることのごくきらいな人でしたから、昼寝などついぞし

たことはありませんでした。

それから、女郎買いが大変好きだったということについて、次のような話が、あたくしの師匠の圓蔵談として、やはり『文芸倶楽部』にのっておりましたので、ここに転載いたしますからごらんください。

〔『文芸倶楽部』第10巻第4号(明治37・3)〕

▽噺家の正体露見　橘家圓蔵

▼私が前座からやっと二つ目になった時分のお話で、亡くなりました師匠圓生が、南千住《こつ》の海老屋の小桜《こざくら》という妓《おんな》に熱くなって、せっせとかよっておりましたが、根が飽きッぽい性質《たち》の人でしたから、同楼の紫というおつな妓のいるのを見て、どうかそれを買ってみたいが、馴染みで見立て替えをするわけにゆかないので、そこである晩私に、お前はまだ顔を知られていないから、素人の旦那になって、今夜ひと足先へ行って、小桜を買っちまっていてくれろ、そうするとあとからおれが行って、廊下でばったり出会うようにするから、そうしたらお前はふだんおれをひいきにしているようなふりをして「やァ圓生、お前も来ているのか」ってなことを言ってくれ、するとこっちはお前をどこまでも旦那あつかいにして、小桜は旦那が買っているのだからというのを口実に、おれは紫を買って遊んで、その晩のお前の勘定はおれが持つから、うまくやってくれといって頼むのです。

▼こっちは旦那になって、そのうえロハで遊べるのですから、こんなうまいことはないと大喜びで、委細承知をして、その晩席を勧めてしまうと、旦那然《だんなぜん》と服装《なり》を着かざって、三好を取り巻きに連れて海老屋へあがって、柳原の古着屋というふれこみで、小桜を名ざしで敵娼《あいかた》にして、座敷で騒いでいると、やがて師匠圓生がくり込んで来たようすなのです。

▼そこで私が便所へ行くふりをして廊下へ出ると、お約束どおりばったり師匠に出会って、両方が本読みどおりのせりふを畳んで、私は師匠を自分の座敷へ呼び込んで、景気よくひと騒ぎして、いざお引けとなると、師匠が小桜は旦那が買っているのだからというので、本望どおり紫を敵娼にすることになりましたが、私は小桜の部屋へはいって着物を着替える時に、よせばよかったのにふだんのくせでつい気がつかず、手拭いの間へ扇子を挟んでふところへ入れておいたのを、うっかりそこへ落とすと、それが冬のことなので、夏ならともかく今日このごろの寒空に扇子を持っているというのと、もう一つ白足袋の上へ紺足袋をはいていたので、たちまち噺家ということが露見をして、敵娼はふいと出て行ってしまったまま、それぎり、とうとう影も形も見せず、見事背負《しょ》い投げを食わされましたが、師匠のほうも私の化けの皮が現われたため、仕組んだ狂言の底が割れて、敵娼の紫に見立て替えをするようなお客は御免こうむると、これまたさんざんに振られたので、結局師匠はあぶはち取らずの上に、私たちの勘定まで背負《しょ》い込んで、とんだ大散財をしたのは大笑いでした。

〔『文芸倶楽部』第17巻第2号(明治44・1)〕

立花家　橘之助

同瓦町廿八番地　石田みよ事

この人は、まず三味線を持たしたら、前後にない名人でございました。『寄席育ち』にも、この人のことはくわしく申しあげましたが、『文芸倶楽部』に記事が出ておりますので、これをごらんください。

▽立花家橘之助　　真猿山人

女ながらも、そも五歳の初高座から、三十余年の今日まで、寄席芸人一流の地位をしめ、三遊派の大看板として、よく盛名を博しつつある、立花家橘之助が過去半生の経歴こそ、なかなかに多趣多様の面白い物語があるのである。

立花家橘之助（『百花園』第 209 号）

▼私の父は石田良周《よしちか》と申して、旧幕田安《たやす》の藩士でございますが、御一新で家禄を奉還しまして、そのお金を元手に、よせばよいのに、いろいろの商法に手を出しましたが、お約束の士族の商法で、する

ことなすこと何一つうまく行きませんで、とうとう元も子も失《す》ってしまって、浅草の中田……ただ今の二天門前に逼塞《ひっそく》しております時、私が生まれたのでございます。

▼そのころ下谷の数寄屋町に、竹本紋栄《もんえい》さんという、義太夫の師匠がありましたが、これが私の家の知り合いでございましたので、私は親父に連れられてちょくちょく遊びに行きますと、紋栄さんが私を可愛がってくれまして、ちょうど私が四ッつの時、面白半分、義太夫の橋弁慶を教えてみますと、まだ四ッつや五つでは本当に舌が廻らないものですのに、私は口がはきはききけて、おまけにまことに物覚えがよかったので、紋栄さんも張り合いがついて、一生懸命にいろいろ教えてくれました。

▼そんなふうだったものですから、その明くる年、紋栄さんが、近所の吹抜き《ふきぬ》(現今の松菊亭《しょうきくてい》)へ桂文治さんが出席《かか》りました時、自慢半分私を高座へ出しましたのが、そも私が芸人になる始めなので……。

▼両親は、私を芸人にするのは、もとより好まなかったのですが、何せよ前《ぜん》申し上げましたとおり、さんざんの失敗で、立ちゆきませんところではありましたし、当人の私が子供心に面白がっておりましたので、とうとう芸人にすることになりましたが、私の母親は義太夫を好かなかったものですから、どうで芸人になるなら、義太夫でないものを習わせようと言って、その頃浅草の寺内《じない》におりました、清元の師匠で延栄《のぶえい》さんという人の所へ、私を稽古にかよわせました。

▼それで相変わらず数寄屋町の紋栄さんの所へも、しじゅう遊びに行っておりますと、そこ

へ亡くなりました師匠の圓橘さんが、ちょくちょく遊びに来まして、私が吹抜きの高座へあがったことを聞いたものですから、寄席へ出るならわたしの前へ出たらどうだと言って、私に橘之助という名をくれまして、自分の弟子にして、ぶッつけ中入り前へ出すことにしたのでございます。

▼そこで、喜代八という人の三味線で、いよいよ芸人となって、はじめて出た席が両国の立花家で、師匠の中入り前へあがって、清元を語ったあとで、浮かれ節を演りましたが、自慢を言うようではなはだ恐れ入りますが、その時分は年に似合わず巧者《こうしゃ》で、どうしてあうまいだろうと言って褒められたそうです……それが今日《こんにち》愚に返って、すっかりまずくなってしまったのは、まことにお気の毒さまなわけで、おほゝゝ……。

▼で、どこへ出ましても幸いと評判がようございまして、だんだん人気が出て参りまして、ちょうど七つの年の十二月の下席《しもせき》に、浅草の雷門の中の雷名亭《らいめいてい》という席で、子供の芸人ばかり集めて、子供演芸というもよおしがありました時、私がその真打を致しました。

▼その時出ました連中は、今の圓喬さんが朝太、圓右さんが橘六、邑井一《むらいはじめ》さんの伜で亡くなった貞吉さんが小貞吉、今、新俳優になっている福井茂兵衛さんが先代玉輔〈圓生註。本名・川村赤吉の玉輔〉さんの弟子で玉若《たまじゃく》、大阪の人形遣いの桐竹紋十郎さんの伜でそのころ大師匠《おおししょう》圓朝さんの弟子だった小朝《こちょう》……そのほか七、八人で、子供の芸人の粒よりでしたから、節季《せっき》師走に掛かっていても、毎晩爪も立たないほどの大入りで、大晦日の晩も七時に客止めをした景気でした。

▼これはほんの仮りの真打でしたが、どこへ行っても私の人気が盛んだったものですから、その明くる年八ッつの時に、大師匠圓朝さんが真打にしてくれまして、やっぱり雷名亭で、今度は本当の真打の初看板をあげました。

▼そのころ私の親父は、私をどうかして一人前の芸人にしたいと思うもんですから、それは実にやかましく仕込んで、稽古のほうはもちろんのこと、もしのどでも痛めてはいけないと言って、固いもの辛いものはいっさい食べさせませんし、御飯もおかゆ同様のやわらかいのをいただかせるように気をつけて、それで朝は早く起こしてうちでまずさらわせて、それから寺内の師匠の所へ稽古に行かせ、みっちり稽古をして貰って帰って来ると、またすっかりさらわせて、出来が悪いと何べんも何べんもやり直させるのですから、私は少しも遊ぶどころか、体を休ませるひまもありませんくらいで、夜も席へ行って出来がよくないと、家へ帰ってやかましく小言を言って、またさらわせるのですから、ろくに眠らないことなどもたびたびでございました。

▼ある時こういうことがございました。芝の玉の井へ出ておりまして、ある晩『玉屋』を語りましたところが、前《ぜん》申し上げましたような次第で、寝《ね》が足りなくって体が疲れていたもんですから、半分ばかり語ると、口では語っていながら、眼がとろんこになって来て、われ知らずつい居眠りをして、前の見台へ頭をこつんとぶっつけると、高座の後ろに聴いていました親父が、いきなり後ろの戸をあけて、げんこで一つ私の頭をなぐりつけたので、私は高座でわァッ…と泣き出すという騒ぎで、とうとうめちゃめちゃになって、その晩はそのまんま

はねてしまいましたが、家へ帰ると親父はこらしめのためだと言って、私をしばって戸棚の中へ入れられたことがありました。

▼それからこれもやっぱり芝のほうの席へ出ていた時のことで……席をはねて親父のあとへくっついて帰って来る途中、眠くって眠くってたまらなくって、居眠りをしながら歩いて来ますと、忘れもしません、ちょうど蔵前の団子《だんご》天王様の前のところで、がたん突き当たると、がらがらがらと音がしたので、びっくりして眼をあいて見ますと、戸板の上へみかんを並べて売っている、その店へ突き当たってひっくり返したので……。

▼するとそのみかん屋のじいさんも、やっぱり居眠りをしていて、店のひっくり返った音で目をさましたのだとみえまして、いきなり私の胸ぐらを取って、おれが居眠りをしていると思って、みかんを盗みに来やァがったのだろうとぷんぷん怒って、すんでに私をなぐろうとしましたところへ、四、五間《けん》先へ行った親父が引ッ返して来まして、これは私の娘で立花家橘之助という芸人で、全く粗忽でしたのだからとあやまって、みかんを買ってやって帰ったことがございました。

▼十四の時、初めて大阪へ参りまして、法善寺の席、淡路《あわじ》町《まち》の幾代、北の新地の席、曽根崎の九けんの席の四軒へ出ましたが、幸い東京同様のごひいきを受けて、毎日お座敷お座敷で、多い日には八軒ぐらいあったことがございました。それで席を抜くとお客が怒って、どびんや火鉢をほうり投げたりなどして、大変な騒ぎでございました。

▼口はばったいようですが、全く大した人気だったものですから、島の内の富田《とんだ》屋《や》と多左衛

門橋の港屋の両方から、芸妓《げいこ》に出ないかと相談があったのですが、親父はどっちへもぴたりとお断わりをしたのです。

▼すると港屋では、ちょうどそのころあっちへ行っておいでになりました、仮名垣魯文さん、しん場《ば》の小安《こやす》さん、役者の小団次さんの三人へ頼んだとみえまして、三人のかたがおいでになって、どうだろう一つ出てくれまいか、もし抱《かか》えられるのがいやなら、一カ月いくらで買ってもいいからというお話でしたが、親父は、思し召しはまことに有難いが、もし東京の人に、橘之助は大阪へ行って売れないものだから、芸妓になったとでも言われると、せっかく売り出した橘之助の名折れになりますから、この儀ばかりはおことわり申しますと言いますと、

▼小安さんが、それでは仕方がないが、私らもせっかく頼まれて来たもんだから、何か趣意を立って貰いたい、そうすればそれをみやげに帰るからというので、親父がそれではあなた方のお顔の立つように、趣意を立てましょうと言って、「橘之助はこの後《ご》たとえ如何なることがあろうとも、決して芸妓にはさせない」という一札を書いて、小安さんに渡しました。

▼十五の七月まで大阪におりまして、八月から京都へ行って、京極の笑福亭の向こうの講釈《こうしゃく》場《ば》へかかりましたところ、大阪にも劣らない人気で、半年の間打ち通しましたが、この京都におりますうちのおかしなお話がたくさんあるのでございます。

▼前に申し上げませんでしたが、私は十一の年から頭を散髪《ざんぱつ》にして、すっかりすべて男のこしらえにしておりましたから、知らないかたは皆さん私を男の子だとばかり思っておいでで

した。

▼京都へ行って、二た月ばかりたちました時のことで、東京から安田善次郎様がおいでになりまして、私を一力《いちりき》に呼んで、芸妓《げいこ》舞妓《まいこ》をお揚げになりましたことがありましたが、その時参りました舞妓の中で、梅尾という十七になる妓《こ》が、私を男だと思って、前から気があったのだそうで、私のそばへばかり来てしきりにちやほやしていますと、旦那がそのことを仲居からお聞きになって、かついで遊ぶおつもりで、私に梅尾を買ってやるとおっしゃって、枕金《まくらきん》を出してくださいましたが、私もこれには弱って、梅尾をほかの座敷へ呼んで、私は二十《はたち》になるまで女を神様へ断《た》っているのだから、私が二十になったら東京へ出ておいでと言って、うまくごまかしますと、梅尾はしくしく泣き出して、たいそう私を恨んで、そのままぷいと帰ってしまいました。

▼もう一つ私が女に惚れられた話がありますが、罪のないのろけなのですから、お聴きなすってください……その明くる年も引き続いて京都におりますと、祇園町の小みやという二十《はた》歳《ち》になる芸妓と、鶴尾という十七になる舞妓と二人が、やっぱり私を男だと思って惚れて、ある時三人がお座敷でいっしょになりますと、小みやと鶴尾が、私の張り合いから、けんかを始めて、しまいに小みやがビールを鶴尾の頭からぶっかけたりなんぞして、大騒ぎをやりましたが、この小みやという芸妓は、その後東京へ出て、米坡《べいは》さんの家から出ましたが、今はどう致しましたか。

▼なんだか色ッぽいようなお話が続きましたから、今度はあべこべに、ごく色消しのお話を

致しましょう……色消しも色消し、私がとんだことで警察へ引っぱられて、おまけに監獄へ送られたというおかしな事件があるので……そのいきさつはこうなのでございます。

▼京都から名古屋へ行って、その明くる年伊勢路を打って、二度目に大阪へ行っていた時のことなので……ある晩振り出しの法善寺の席を勤めて高座をおりますと、楽屋へ巡査が来まして、私に南の警察署までちょっと来いと言うのでしょう……。

▼私は警察へ来いと言われたばかりで、ただもうびっくりしてしまって、私はなんにも警察へ連れて行かれるような悪いことを致した覚えはございませんって、泣き出しそうになって言いますと、ここでとやこう言ってもいかんから、いっしょに来いと言って、私を南の警察署へ連れて行きました。

▼で、警察へ行きますと、警部が、私の本名や年齢《とし》などを聴きまして、それからお前は近ごろ高座で「髭で官吏が勤まるならば、勤めさせたい○の○」という唄をうたったろうと聴くのです。ずいぶん乱暴なひどい都々逸ですが、そのころはちょうど自由とか民権とか言って騒ぎました時代で、官吏のことなどを悪く言うのがはやったものですから、つまりみんなこんな唄をうたったので、この唄は確かに私がうたったのですから、うたいましたのに相違ございませんと言いますと、警部がこの唄はどういう意味か知っているかと、折り返して聴きますから、私がよせばよかったのに、さようでございます、多分似ているからでございましょうって、余計なことを言ったもんですから、警部は苦い顔をして、官吏を罵詈《ばり》すれば客がよろこぶと思ってうたうのだろう、けしからん奴だと言って、なんだか書いた物を出して爪《つめ》

印《いん》を押させて、留め置くからさよう心得ろと言って、拘留所へ入れられました時には、どうなることかと思って、ただ情けなく、夜《よ》っぴて泣き明かしました。
▼明くる朝呼び出されて、前の晩のおさらいをして聴かされて、いよいよ中の島の監獄へ送られることになりまして、その時間が来ると、巡査が付いて、前へ泥棒が三人腰縄で行くあとから、私が紺地に白の立て縞のお召の三枚重ねを着て、しょんぼり警察署の門を出ますと、そこには親父を始め、席亭、出方《でかた》、ひいきのお客、そのほか見物の人たちが黒山のようで、橘之助が来た来たと、わいわい騒がれるんで、私はどうしたらよかろうと思って、生きているそらはありませんでした。
▼裁判所へ行くと、頭の毛を解かれ、体を調べられたうえ、檻倉《かんそう》というのでしょう、いやな所へ入れられましたが、その日は別に何の調べもなく、ひと晩たって明くる日になりますと、朝呼び出されて、証拠不十分で無罪放免と言われました時には、やれ有難いと思うと、われ知らずうれし涙がこぼれました。
▼その時分はこんなことがごくやかましかったのですから、本来なら私も無論官吏侮辱で罰を食わなければならなかったのですが、それを無罪になったのは、私がその時分の大阪府知事の楯野さんの奥さんに大そうごひいきを受けていたもんですから、親父が、私が警察へ引っぱられて行くと、すぐ知事さんのお屋敷へあがって、奥さんに願ったものですから、楯野さんのお声がかりで、それで私が無罪になったのだそうでございます。
▼その後も相変わらず大阪におりますと、東京からやいやい帰れと言って参りましたので、

十八の年、四年ぶりで帰りますと、三遊・柳の両派が総出で、新橋へ盛んに出迎えをしてくれました。

▼で、九月の上席《かみせき》から両国の立花家へ出ることになりまして、撒《ま》きビラへ永井素岳《そがく》さんが絵をかいてくださるし、仮名垣魯文さんがこういう口上を書いてくださいました。

あの子よい子じゃ粋《いき》な声と、先年当地に評判の名も立花家橘之助は、井筒にかけし麻呂《まろ》が丈《たけ》、振り分け髪のいたいけより、鶯声《おうせい》時に玉を転《まろ》ばし、三筋《みすじ》かすみの引き語りには、聴く人をして春の心を生ぜしむるの感能あり、可愛い子には旅修業と、芸人冥利に四年《よとせ》前、歌にやわらぐ敷島の大和路かけて京阪地方、よしあし分くる浪花津に親もろともとどまりしが、三年《みとせ》立てば歩《あゆ》めという、鎌でかき切る妙齢《としごろ》ゆえ、男姿を女化《おなばけ》に、結《ゆ》いなおしたる髪かたち、以前に変わる風俗も、相変わらずのごひいきを賜《たま》え、上方唄の仕入れ種《だね》、舞妓出装《まいこでたち》をおみやげに、ごきげんを取りむすぶという。

▼この口上の中にありますとおり、いつもの清元を一段語って、そのあとで上方の舞妓姿で、地唄を一つおみやげにうたってはねたのでございますが、以前に倍増《ま》すごひいきをいただいて、毎晩割れッ返るような大入りでございました。その後引き続いてお引き立てを受けまして、今日《こんにち》まで相変わらずご愛顧をこうむっているので……私の身の上噺はまだなかなかございますが、あまり長くなりますから、それはまたいずれ改めて申し上げることに致しましょう。

〔『文芸倶楽部』第13巻第12号(明治40・9)〕

〈圓生註〉文中の伏せ字「○の○」とあるのは「臍の下」です。

この師匠は、女大名とか、浮気をしたとか、いろいろ言われていますが、それらはともかくとして、芸については申し分のない、たいした人だと思います。三味線を持って弾き違えをしたことがない。撥《ばち》をはずしたことも、あたくしは一度も聞いたことがない。実にどうも大した名人でしたが、それほどの名人もやはり女は年をとるといけませんね。晩年は高座のほうは引退して、橘ノ圓《まどか》師と夫婦になって、京都に住み、余生をおくっておられましたが、昭和十年六月二十九日に京都北野神社裏の紙屋川が氾濫し、崖くずれのため押し流されて亡くなったのは、まことにお気の毒な次第です。行年六十九歳。ご亭主の圓《まどか》師のことは、同師の項で申しあげます。

橘家　圓喬

同左衛門町一番地　桑原清五郎事

これは有名な四代目圓喬でございます。この明治二十七年の名簿では苗字が桑原という姓になっておりますが、これが本姓なんだそうで。せんだってこの桑原家のほうの遺族のかたが、圓喬の五十年祭をなさいまして、あたくしもお招きにあずかりましたが、これは圓喬師の実の子ども衆で、今も兜町のほうで大変成功していらっしゃるかたでございます。まアどういう事情があったのか、そちらとは別れて、越後家という芸者家をしていたおげんさんと

橘家圓喬(『文芸倶楽部』11-14)

夫婦になって、これは入夫《にゅうふ》でございますので、柴田清五郎となったわけでございます。

あたくしが聞いた噺家のなかで、本当にはっきり名人だといえるのは、この四代目圓喬だけでございまして、このかたのことは、『寄席育ち』でも詳しく申し上げましたが、もちろん、圓喬師の若い頃のことは、あたくしは存じません。

そこで、このかたについて、石谷華堤《いしがやかてい》という人が書いて、明治三十六年の『文芸倶楽部』にのせた記事がありますので、それをまずごらん頂きます。

▽橘家圓喬　華生

当代の名人――俠男の竈金――百両の費途――圓朝と扇歌――二俠客の肩入れ――鳴海絞りの揃い――圓朝に愛せらる――落語界の麒麟児朝太――圓朝の眼力――一躍前座――音曲の修業――病父に孝養――他流試合――圓好と改名す――圓橘に用いらる――素噺に復帰す――楽屋内の不評判――不平々々――駈け落ちと決心――陶器師とならんとす――師恩に感泣す――東都を後に旅雀――地獄で仏――名古屋へ乗り込む――圓喬

の贋物度胸をすえて興行——大阪へ乗り込む——橘之助と共に大権式——大阪の大人気
——故郷忘じ難し——ようやく売り出す——圓喬と改名——伊勢本の初看板

▼扇一本舌三寸、巧みに人情の機微をうがち、よく滑稽諧謔の妙をきわめて、当代落語界の名人と称せられつつある、三遊派の大立者《おおだてもの》橘家圓喬の経歴談は、いまだかつて新聞雑誌に掲げられたことがないようであるから、今回ここに記すこととした。

▼圓喬、本名は桑原清五郎、慶応元年の九月生まれというから、今年がちょうど三十九歳……父はもと由緒《ゆいしょ》正しい武家であったが、かの維新の際、がらり大小捨てて町人となり、住みなれた本所柳原で籠葛籠《かごつづら》の製造職を渡世《とせい》にしていた、圓喬はこの柳原で生まれたのである。

▼彼がそも落語界に身を投ずるに至ったについては、一条の面白い物語がある。

▼そは彼の家の親戚に、同じく柳原に住んでいた鼈甲《べっこう》職の柳屋金次郎、通称鼈金《べっきん》という者があったが、この男、生来侠《きお》い肌で、かなり顔も売れていたから、両国橋を渡る際には、並び茶屋の女どもに、いちいち声を掛けられてあいさつされるため、どうしても二分金《にぶきん》二つは使わねばならなかったというほどであった。

▼この鼈金、ある時杉の森の富くじを冗談半分に買ったところが、運よく百両富が当たった。しかしこんな男だからそんな金は自分の身につけず、何かこの金を面白く使いたいと考えていた。するとある日、両国の並び茶屋で、当時売り出しの三遊亭圓朝が、扇派《おうぎは》の扇歌らのために因縁をつけられて、ようやく手打ちとまでは運びがついたが、費用の金に窮しているという話をちらり聞き込んだ。

▼圓朝が扇歌らのために掛かり合いをつけられたというのは、圓朝が両国の林家《はやしや》の席に看板をあげて、前には自分の弟子のほか大看板の扇歌・扇橋を頼んでスケて貰っていると、扇歌・扇橋は、圓朝があたかも日の出の勢いで、人気はるかに自己《おのれ》らを凌《しの》ぎ、好評さくさくたるのを見て、ねたましく思い、何がなあったらけちをつけてやろうと待ち構えている矢先、ある日扇歌が高座へあがっていた時、圓朝の弟子の某《なにがし》が楽屋でふざけて踊ったのを、扇歌は得たりかしこしと、これをとっこに取って、断然出勤を謝絶し、扇橋もまた共に出席を断わった。

▼圓朝は売り出しの矢先ではあり、ことに扇歌・扇橋の二人に去られては、客足に影響を及ぼすばかりか、ひいて自己《おのれ》の信用にも関する事であるから、非常に心配しているのを見かねて、同所山二《やまに》亭《てい》の席主長左衛門が仲裁にはいり、双方の間を奔走して、ついに梅川で和解の手打ちをすることとなった、ところが扇歌・扇橋らから扇派(同人らの連中)一同こぞって出るから膳部百人前の用意をしろという要求が出たので、さすがの圓朝もこれにはほとんど弱り返った、というのは先方の大連《たいれん》に引き替えて、こっちは社中わずか十名に足らぬ人数、のみならず百人前の膳部を引き受けるについては、少なからぬ金子《きんす》を要するので、大いに当惑したのである。

▼この話をくわしく鼈金が聞いて、ちょうど幸い富の金があるから、この金で一番圓朝を男にしてやろうと、すぐ圓朝を呼んでこのことを話し、不足はいくらでも出すから安心してじゅうぶん派手にやれと言って、喜ぶ圓朝を連れて、兄弟分の代地の顔役武蔵屋徳松の家へ行

き、同人に次第を語って尽力を頼むと、徳松も二つ返事でこころよく諾《うけ》がい、一と肌ぬごうと言い出した。

▼この武蔵屋徳松という男は、当時人に知られた顔役で、仕事師の頭《かしら》と蔵前の小揚《こあ》げの元締めをしていたから、子分子方《こかた》へ右の次第を触《ふ》れると、さァみんなが乗気になって、圓朝を助けてやらなければ男が立たぬと騒ぎ出し、鳴海《なるみ》絞りの揃いなどを染めて、当日は先方にひけをとらぬよう、大勢ではなばなしく押し出せという凄まじい勢いであったが、仲裁者は万一のまちがいなどのあらんことをおそれて、当日は扇歌・圓朝の両人相対《あいたい》で、めでたく手打ちをすませてしまった。

▼かかる関係から、圓朝は爾来鼈金方へ出はいりすることとなったので、彼の家へもしばしば遊びに来、また圓朝の弟子たちも両家へ出入りするうち、弟子の一人万朝(のちに圓太郎、すなわちかのラッパを吹いた男)を圓朝が里親となって、彼の家の親戚高橋屋といえる酒屋へ、聟によこしたことなどあって、双方の間はますます親密になった。

▼当時彼はちょうど七つ八ッつのいたずら盛りで、毎日万朝に連れられて、圓朝の出席している日本橋茅場町薬師寺内の宮松へ遊びに行っては、楽屋でいたずらばかりしていたが、圓朝は彼の才器の凡ならぬをいたく愛して、ほとんどわが子の如くにいつくしんでいた。

▼とかくするうち、彼は子供心にも落語の面白味を解して、ばったりいたずらをやめ、連中が高座へ上がる時は、楽屋にあって耳を傾けて熱心に聴いていたが、ついに落語家となって身を立てんと決心し、万朝に頼んで圓朝の門下にくわわったのは、彼が八歳の時で、名づけ

られた芸名が三遊亭朝太《ちょうた》。

▼当時の落語家の修業というものは、実に非常に厳格なもので、まず最初見習いと称して一、二年熱心に勉強したうえ、始めて一人前の前座となりうるのである。されば前座となるには、小噺の数およそ一百《いっそく》を、じゅうぶんに習得せねば高座へはのぼれなかったもの……。

▼ところが朝太は、日々楽屋へ遊びに来て、連中の噺を聴き覚えに、いつしか小噺の一百もすでに会得し、かつひそかに練習しつつあったので、一躍前座たることを得たが、その技倆ははるかに数年修業の前座を凌ぐに足りたので、師の圓朝は彼の非凡に舌を巻いて驚き、後年わが三遊の大黒柱となるは、この小僧を措《お》いて他にあるまいと嘆賞したが、果たせるかな、今日《こんにち》圓朝に次《つ》げる名人と称せらるるに至ったのは、さすが名人名人を識《し》る圓朝の眼力、栴檀は双葉より香《かん》ばしいとは、かかることを言うのであろう。

▼かかる有様であったから、朝太は神童あるいは麒麟児などと噂され、好評を博しつつあったが、圓朝の高弟で、かの坐り踊りの元祖圓三郎は、ひとかたならず彼を可愛がって、手踊りを教え、その妻およねは小唄の名取りであるところから、また小唄の稽古をさせて、末はあっぱれの音曲師に仕立てんと、夫婦ともども非常に尽力したので、彼もまた音曲師たるべく熱心に修業するうち、やがて前座を終えて二つ目に出世した。

▼ちょうど彼が十歳の春、父彦次郎はふと中風症にかかって、どっと床についたまま半身不随の身となったが、平生《へいぜい》たしなめる酒はなおやめず、かえって弥《いや》増して飲みたがるのを、彼は子心にも見かねて、好む酒ゆえ、いかにもしてじゅうぶんに飲ませてやりたいのは山々で

あるが、二つ目の身の薄給では到底いかんとも詮方がないので、恥も外聞も親のためと、みずから身を下《くだ》して再び以前の前座となったのは、当時の前座は給金といっては一文も与えられなかったけれど、くじを売って自己《おのれ》の小遣い銭を得ることが出来たので、これが二つ目や三つ目の給金などよりは、はるかに多額の収入があるのであった。

▼彼が孝養の甲斐もなく、父はついにその年の十二月、亡き人の数に入ったので、翌年の一月から再び二つ目となったが、相変わらず客受けのいいに引き替え、楽屋うちは常に不評判で、高慢な小僧、生意気な小伜と、連中一同に睨《ね》められていたから、昼席は師匠圓朝の前を勤めていたが、夜席はおおむね他連《たれん》へ出て、ある時は天狗連などへ頼んで使って貰ったこともある。

▼彼みずから当時のことを語って言う「私は子供の時分から、人に世辞軽薄を言ったり、または媚びへつらうことが大きらいでしたから、連中などにはみんなに憎がられて、夜席などは誰も使ってくれないので、よんどころなく他連へ出たり、天狗連へ入れて貰ったりして、ずいぶん辛い思いもしましたが、今になってみると、この他流試合が大変薬になって、そのために他連の噺も数多く広く覚えられたのです。」

▼十四歳の時に三つ目に出世し、圓好と改名して、相変わらず音曲手踊りで喝采を博しつつあったが、兄弟子の圓橘は彼の非凡の技あるを見抜いて、常にわが前に使い、音曲師としてよりは素噺《すばなし》で確かに成功する人物とみとめて、しきりに、素噺に復帰してじゅうぶんに勉強せよと勧告されたので、彼もつくづく考えてみれば、音曲師で大看板となったのは、都々逸

坊扇歌ぐらいなもので、他はたいがい中入り前が関の山であるから、これはいっそ素噺にもどったほうが、末の身のためであろうと心づいて、早速圓橘に志をひるがえしたことを話すと、圓橘は大いに喜んで、自分が引き受けて必ず立派な噺家にしてやると言って、ていねい懇切に、噺の呼吸というもの、その他の万事万端をすっかり教授し、よくめんどうを見てくれたため、彼はこれが非常な幸福となって、技倆はたちまちの間に長足の進歩をした。であるから彼は常に、自分が今日《こんにち》の地位を得た基《もと》は、全く圓橘の尽力であると言って、大いに圓橘を徳としている。

▼しかるに彼は相変わらず楽屋の評判が悪く、連中一同依然冷遇して、ろくな席へは出席せしめぬようするので、彼も内心面白からず、快々として楽しからぬ月日を送っているうち、弟弟子《おとうとでし》らは続々出世するが、自分のみはなぜか出世の出来ぬ情けなさに、ますます不平を起こしている矢先へ、圓橘の弟子三橘が地方から帰って来ると、そこは師弟の情として、圓橘が三橘にのみ力を入れて、彼のほうはだんだんおろそかになり、三橘は圓右と改名して看板をあげる運びに至ったので、彼はいよいよ面白くなくなり、急に東京にいるのがいやになって、あたかもその時、仲間の橘之助が親父とともに大阪に行っていたのを幸い、同人を頼って大阪へ駈け落ちと決心した。

▼するとこれを今の金馬の親父の圓流、のちに圓麗が聞いて、彼にとくと意見をくわえ、お前ぐらいの腕ではとても地方へ出ては飯が食えぬ、それに上手と言わるる者でさえ、旅稼ぎをすると必ず二、三枚がた腕のさがるものであるから、まだ若年修業中のお前などは、それ

こそ仕様がなくなってしまうと、懇々と説きさとしたうえ、もしお前の腕で見事にやっての け、格別腕もさがらなかったら、このおれが二つない首をやるとまで言われたので、彼はに わかに怖気《おじけ》づいて、再び考え直したが、東京にいては出世の望みはなし、さりとて地方へ出 ても圓流の言うとおり、もし失敗に終る時は恥の上塗《うわぬ》りをするも同様、いやしくも落語家と なった以上は、大看板の真打となれる望みがなければ、いっそ断然廃業してほかの方針を取 るよりほかはないと、ここに素志をひるがえして、かねて好める陶器の焼物師に方向を変ず べく決心した。

▼当時彼の技倆については、師の圓朝始め、同社会一般にその確かなることをみとめ、都下 の寄席通また非凡なるを称《たた》えて、いずれも彼に多大の望みを嘱しつつあったのであるが、彼 は生意気ざかりの年頃なるにもかかわらず、一意自身の未熟を信じて、慢ぜずおごらず、ひ たすら上達をこい願うて刻苦勉励したればこそ、ついに今日《こんにち》の大成を見るに至ったので、こ れを現今彼等社会の若手連なるものにくらべたなら、その間おのずから天地雲泥の差異があ るであろう。

▼かくて彼はいよいよ焼物師たるべく決心し、京都の五助を頼って弟子入りしようと覚悟を きわめ、母兄には大阪へ出稼ぎに行くと別れを告げて、そのころ本所北二葉町に住んでいた 大師匠圓朝のもとへいとまごいに行くと、圓朝は何くれとなく地方へ出ての注意をくわえ、 せんべつとして五円の金に、手拭い、煙草などを添えて贈り、両国まで用たしに行くからつ いでに見送ってやろうと、同道してくれたので、彼は今更ならぬ師恩の厚きに感泣し、両国

橋で惜しき名残りの袂《たもと》を分かって、彼は旅路の行程についた。時は明治十五年の五月三日、ちょうど彼が十八歳の折りである。

▼横浜で便船を待って、同六日、四日市行きの田子の浦丸へ乗り込み「我は今日《きょう》なれし吾妻をあとにして知る人もなき逢《あ》ふ阪の地へ」と口ずさんで、横浜を出発し、海上無事に四日市へ到着し、一日二日遊んで、宮《みや》の熱田へ行ったが、この時すでに路用の金子を使い果たしてしまって、にっちもさっちも行かなくなっていると、ひょっくり道で出会ったのは、大阪から帰りがけの橘之助の親父、うれしや地獄で仏と蘇生の思いをして、同人の宿屋へ行き、さて問わるるままに仔細を語ると、橘之助の父は、あったら腕を持ちながら廃業するなどとは愚の至り、もう少し辛抱していたなら、必ずたちまち出世する時節が到来するであろうと、しきりに、更に考え直すべく勧告したので、彼もまたその気になり、再び落語家となって、あくまで素志を貫徹せんと、決心の臍《ほぞ》を固めた。

▼そこで橘之助とともに名古屋を打って、大阪へ乗り込む相談が整《とと》のい、まず名古屋へ乗り込んで、上長者町《かみちょうじゃまち》の朝日屋という宿屋へ投宿したが、彼はこの時もなお、東京で圓流に言われた言葉が気になって、果して自分ぐらいな腕で、なじみのない土地の客に満足を与えることが出来うるであろうかという疑念があって、心配でたまらないので、まずここいらの寄席には、いかなる芸人がかかっているものかと、大須観音前の大門亭《だいもんてい》という寄席へ行ってみると、麗々しく「東京下《くだ》り三遊亭圓喬」と書いた看板が出ていたが、不審なのは圓喬という名、自分が東京を出発の際に兄弟子の圓喬が四代目圓生と改名して、まだ圓喬のあとを襲名した

者はないはず、ことに四代目は当月は横浜《はま》の丸竹《まるたけ》に出席していて、現に自分が横浜出帆のみぎり、確かにその看板を見て来たのであるから、無論名古屋へ来ておるべき道理はない、さては何者か圓喬の名をかたって来たに相違ないのであろう、いで正体を見とどけくりょうと、木戸銭を払って中へはいって見れば、満場立錐の余地なき大入り。

▼替わり合って替わりばえのせぬ連中が七、八人、入れ替わり立ち替わり出たあと、やがて真打の圓喬と名乗る男が現われたのを見ると、わが弟弟子《おとうとでし》の圓次郎(現今圓右の弟子の右猿)〈圓生註。〝お茶台〟の圓條のこと〉という者であったには、さすがの彼も一驚を喫し、その大胆千万に呆れ返ったが、きゃつ何を演《や》るかと、人の陰に隠れて聴いているとも知らずに、高座のにせ圓喬先生、得々として演り出したのは、師匠圓朝が十八番の『牡丹燈籠』のうち、もっとも難かしいと言わるる孝助の眉間割りを、無造作に平気の平左で演ってのけた手ぎわには、彼は覚えず冷や汗を流したが、常に田舎噺家にのみ耳のなれた当時の同地の聴衆は、この拙劣きわまる技芸をも、大々的の喝采をもって迎えたので、彼は始めて地方興行の案外に容易なるをさとって、まず一と安心をした。

▼というのは、圓次郎ぐらいの腕であのくらいの人気をしめ、大入りを得ることが出来るのなら、おれも怖気《おじけ》づいて二の足を踏んでいるには当たらないと考えたので、ここに始めて度胸をすえ、土地の講談師龍山《りゅうざん》という者を一名くわえて、同地を四カ所興行したところが、何がさて東京で売り出しの若手、ことに俊才の聞こえある圓好・橘之助の両人であるから、至るところに大入りをかかげて非常の好評を博し、ついに進んで大阪へ乗り込んだ。

若き日の橘家圓喬(『百花園』第208号)

▼今日《こんにち》でこそ大阪の色物の寄席は、内部の構造など、かえって東京の席よりも体裁よく立派なくらいであるが、まだそのころはきわめて粗造で、別に木戸の設けさえなかったから、一定の木戸銭を取って客を入場せしむることもなく、時々銭《ぜに》笊《ざる》を持ち廻って、客からいくらかずつを集めるという不体裁きわまる習慣で、中には下足も付けず、腰掛け同様の所もあった。これを圓好・橘之助は大いに不快に思って、東京の檜舞台の芸人が、地方へ出て土場《どば》へ出たと言われては、三遊の名折れになるから、ぜひ木戸を付けて、万事東京風にしてくれと言い出すと、先方はただちにこの註文に応じて、東京式に改めた。大阪の寄席を今日の如くにしたのは、全く自分と橘之助が初めてですと、彼は常に言っている。

▼その後、橘之助はまもなく帰京したが、彼は同地にとどまって、京都あるいは神戸等へも出稼ぎし、同地方の人気者となったので、帰京の念は更になく、一生を浪花の地に暮らすべく覚悟して、面白おかしく月日を送っていた。彼が人も知る如く上方弁に巧みで、そしてあっちの噺を数多く心得ているのは、全くこの当時において練習したがためである。

▼しかるに一年二年と月日のたつにしたがい、生まれ故郷の東京が恋しくなって、東の空を

眺めては、家族並びに師友のことなどを思い、帰京の念がしきりに動いて来た時、あたかも二十一歳の徴兵適齢となったので、ぜひとも帰京せねばならぬこととなり、ついに大阪を辞して、久々で東京へ立ちもどった。が、

▼上方の売れっ子も帰京してみれば、かけぶれはあわれ牛込の和良店《わらだな》一軒、詮方ないとあきらめて、毎夜ごく浅いところを勤めていると、時に先代新朝《しんちょう》が、芝の玉の井で大《おお》よせをもよおしたので、彼も義務として、毎夜牛込からわざわざ出かけたが、楽屋の者らは依然彼を冷遇して高座を勤めさせなかった。ところが一夜非常の大雨で、連中に不参者が多かったため、ついに彼が高座へあがることとなったので、彼はここぞと腕によりをかけ、上方噺の『祇園祭』を手いっぱいに演ると、満場の聴衆は、噺の珍しいのと、その巧妙なる話しぶりに、沸くが如きの大喝采。楽屋にいた新朝、圓生始め他の連中も、彼の技の意外の進歩に舌を巻いて驚き、翌月からはおれの前をスケてくれ、こっちの前を頼むと、たちまちにして四、五軒のかけもち。

▼帰来《きらい》、圓好の評判は至るところにかまびすしく、三席目には行灯《あんどん》にも入れられて、非常の人気者となったので、四代目は彼に勧めて己《おの》が前名の橘家圓喬を継がせ、ますます盛んに売り出すと、日本橋瀬戸物町の寄席伊勢本の主人《あるじ》は彼に大いに力を入れて、真打になれと勧告したが、彼はもう二、三年修業してからと辞退し、進んで技芸の修養につとめた。

▼しかるに彼の師圓朝始め兄弟弟子の誰かれも、彼の優に看板主《かんばんぬし》たる価値あるを信じ、ひいき客らと共々に、しきりに看板をあげよと勧めたので、ついに二十三歳の一月、瀬戸物町の

伊勢本に、はじめて橘家圓喬の初看板をあげたのである。

▼爾来十有余年、扇一本によく都下の人気を集め、技は年とともにますます円熟をくわえて、あっぱれ斯界の名人と称され、近年、亡師圓朝の衣鉢を継いで、三題噺に頓才奇智の妙をあらわしつつあるのはよく人の知るところ、なお彼については記すべきこともあるが、あまり長くなるから、そは他日また改めて記すこととし、今回はここいらでとめて、次記事《あとれん》と替わることとする。

〔『文芸倶楽部』第9巻第9号(明治36・7)〕

この記事のおかげで、圓喬の前半生が詳しくわかりました。

つけ加えて申し上げますが、四代目圓生が己《おの》が前名である圓喬を襲《つ》がせたばかりでなく、看板を上げるときに、自分の持ち席である日本橋伊勢本のトリ席、しかも初席を譲ってやったということは、並みたいていのことではありません。昔からこの初席のトリというものは非常に大事なもので、なかなか他人に譲れるものではないので、それを当時第一流の寄席として、誰もが欲しがる伊勢本の、しかも初席を、気前よくぽんとやったのは、それァ圓喬の芸を見込んでのことではありましょうが、さすがに江戸っ子の四代目圓生でなきゃァできない事《こ》ッてございます。

それと、この時の話であたくしがもうひとつ聞いている話があります。それは、師匠の圓朝がやはり心配をして、初席はあっても、二の席はあるか、ということを聞いた。つまり、初席は一月の上席《かみせき》で一日から十五日まで、二の席というのは、そのあと十六日から晦日《みそか》まで打つ席のことなんで、もし二の席がないようなことなら、みっともないからと、心配したわけです。

「いえ、二の席はどこで打ってくれまして、三の席はどこ……そのさきはまだ決まっておりません」

と言ったら、圓朝師が笑って

「いや、それだけ決まっていれば、その先は心配することはないよ」

と言ったそうですが、そこまで心配してくれる師匠があり、また兄弟子の圓生の引き立てがあったればこそで、いかに圓喬という人の技倆《うで》があっても、引っぱってくれる者がなければ、日の目を見ることは出来ない。よき後楯を得て圓喬も世間に認められるようになったんだと思います。

それから、やはり『文芸倶楽部』に、『三味線栗毛』という噺についての苦心談がのっておりますので、お目にかけます。

▽夢で覚えた盲人調子《めくらぢょうし》　三遊亭圓喬〈圓生註。正しくは橘家〉

私はあまり夢を見ないほうで、またたまに見たところが、実に取りとまりのない、目がさめると忘れてしまうような夢ばかりですが、ただ一つお話の出来るようなのがあります。それは私が圓好時分から、故人柳桜さんの得意にした『三味線栗毛』……例の盲人錦木《にしきぎ》の出世の噺……あれを覚えて自分で演って見ても、どうも盲人の調子が難かしいので、いろいろ研究もし、くふうもして見ましても、やはりうまく出来ませんから、先代の竹本津賀《つが》太夫さんに、師匠一体めくらの調子はどうしたらうまく出るのでしょうと聞いて見ると、津賀太夫さんが、わたしはめくらの音調を出すのに、咽喉をグッとのばすか、ちぢめるかして出している、と教えてくれましたので、早速その通り演って見ますと、なるほどめくら調子にはなるようですが、まだどうも自分で気に入るように出来ないのです。そこで、そのころ新宿におりました師匠圓朝の家へ出かけて行って、錦木の調子を出すのに苦心をしていることを話して、津賀太夫さんはこう言って教えてくれましたが、まだどうも充分でないようで、一体どういう呼吸《いき》に行ったらいいものでしょうと聞きますと、師匠が、それは私が教えてあげてもいいが、もう少し研究して、自分でくふうしてごらんと言って教えてくれませんので、さてどうしたらうまく出来るものだろうと、寝てもさめても、そのことばかりを一心に考えておりますと、ふとある晩、師匠が、盲人は耳で口をきけと言って教えてくれた夢を見ましたので、翌日さっそく師匠の家へ行って、盲人の調子は耳で口をきく心持ちで演ったらどうでしょうと言いますと、師匠が、その心持ちで演れば確かに盲人の調子が出る、おまえ誰かに教《おそ》わったのか、それとも自分で考えたのかと聞きましたから、実はゆうべ師匠に教えられた夢を見ましたといって話しますと、師匠も不思議がったことがありました。

〔『文芸倶楽部』第18巻第14号（大正元・10）〕

圓喬師は、大正元年十一月二十二日、四十八歳で亡くなりましたが、『文芸倶楽部』の十二月号では、二カ所に哀悼の記事が出ておりまして、さらに翌年の一月に追憶録が出ましたので、これをごらん下さい。

▼橘家圓喬逝く　落語界の重鎮、三遊派の領袖として世に知られたる、橘家圓喬は、去年十六日、日本橋末広亭の独演会に出席せしが、帰宅後発病し、廿二日正午卒然として逝けり。芸壇の名手、追々凋落し行くに、忽《こつ》としてまたこの一明星を失う。惜しみてもなお余りあり。同人が発病前、速記者今村次郎氏に塩原多助の一節を口演せしが、塩原角右衛門の戒名の文字不明なりしを、その死に先だつこと数日、特に半切《はんぎり》に戒名をしたため、今村氏のもとへ送り越したりしは、平生《へいぜい》に似合わぬことと噂せられしに、のち二、三日ならずして溘焉易簀《こうえんえきさく》せしは一奇というべく、その半切にしたためたるものこそ、同人が絶筆なるべきか。年《とし》不惑を過ぐること僅かに八。辞世あり。いわく「筆持って月と話すや冬の宵」と。重ねてこれを惜しむ。

〔『文芸倶楽部』第18巻第16号（大正元・12）〕

▼橘家圓喬逝く

わが国現時の各芸界を通じて、落語界を代表する人々を誰かと問えば、まずその第一に指を屈すべき圓喬、さる二十二日正午、にわかに逝く。彼が含蓄ある快弁は、未来永劫《えいごう》聞く事あたわずなりぬ。一代の名匠なりしに、かえすがえすも惜しき事してけり。その伝記逸話等は、次号に掲ぐべけれど、とりあえずここに哀悼の意を布《し》く。（記者識）

〔『文芸倶楽部』第18巻第16号（大正元・12）〕

▽圓喬追憶録　空板生

三遊亭圓喬〈圓生註。正しくは橘家〉本名は桑原清五郎、慶応元年本所松坂町に生まれて、家職は葛籠《つづら》製造業。七、八歳のころ姻戚関係の故人橘家圓太郎（当時万朝）がその家に同居して、日々落語の稽古をするのを、いつしか聞き覚えに覚えて、巧みにそのまねをしたところから、万朝は面白半分、一日《じつ》圓朝の昼席、茅場町の宮松へ同道して高座へ上げたのが、そも落語界に入る動機となって、八歳の時圓朝の弟子になり、朝太《ちょうた》と呼ばれて、夙《つと》に神童の麒麟児の名を博し、その後圓好と改名して、京阪地方に数年間の旅修業、帰来圓喬と改名して二十三の一月、瀬戸物町の伊勢本に初看板をあげて以来、人情噺・素噺に神来《しんらい》の妙舌を振るい、年とともにその技いよいよ円熟して、あっぱれ名人の声誉を得るに至ったが、不幸二豎《にじゅ》の冒すところとなって、大正元年十一月卒然として逝く。芸壇のため、まことに痛惜に堪えぬのである。ここにその遺族並びに同社会の主なる二、三氏の追憶談を記す。

▼覚悟きわめた臨終の模様　未亡人　おげん

わずらいましたのもほんのわずかで、たちまちいけなくなりましたので、まことにあっけないとも何とも、全く夢のようなのでございます。

最後の寄席は、十一月一日から両国の立花家で、十四日まで別に何の変わりもなく、席もお座敷も勤めておりましたが、十四日の晩、席から帰って参りますと、どうも風邪をひいたようだと申して臥《ふ》せりまして、十五日もだいぶ熱があるようなので、私や弟子が、無理をしずに今夜は席を休んだらいいでしょうと申しましたところが、立花家は、主人《あるじ》が死んで伜の代になってまもないことで、馬鹿にして休んだと思われるのもいやだし、それに今夜は千秋楽《らく》だから、休まずに行こうと申しまして、その晩勤めて帰って参りまして、ふだん願いつけの松岡さんという先生のご診察を願いました。

十六日は末広亭に独演会を催すことになっておりましたので、押して出席致しまして、宅へもどりますと、薬研堀の大又《だいまた》さんから、岡崎邦輔様のお座敷で、ちょいとでいいから来いという仰せでしたが、末広から帰った時に三十九度からの熱なので、私が、せっかくですがお断わりを申し上げたらと申しますと、岡崎様にはひとかたならぬごひいきを頂いて、いろいろお世話さまにもなっているし、芸人が芸を演りに行くのは軍人が戦場へ出るのと同じだから、倒れるまでも勤めなければならないと申しまして、止めるのを無理に俥《くるま》へ乗って伺いましたが、何せよ三十九度以上の熱なので、先方へ伺いましても、息が切れてすぐ勤まりませんので、供に連れて参りました喬雀に、前座を勤めさせたあとで、自分は『長吉長五郎』を申し上げましたが、何分にも息切れがして、がまんにも一席勤まりませんので、半くさりないので、御飯を食べて行けとおっしゃってくだすったのを、頂かずに、そこそこお暇《いとま》を願って、帰って参りました。で、翌日の十七日も末広に独演会がございまして、当人は押しても出席すると申しましたのを、松岡先生に強《た》って止められまして、どっと床につきまして、岩佐病院長と大谷博士においでを願いましたが、何分病勢がつのるばかりで、容態が日増しに悪くなりまして、いよいよ目をねむる二十二日の朝八時半ごろ、松岡先生が注射をなさいますと、当人も覚悟を致しましたものか、松岡先生に「先生私は今度はもう直りませんね。この注射は何時間ぐらい効力があります。先生、私のちょっとも動けなくなる全快は何時頃でしょう」と言いましたが、先生もさすがに何ともおっしゃらずに、涙をこぼしておいででした。

そのうちに追々容態が変わって参りましたが、先生がまた注射をなさいますと、はっきりした声で「医師は公証人の代わりをすることもあるそうですから、先生あなた聞いていてください」と言って、家事上の遺言をしまして、それから私に「永らくあたしのようなわがまま者に添っていてくれて、お礼を言うよ。財産もこしらえずに逝ってすまない」と言って、涙をこぼしますから、私が「それは私のほうで申すことです。私こそわがままばかり言ってすみませんでした。何かまだおっしゃることがあるなら……」と申しますと「あたしも圓喬だから、この世のおいとまごいに、辞世の一つも詠んで行こう。楊子《ようじ》をおくれ」と申しましたので、喬雀が羽根楊子へ水をつけて、口を湿めしてやりますと、それを払いのけて、ふだん自分が使っている横楊子をくれと申しますから、それとうがい茶わんを持って行きますと、横向きに臥《ふ》せながら、自分の横楊子で口中を掃除して、小楊子をくれと言って、それでまた歯の間を掃除して、筆と紙をくれと言いますから、出しましたが、もう筆が持てませんでした。

誰か書いてくれと言うので、喬雀が「私が書きましょう」と言いますと、「舌が硬《こわ》ばって釣《つ》って来た」と言いながら「筆持って……」と言ってしばらく考えているうちに、それぎりになりそうですから、私が「あなたあなた」と声をかけますと、「あたしの頭は沸《わ》いているのだから、少し静かにしておくれよ……今は何の節《せつ》だね、秋か冬かね」と聞きましたので、圓三《えんざ》が「冬です」と言いますと、「冬の月は凄いね……」と言って、またしばらく考えて、「筆持って月と話すや冬の宵」と詠みまして、「あと四季を詠もう、少し待ってくんなよ」と言っているうちに、いよいよ様子が変わって来まして、「かあや、さようなら……」と言ったのが口のききじまいで、眠るように息を引きとりましたのでございます。

▼四十年来の友だち　　三遊亭圓右

圓喬が死んだという知らせで、驚いて玄冶店《げんやだな》の家へ駈けつけて行って、その死に顔をひと目見ると、私はわれ知らず、わアッ…と大きな声を出して泣きましたよ。

圓喬と私は四十年来の友だちで、あれが朝太といって八ッつ、私が橘六といって十三のわんぱく盛りから、言わば一つ鍋のものを食い合った兄弟も同様の仲ですし……それに圓喬のような噺家は、これからこしらえようといって、もう出来っこはないのですから、実に惜しいことをしました。

芸は実にうまいもので、噺家じゅうの博士《はかせ》も博士、大博士でした。あの男のように、落語と続き噺と二つ演って、がらりと呼吸《いき》が変わって、そうして締めて泣かせて突ッ放して、腹の皮を撚《よ》らせるという腕は、なかなか容易に出来るものじゃァありません。私がつくづく感心したのは、よほど前のことでしたが、あの男が立花家の昼席で『粟田口《あわたぐち》』を演って、ちょうど村の三人の酒屋が寄り合いをして、浪人萩原束《つかね》、稲垣小左衛門の店へ掛け合いに行って貰うところで、三人の男が、煙管《きせる》の持ち方一つで位置も変われば、一、二、三と、調子のめいめいに違うそのうまさが、まるで目に見えるようなので、えらい腕だと思って敬服したことがありました。

二人の子供時分から、追々生い立って来たころのことを思い出すと、いろいろ面白い話や、おかしいことがありますよ。

圓喬が、師匠圓朝の弟子になりたての時分は、本所松坂町に葛籠屋《つづらや》をしている兄の家から、席へかよっておりまして、その時分師匠は茅場町の宮松とか、あるいは両国の立花家の昼席を演っておりましたから、昼席がはねると、夜席《よせき》へ行くまでの間、私と二人で、毎日松坂町へ帰っては遊ぶので、二人で圓喬の兄に箱庭の縁《ふち》をこしらえて貰って、中へ入れる小砂利《こじゃり》は、粒をそろえて拾っている間がありませんから、二人で葛籠《つづら》の竹で小さな寄席の行灯《あんどん》をこしらえて、それへ紙を張って、二人でビラ字で芸人の名を書いて、近所の子供に、これを売ってやるから小さいきれいな砂利を拾って、それで買いにおいでと言うと、みんなその行灯が欲しいものですから、てんでに一生懸命に砂利を拾い集めて、それをきれいに洗って持って来て、たちまち箱庭が出来上がってしまいました。

おかしかったのは、その時分宮松の昼席で、楽屋の連中が手なぐさみをするのを、師匠がやかましく言って、もし知れると大吐言《おおこごと》だものですから、みな内々で師匠の来るまでやって、師匠が来たら、ばったりやめてしまえば、知れる気づかいはなかろうと言って、私と圓喬の朝太に小遣いをくれて、薬師の両方の入口に立ち番をさせておいて、もし師匠の姿が見えたら、とんで来て知らせろと言われていたので、毎日小遣いを貰っては、二人で立ち番の役目を勤めていましたが、ある日二人で近所の文字焼き《もじや》を焼きに行くと、つい長くなって、肝心の見張りの番をすっぽかしにしているうち、いつか師匠が来てしまって、楽屋へはいると、みんなでやっていたものですから、うんととっちめられて、大目玉を食ったことがありました。

二人とも追々成長して、私は橘六から三橘、圓喬は朝太から圓好となりましたが、ある時師匠圓朝が、華族の津軽様からお座敷に呼ばれましたのを、何か差支えがあって、私と圓好を代理に出しました時、二十五円のお目録と、別に私にお好みが出て、十円頂戴致しましたが、その時分、お座敷でそんな多分のお金を頂いたのは、二人とも始めてですから、嬉しくってたまらなくって、どこかへ行って遊ぼうというので、ちょうどそのころ、津軽様の緑《みどり》町《ちょう》のお屋敷が大平町《たいへいちょう》へ引けて、その屋敷あとを津軽の原といって、見世物や矢場《やば》などが出来て、にぎやかでしたから、帰りにその矢場を素見《ひやか》して歩いたのですが、二人とも生意気ざかりの年頃でも、まだどこか初心《うぶ》な所があって、なんだか矢場や銘酒屋《めいしゅや》へはいるのはきまりが悪かったので、とうとうどこへもはいり得ませんでした。帰りに両国の立花家へ寄って、主人《あるじ》と相談をして、師匠の所へは十円の鰹節《かつぶし》の切手を持って行くことにして、残った金で、死んだ圓左を取巻きに連れて、吉原へ行きましたが、何河内《なにかわち》とかいった楼《うち》に、一人おつな妓《おんな》がいたので、そこへあがることにすると、その妓が「おや小泉さん」てってとび出して来たのは、それが圓左の馴染《なじ》みなのですから、二人ともいい面の皮で、おかしいじゃァありませんか。

▼落語界の大損害　柳家小さん

高座の上の圓喬は、実に容易に得られない名人でした。あの人の死んだのは、あの人自身、遺族、弟子たちの不幸は申すまでもなく、三遊連といわず柳連といわず、落語界全体のために非常な損害で、かえすがえすも残念千万です。あのくらい芸才のある、頭のいい噺家は、今後こしらえたいと言って、もう出来るか出来ないかわかりません。あの人の芸はかゆい所へ手のとどくように、実に行きとどいていて、五人なり十人なりの人物を、いちいちそれへはっきりと現わす具合もうまかったが、またあの『三軒長屋』で、姐御《あねご》が子分を叱る、その一と言で、そこにいる五、六人の子分がざわざわしていた様子が、目に見えるような呼吸《いき》は、あの人独特の腕で、実に感服のほかはありません。

それに実に記憶のよかったことは驚くほどで、一度聞いたことは、別に控えてもおかないのに、ちゃんと覚えていて、決して忘れなかったのは不思議なくらいでした、それですから誰も知らないような古い噺をよく覚えていて、こういう噺があるが、君演ってみてはどうです、などと言って、毎度私に教えてくれて、私がそれを自分の物にして、研究会などで演ると、熱心にそれを聴いてくれました。現に、今日《こんにち》私の演りものにしている『言訳座頭《いいわけざとう》』は、あの人から材料《たね》を教えて貰ったのです。

私がさすがに圓喬だと思ったのは、私が研究会の最初に『碁どろ』を演りました時、圓喬はわざわざ二階へ上がって来て聴いていましたが、私が高座をおりると「小さんさん、わたしは今、君の『碁どろ』を聴いたら、もうあの噺が出来なくなった」と言いましたが、私は圓喬の『碁どろ』は、お座敷で二度、演芸会で一度、都合三度聴いていて、碁を打つところに少し欠点はあるが、決してまずくはないのですから「君のは結構じゃァないか」と言いますと、あの人が「いや、あたしは本当に碁をよく知らないから、碁を知っている人に聴かれると困る。あの噺は君のように碁を心得ていて話さないと、どうも情《じょう》が移らないから、あたしはやめる」と言って、それっきり、あの『碁どろ』を演らなかったのは、あの人がちょっとしたことでも、芸をおろそかにしなかったことがわかります。

▼うゝわゝごゝとにまで芸のこと　門弟　喬雀

師匠は実に芸熱心な人で、新規の噺を演り出します時には、それをすぐ高座へ掛けませんで、まずお座敷で口ならしをして、じゅうぶん練習がつみましてから、高座で演る、というふうに致しておりました。それは、お座敷は、圓喬をごひいきでお呼びくださるお客さまだから、少々ぐらい不出来でもご勘弁くださるが、寄席は、圓喬ばかりがあてでおいでになるのではなく、また、中には圓喬をご存じのないかたもおいでになるのだから、もし演りそこなうと、自分の不名誉ばかりではないからと、常に申しておりました。

それで、いよいよその噺を高座へ掛けます時は、いつも私たちに聴いていてくれと申しまして、高座を勤めて楽屋へおりますと、どうだったい、悪い所は遠慮なく言っておくれと言って、みんなの評をいちいち聴くというふうで、独演会などを催します時には、必ず私たちに、お客さまの評を聞いていておくれ、いかに口馴れた噺でも、自分にはわからない欠点が必ずあるに相違ないから、それをよく注意してくれと申しました。

病気になって臥《ふ》せりましてからも、話といえば、ただ芸のことばかりで、床について二日目か三日目に、夜中にふと目をさまして、枕もとに私が看護をしているのを見ますと、噺家が追々なくなるから、今のうち精出して勉強してお置きと言って、『大工調べ』と『付き馬』を二度ずつ演って、あすこはこう、ここはこうと教えてくれました。

こんなふうに、病気になってまでも、しじゅう芸のことばかり考えていたものと見えまして、熱が四十度以上にのぼってうわごとを申すようになりましても、やはりそれがみな芸のことで、今度の研究会には何を出そうの、『三十石』のサゲがどうも気に入らないの、久しぶりでひとつ『九州吹戻し』を演ろうなどと、そんなことばかり申し続けておりました。

▼圓朝になれる技倆《うで》　藤浦三周

圓喬は小さい時から圓朝の弟子で、その時分から記憶のいいと、芸才のあるのには、圓朝もつくづく感心して可愛がっていました。一人前になってから、芸はますますうまくなったが、どうも、とかく仲間の者と折り合いが悪いので、困ったものだと思っているうちに、圓朝は死んで、そのあとを継ぐ者はまず圓喬だろうというところから、圓喬のひいき客や席亭が、圓朝を襲《つ》がせてくれと言って来ましたが、芸は圓朝になれるとしても、その人物が圓朝になれなくっては困るから、まず第一に仲間の折り合いをよくさせたいと思って、圓喬を呼んで、その事をよく話したことがありましたが、その後どうもやっぱり丸く行かないので、とうとう圓朝を襲がせることも出来なかったのです。

〔『文芸倶楽部』第19巻第2号（大正2・1）〕

以上の記事で圓喬師のことはよくおわかり頂けると存じます。

芸としては、師の圓朝にまさると言われたぐらいで、うまいということは確かなんですが、榊原鍵吉《けんきつ》という明治時代の有名な剣士……このかたは据え物斬りの名人と言われ、アメリカからグラント将軍夫妻が来朝された折りに、明治陛下の御前において兜を割って見せたという……そのかたが批評して、

圓朝は研《と》いだ正宗

圓馬（二代目）は研がない正宗

圓喬は村正

と言ったそうですが、これは実に的確なところを衝《つ》いていると思います。圓喬をわるく言うと、刃物にたとえれば切れすぎる、芸としても少しするどすぎると、言えば言えるところでしょうが、他人《ひと》の芸にきびしい批判をしただけでなく、圓喬は自分自身にもきびしかったことは、この記事を見てもわかります。

『寄席育ち』にも書きましたが、先代《おやじ》が前座のころに、圓喬の噺を聞いていて、終って楽屋へおりて来たので、

「師匠、あの噺は明治前の話なんですね」

「あゝ、そうだよ」

「じゃア、往来を歩くのは左側を歩け、と師匠言いましたが、左側を歩くってえのは明治になってからですから、侍があんなことを言っちゃァおかしいでしょう。べつにあれはく、す、ぐ、り、にもならないし、どうです……」

すると圓喬が、じっと考えていたが、ちゃんと両手をついて、

「どうもありがとう」

と、前座に礼を言った……。先代《おやじ》はその時は驚いたと言ってましたねェ。当時は大看板と前座のへだたりなんてえものは、今とはえらい違いで、ろくすッぽゥ口なぞはきけなかった。大看板の圓喬に対してそんなことは言えるもんじゃァない、それを、が、む、し、ゃ、ら、に先代《おやじ》はずばりと言った。しかし圓喬は素直に聞いて、心から「ありがとう」と手をついて頭をさげた、

これは実にえらいと思いますね。本当に芸に打ち込んでいる者でなければできないことで、

「なまいきなことを言うな、馬鹿ッ」

と一喝すれば、相手は、

「ヘッ……」

と恐れ入るより仕方がない。当時ならそのほうがあたりまえで、圓喬が礼を言ったことのほうが不思議なくらいです。

圓喬という人は、芸のほかには何物もないと考えていたので、もし、ほんの少しでも外交的な方面に頭を使えば、もっともっと仲間うちでも尊敬されたに違いないと思います。

三つ子の魂百までも……といいますが、持って生まれた性分はどうにもならないもので、子どもの時分から、ひとにいやがられ、晩年も仲間とどうも和合していかない……というのは「いやに高慢ちきな野郎だ」とか「ひとを眼下に見くだす奴だ」と思われて……まァそういう所も多分にあったのは事実ですが、これだけの名人でありながら、お客さまにも、「圓喬はきらいだ」というかたがずいぶんあったことを、あたくしどもも知っております。お客を頭から呑むような所もありましたんで、もう少し愛嬌があったらと思います。

しかし、他人《ひと》に親切な所もあり、決してわるい人ではないとあたくしは思っております。が、芸のうえでは、机龍之助のごとく、容赦なく他人を切りたがった人で、自分が先へ高座へあがって、圓喬の芸でお客を酔わせておいて、あとへあがった者が、そのためしどろもどろになって、血まみれにのたうち廻るのを、楽屋で、さも我が意を得たりという顔で、煙管《きせる》

で煙草をのみながら、にやりと笑っている、というような人で、またわがままな所もありました。

しかし、あんなうまい噺家はありません。あたくしも六十余年聴いてきて、圓喬以上の人はひとりもない。だから名人と言えるのは、圓喬ひとりだけだと思います。

三遊亭　圓馬

同東三筋町五十九番地　竹沢斧太郎事

これは、二代目の圓馬でございます。

初代の圓馬は、本名を野末亀吉といいまして、初め市馬、のちに圓朝の門人になったんですが、大体これは弟子というよりも、客分ではいった人で、噺は大そううまかったそうです。文之助の系図にも「東両国駒止《こまとめ》に住し、人情噺を能《よ》くす」とありまして、この人のことを仲間では〝駒止め〟の圓馬といいます。明治十三年十月十一日、五十三歳で歿しております。

次が、ここに出ている圓馬で、文之助系図によりますと、「始め柳亭左龍門人左伝次といい、後に圓朝門人となり、圓治または圓弥改めまたまた圓雀」とあり、圓馬となって、「後に大阪に永住す」と書いてあります。

この二代目の圓馬は、なかなか人格者で、師匠の圓朝にも信用されていたらしく、大阪の圓馬さんへあてて、ずいぶん手紙を出されまして、それを大事に取ってあったものが、『圓朝全集』にも出ております。人物はごくまじめな人だったんでございましょう。

榊原鍵吉という方が「圓朝は正宗、圓馬は研がない正宗、圓喬は村正」と評したという……近世の名人である圓朝、圓喬と並べて評されるんですから、芸もしっかりしていたんでしょう。

あたくしが覚えてからは、もう大阪に住みついていたんで、交替で東京へ来られた時に、一度か二度聴いた記憶しかありません。もっともお得意といわれていた『五人廻し』を聴いた覚えがありますが、『五人廻し』はあたくしの師匠の圓蔵も、圓右さんも演りましたから、それらと比べてみて、さのみ格段にうまいとは思いませんでした。これはあたくしが子どものころのことですから、まだわからなかったのかも知れないが、もちろんうまいにはうまいけれども、それほど、びっくりするほどではなかったんで、品はよかったと思います。

のちに圓馬の名前を三代目(本名・橋本卯三郎)に譲って、圓翁と名乗っておられましたが、

三遊亭圓馬(『文芸倶楽部』11-14)

若き日の三遊亭圓馬
(『百花園』第223号)

大正七年十二月十八日、行年六十五歳で亡くなりました。

この二代目圓馬師に弟妹がありまして、圓馬さんが長男で竹沢斧太郎、その下の妹がおふじといい、その次が男で、苗字は違いますが、五十嵐銀次郎という……これが橘ノ圓《まどか》で、後に浮世節の立花家橘之助のご亭主になります。この二十七年の名簿には、橘家圓三郎で出ております。

おふじさんのほうは、初代圓左(本名・小泉熊山《ゆうざん》)のおかみさんになり、圓左さんが亡くなってから、お囃子で出ておりました。大阪から来た二代目の桂三木助(本名・松尾福松)、この人の「連れ下座」といって、大阪の噺はお囃子がどっさりはいるし、きっかけというものがむずかしいので、専属の下座さんを連れて歩く、その連れ下座になって、三味線を弾いていたのをば、あたくしもよく存じております。

三遊亭　圓左

同町同番地　小泉熊山事

圓朝の門人、初め理朝、それから鈍朝《どんちょう》、次に米朝《べいちょう》、改め圓左。その後、龍朝となり再び圓左となる、と文之助系図にあります。

この人は落語研究会というものを、いろいろ骨を折って、明治三十八年にこしらえました。実に芸熱心で、よその弟子でもなんでも稽古をつけてくれるし、こんな芸の虫みたいな人は少ないもんで、仲間うちではうまいという評判でしたが、看板はたいして大きくはありませんでした。それというのは、つとめて噺を陽気にするようにはしていたが、どうも芸に陰気なところがあって、やはりもうひとつ冴《さ》えがなかったため、中看板《ちゅうかんばん》という所で終りましたが、一部のお客はうまいということをみとめておりました。

『文芸倶楽部』に、圓左の身の上噺と、石谷華堤さんの追憶録がのっております。

▽三遊亭圓左

▼私は最初鍼医《はりい》になるつもりで、十八歳の時、当時鍼治《はり》の名人と言われた、上野広小路の富田快山《かいざん》という人のもとへ弟子入りをしました。ところが一年半ばかりたちますと、師匠快山が歿しましたので、今度は日本橋銀町《しろかねちょう》の阿部という漢方医の所へ弟子に行きますと、弟子にしてやるが、少し揉み療治を修業して来いと言われました。

三遊亭圓左(『百花園』第223号)

▼そこで、神田の地蔵橋の宅から「長崎導《どう》引《いん》揉み療治」と言って、外へ流しに出ましたが、さて慣れないことは出来ないもんで、なんだかきまりが悪くって声が出ませんで、ただぶらぶら両国まで行って、時間つぶしにそのころありました山二亭という寄席へはいってしまいました。

▼ところがその時、噺がたいそう面白かったので、その後も毎日、流しに行くと言っては家を出て、その実《じつ》山二亭へばかり行っていますと、ある時親父が、外へ療治に出ましてから、やや二た月になるのに、一つも療治をして来た様子がないが、一体どこへ行って何をしているのだ、と言って聞きましたから、実はこれこれで噺を聴きに行くのですが、噺家ほど面白いものはないから、わたしは噺家になって身を立てたいと言いますと、親父も、それほど好きならなるがいいと、許してくれましたので、私は大喜びで、さっそく師匠圓朝の弟子になりましたのが、十九の年の暮れでした。

▼好きなくらいですから、素人のうちから噺をよく覚えて、師匠の弟子になる時に、ちょうど七十ほど噺の数を知っていたのですが、いよいよ弟子になって、師匠から口うつしに『道具屋』という噺を教えて貰って、噺というものはこういうもので、なかなか難かしいから一生懸命に修業しなくってはいけないよ、と言って聞かせられましたので、はじめて噺の難かしいことがわかると、今まで覚えている七十ばかりの噺が、一つも演れなくなってしまって、それから新規蒔き直しに稽古を始めました。

〔『文芸倶楽部』第13巻第6号(明治40・4)〕

▽圓左追憶録　華　堤

扇一本舌三寸、巧みに人情の機微をうがち、滑稽諧謔の妙をきわめた、落語界の老将・三遊亭圓左は、五月七日の夜半、俄然脳充血を発し、療養効《こう》なく、翌暁ついに溘焉《こうえん》として逝く。行年五十七歳。斯道《しどう》のためまことに痛惜に堪えぬのである。

彼は京橋中橋《なかばし》の出生で、本名を小泉熊山《ゆうざん》といい、最初鍼医《はりい》にこころざしたのが、落語を好むのあまり、十九歳の時、ついに三遊亭圓朝の弟子になって、鯉朝、米朝、鈍朝と名乗り、のち圓左と改名して、去る十九年、浅草茶屋町の酒恵亭《さかえてい》(現今の大金亭《だいきんてい》)〈圓生註。雷門前で並木亭と家数にして五、六軒しか離れていない所にあった席ですが、あたくしが子どものころにつぶれてしまいました〉に真打の看板をかかげ、爾来好評嘖々《さくさく》として、その軽妙の技は、年とともにいよいよますます練熟をくわえたのである。

圓左の経歴は大要以上の通りで、詳しくは本誌の定期増刊の中にかかげた、本人の身の上噺に尽くされてあるから、ここには彼の遺族並びに兄弟弟子らの追憶談を記して、その性行の一斑を世に伝えることとした。

▼圓左の平素　未亡人　ふぢ

▼あっけないことを、よく夢のようだと申しますが、私どもの圓左の亡くなりましたのなぞは、まことにあっけないとも何とも……現にその晩までぴんぴん達者で、席で元気よく踊りまで踊りましたのが、宅へ帰って参りますと、まもなく悪くなりまして、とうとうそれっきりになったのでございますから、どうして亡くなったのだかわからないくらいで、全く夢のような気が致してならないのでございます。

▼ふだん体は至って壮健で、めったに風邪などひいたこともございませず、夜分が遅くなり

ます稼業に似合わず、朝寝がきらいで、毎朝六時には、もうきっと目をさましまして、起きるとすぐ寝巻のまま庭へ出まして、植木いじりを致したり、土掘《つちほじ》りを致したり、いろいろ手入れを致しますのがきまりで、植木などは時をきらわず、むやみに植え替えを致しますものですから、それがために時々大事なものを枯らしてしまっては、後悔をすることが毎度でございました。

▼子供が大好きでございまして、毎朝御飯を頂いてしまいますと、うちの子供や近所のお子さんがたを集めて、そのお相手をして遊ばせてよろこんでおりましたが、子ぼんのうといってまたあんな子供の好きな人も珍しいくらいで、子供でさえあれば、どんな汚ない乞食の子でもなんでも、そんなことは一向頓着致しませんで、抱いたりかかえたりして可愛がるのでございます。

▼芸には実に熱心で、しょっちゅう芸のことばかりを考えておりましたようで、つたないながらも自分で新作を致しましたり、また先生方に願って、珍しい噺を教えて頂くのを、何よりの楽しみと致しておりました。

▼で、新しい噺が一つ出来上がりますと、まず私に話して聴かせまして、それからお隣りなり、またご近所のご懇意な家へあがって、こういう噺が出来ましたと言って、演っては聴いて頂いて、そうしてじゅうぶん練《ね》りに練ったうえで高座へ掛けて、幸いにお客さまの御意《ぎょい》にかないますと、それはまるで鬼の首でも取ったように、大喜びに喜ぶのでございます。

▼自体、芸が好きなのでございましたから、自分の弟子でもまたほかのお弟子さんでも、教

えて貰いたいといって稽古に来さえすれば、自分の用なぞはいっさい構わずそっちのけにして、喜んで一生懸命に稽古をしてあげて、その人が覚えるのを楽しみにして、うれしがっておりました。

▼こう申すとなんだか自慢めくようでございますけれど……一体が思いやりの深い性質《たち》だったので、人のめんどうもよく見ましたし、お世話もずいぶんよく致しました……ちょっとしたことが、どうか致すと席の都合で、かけもちが二軒ぐらいのことがございまして、そんな時は俥《くるま》へ乗らずに電車で参りますほうが、ふところ都合は余程よいのでございますが、そうするとこっちを当てにしている乗りつけの車夫が、妻子のある身でかあいそうだと言って、やはり俥へ乗ってやりますので、時によりますと、まるで俥屋さんの御奉公を致すようなことがございました。

▼それにごく義理の堅かった人で、お座敷なぞ、いったんお約束をしてお請け合い申した以上、たとえあとから如何にお金の多く頂ける口がかかりましても、時間の繰り合わせがつかないと、その方はおことわりを申し上げて、決して前の方をやめるようなことは致しませんでした。現に亡くなります当日の硯友祭《けんゆうさい》の余興に、紅葉館《こうようかん》へ伺うお約束を致しましたあとへ、かねてごひいきを頂きます三井様から、ちょうど同じ時刻のお座敷の仰せでございましたが、先へ硯友祭のお約束があるからと申して、三井様のほうはおことわりを申し上げて、紅葉館へ伺うはずでございましたのが、思いもよらないあの始末で、とうとうあがれずじまいになりました。

▼形見の写真　三遊亭圓右

▼圓左は実に惜しいことをしました……芸はぱっとしない地味なほうでしたが、確かに立派な腕でしたし、ご承知のとおりの好人物で、私は三十年来つきあっていましたが、いつも変わらない、ごく平らな実体《じってい》な人でした。

▼亡くなる晩まで、牛込亭で私と一緒に高座へあがって、二人で三題噺の題を取って、それを茶番に仕組んで、元気よく『綱上《つなじょう》』を踊って、はねてから二人とも俥で神楽坂まで来て、あの人は草花を買うというので、「そんならまた明晩」って別れたのが、とうとうこの世の別れになってしまったのですから、人間の命ばかりは、実にわからないものですね。

▼私は来月(六月)あの人を連れて、加賀の金沢へ興行に行くことになっていたので、先方の席亭から、二人の肖像画を席の前へ出すから、その写真を送ってくれと言って来ましたから、あの人にそう言うと、ちょうど亡くなるあの晩に、近頃写したのだと言って、ちゃんと袴をはいている、この写真を持って来まして(本号にかかげた写真がすなわちそれなのである)これを先方へ送ってくださいと言って、私に渡して帰ると、ぽっくり死んでしまったのですから、何のことはない、この写真がちょうど形見になったので、これを見ると、かあいそうで何だかいやな気持ちになって来ます。で、私も遠方へ乗り込む矢先に、一緒に行くはずのあの人が死ぬなぞは幸先《さいさき》が悪いから、一時見合わせにして先へ延ばすことにしたのです。

▼前申《ぜん》すとおり、あの人は実に善人で、永らくつきあっているうちに、ついぞ嘘をついたこ

とはなし、ただの一度人をだましたことはなし、それに俠気《おとこぎ》で親切で、ごく義理の堅かったことは、われわれ社会に実に珍しい人でした。

▼あの人の親切といったら、なかなかまねも出来ないくらいで、私が先年牛込にいた時分、皮膚病にかかって久しく外出《そとで》も出来ずに悩んでおりました時など、退屈だろうと言って、わざわざ浅草三筋町から、三日にあけず、見舞いがてら遊びに来てくれて、こういう新作をしたといっては演って聴かせ、今日はこういう西洋の面白い話を教《おそ》わって来たといっては、いろいろ私の気分の引き立つよう……気のまぎれるようにしてくれましたのには、実に親切な人だと、私はつくづくうれしく思いましたが、それは私たちにばかりではなく、仲間の前座や下座なぞが病気にでもかかると、真ッ先に出かけて行って、見舞い金をやったり奉加帳を廻してやったりして、実によくめんどうを見たものでした。

▼あの人のひいきのお客で、○○さんといっては一時鳴らした大尽が、失敗をして、今は某《さる》所《とこ》に逼塞《ひっそく》をしていますが、そうなると、全盛時代には足を近くした役者そのほかの諸芸人は、みんな遠ざかって寄りつかない中に、あの人ばかりは感心に、相変わらず、年始暑寒はもちろん、間《あいだ》にもちょくちょく顔出しをして、その都度都度ご恩返しの印《しるし》だと言って、手みやげを持って行ったり、お子さんたちにおもちゃをあげたりして、よく気をつけていましたし、先頃なぞはそのおかみさん……以前は新橋で人に知られた芸妓ですが……そのかたがお気の毒にも、全盛時代に金にあかしてこしらえた、秘蔵の三味線を売りたいというのを聞いて、私がどこか売りくちを探しましょうと言って、その三味線をかついで、三、四日根《こん》よく自分

のひいき先や懇意な家を廻って歩いたなぞは、本当の親切がなくっちゃァ、なかなか出来るものじゃァありません。

▼人のよかったという話でおかしかったのは、よほど前《ぜん》のことですが、ある時寄席から帰って来て、おかみさんと何かいさかいをして、大そう腹を立って、十円ばかりの金をふところへ入れて、吉原へ行って自棄《やけ》遊びをするつもりで、家をとび出したのですが、蔵前までぶらぶら歩いて行くうちに、ふと子供のことを思い出して、吉原などへ行ってつまらない散財をするよりは、その金で子供に着物でも着せてやろうと考え直して、そば屋でもりを二つ食べて家へ引ッ返したのは、どこまでもあの人らしいいい話で、連中のひとつ話になっているのです。

▼あの人のおかしかったのは、何事によらずぐちを言うのが癖でして、お客が噺を聴いてくれないと言ってはぐちを言い、席亭がわからないと言ってはぐちを言い、入りがないと言ってぐちをこぼすかと思うと、また大入り過ぎて噺が演りにくいと言ってぐちをこぼすというふうで、よいにつけ悪いにつけ、いちいちぐちをこぼすのだからおかしいので、今年も元日の晩に会うと、今日座敷があって行ったところが、どうだとかこうだとかいって、相変わらず例のぐちですから、君縁起でもない、元日早々からぐちをこぼすのはおよしよって笑いましたが、もうあのぐちも、例の駄洒落も、二度と再び聞くことは出来なくなってしまいました。

▼名人肌の噺家　三遊亭〔橘家〕圓喬

▼同門の兄弟弟子が、一人減り二人減り、だんだん欠けて行きますのは、まことにいやな気持ちの致しますもので、何となく心細い感じが致してなりません。それにしても圓左は実に惜しいことを致しました。

▼あの人の芸風は一体地味でしたが、確かにうまい芸で、あのねばるところは言うに言われない妙味がありました。それで大の芸好きで、恐ろしい熱心家だったところは、名人肌の芸人でしたが、ただ惜しいことに、抑揚にばかり重きをおいたために、波乱にとぼしかったのが、あの人の欠点だったろうと思います。

▼それで、あの人があれだけの腕を持っていながら、実力ほどに買われなかったのは、柄《がら》と芸とががらりと違って、柄はさばけた芸を演るようでいながら、しんみりとした人情噺めいたものを好んで演ったためと……一つは自分の噺を自分で聴くというような傾きがあったからでしょう。

▼あの人が真打になりましたのは、二十二、三年前のことで……ちょうど師匠圓朝と門下の主だった者とが、営業上の意見の衝突から、自然、三遊の内部が二た派に分かれて、圓生・圓遊・圓橘などは師匠と別になりました時、師匠の手もとに残りましたのが、圓馬に私に圓左・金朝ぐらいのものでした。

▼この時、圓左が看板をあげることになりまして、当人は怪談を演りたいと言ったのですが、師匠がお前は幽霊の出る怪談を演る柄でないから、普通の怪談でなく、何か様《さま》の変わった

妖怪談《ばけものばなし》を演ったらよかろうと言ったので、そこであの人が百物語といって、大入道や一つ目小僧などの出る、道具噺を始めることにして、浅草の酒恵亭へ真打の看板をあげたのでした。

▼珍しい熱心家　柳家小さん

▼あのくらい斯道《しどう》に熱心な人は、実に珍しいので……あんな人は今後おそらくまたあるまいと思うと、亡くなったのがいかにも残念千万でございます。

▼先年、私の所の弟子たちが、毎月、日を定めて燕枝の宅へ集まって、噺の稽古会をやっておりますと、あの人がそれを聞きつけて、ある時の会の日に大雪の中を、大きなみかん箱をさげてやって来て、まことに結構なお催しなので、うれしくってお邪魔にあがったと言って、そのみかんをみやげにくれて、噺を三つ四つ演って、みんなに聴かせてくれました。

▼あの人はすべてこういうふうで、稽古でもすると言うと、大賛成で、わざわざ出かけて来てくれましたし、たまに遊びに来ても、こんな噺があるが、これはお前さんの口調にごくいいから演ってごらんなさいと言って、親切に話してくれくれしたのです。

〔『文芸倶楽部』第15巻第8号(明治42・6)〕

橘家　圓好

同町同番地　中田宗太郎事

これはのちに三好になりました音曲師でございます。

圓好というのは、大正九年三月にあたくしが真打に昇進したときの名前で、それから圓窓になりますまでの二年間、圓好でおりました。

一番初めに圓好を名乗ったのは、四代目圓喬で、朝太から圓好になり、それから四代目圓喬を襲《つ》いでおります。

次の圓好は、〝ラッパ〟の圓太郎(四代目・石井菊松)で、この人は万朝から圓好になって、圓太郎になりました。

そして三代目が、ここに出ている中田宗太郎の圓好でございます。

あたくしがこの人を初めて見たのは、明治三十八年か九年だったと思うんですが、そのころはもう三好になっておりました。目のくぼんだ人で、おじいさんだな、と思った記憶があります。

音曲師でいながら声のない人で、息が続かないから、ぽつん、ぽつんと切ったうたいかたをする。しかし、なかなか広くいろんな音曲を知っていましたし、おもしろいものも演りましたが、大体は、毎晩同《おんな》しことを言ってるんです。

「またおんなしことを言ってんのかなァ」

と思いながら聞いてて、それが少しもいやでない。またかなと思いながら、いやでないというのは、よほどすぐれていなければいけないもんだろうと思います。

坐り踊りというものをよく演りまして、あたくしもずいぶん見ましたが、これはちょっと真似のできないくらい見事なもんでした。『浅くとも(端唄)』なんぞも踊ったし、ほかにもちょいとした端唄とか、『かっぽれ』なんかも踊りました。

『かっぽれ』で、はじめ鉢巻きをしようとすると、頭が禿げているから、つるッと鉢巻きが抜けるところをやりまして、それから、手拭を輪にしておいて、頭の上にのせまして、そいつをずゥッと両手でもって、だんだん下へ下げて行って鉢巻きにする、その形をして見せるんですが、これが実にどうも、手に入ったもので、おかしいんです、で、『かっぽれ』の途中まで、立ちまわりみたいなことをやって、それから、座ぶとんを二ッつに折って前へ置いてある、こいつを、自分が引っこむ時に、ぱっと広げて、ちゃんと坐れるようにして、そして、中腰《ちゅうごし》ンなって、片ッぽの裾をすッと引き上げて、尻をはしょるというような形で、ちょッと長襦袢を見せる……煙草入れをしじゅう腰に差してましたが、その姿で、ちょいと駆け出すような恰好で、すゥッと引ッこむんですがねェ、その形のどうも実にいいこと……。

着ているものでも、色の配合といい、まことに隙《すき》のない……長襦袢なぞをちょっと出しても、決してそれがいやみでなく、粋《いき》に見えるという、よほどでなければ、ああはいくもんじゃァない。

これァ本当の「膝がわり役者」で、膝がわり(真打の前にあがる音曲などの色物)に使って、まァ最上のものでした。とりわけ、その坐り踊りってものは、まことに結構なものでした。

この人は、のちには柳派の方へ行って、二代目柳亭燕枝のところで、柳亭三好といってましたが、震災前まで生きていたと思います。亡くなった時の年齢《とし》もよくわかりませんが、七十くらいではなかったかと思います。

芸者屋をしていたとかいう話でしたし、また、ごひいきのいいお客があったらしい。二月なんてえと、たいてい一と月は休んで、お客さまのお供で、熱海へ行くと言ってましたね。こっちァその時分、熱海なんてえのはどこにあるのかもわからないが、温泉場だってことを聞いて「へえエ」と感心してました。

文之助系図には、橘家三好で出ておりまして、「初め圓三郎(前名夢輔)門人小夢という。のちに圓生門人小圓三または圓三また改め圓好」とあり、「坐りおどりを能《よ》くす」と書いてあります。

この圓三郎という人は、圓朝の弟子で、やはり坐り踊りの名手といわれた人ですが、これが圓朝の門人になる前、三代目の朝寝坊むらくの弟子で夢輔といったらしい。三好はそのころに弟子になって小夢といい、師匠の圓三郎が亡くなったんで、四代目圓生の弟子になった。ですから坐り踊りは、名人といわれた圓三郎から伝えられたものでございます。

圓好から三好になったのはいつごろかわかりませんが、この人に伜がありまして、音吉とか、音太郎とかいうんでしょうが、仲間では「音《おと》ちゃん」と呼んでいました。この音ちゃんもやはり噺家になって、圓喬の弟子で喬馬といっていたが、この伜に圓好を譲ったんで、それで自分は三好になったものとみえます。音ちゃんの圓好は、まだ二つ目のうちに死んでしまいました。

あたくしが圓好になった時、口上で、

初代圓好は、のちの圓喬

二代目は、〝ラッパ〟の圓太郎

三代目は、のちの三好

あたくしが四代目

ってえことを言いましたが、これでは、音ちゃんの圓好を一代とばしちまったわけで、ま、噺家の方には、こういうことが、時々あるんでございます。

あたくしが圓好になる時に、三好さんが表札をくれましたよ。

「あたしがもと圓好だったんだが、これはおまいさんにね、あげるから。これは大師匠《おおししょう》(圓朝)が書いたんだよ」

と言って、その表札をもらいました。それには橘家でなく、三遊亭圓好と書いてありました。

この名簿にはやはり橘家圓好と書いてありますがねェ。どうも橘家と三遊亭と、よくこの、混同しておりまして、あたくしの師匠は橘家圓蔵、これァもう、まちがいなく橘家なんだけども、速記本なぞにも三遊亭圓蔵と書いてあるのがありましたから、そのへんの所は非常にずぼらだったんでしょう。べつに三遊亭と書かれても怒りもしなかった。それから三遊亭が橘家になっても怒りもしなかった。これァ一家《いっけ》なんだからという、まァ、そこに感情もあったんでしょう。

三笑亭　芝楽

同西三筋町九番地　辻村藤三郎事

これは、文之助系図では、「京都芸人桂文光という。東京に来たり圓生門人。音曲手おどりを能《よ》くす」と書いてあります。もちろん圓生は四代目です。

大阪の方でできた『落語系図』という本には、初代文之助門人に桂文光というのがありまして、「初め三笑亭可楽門人吾妻という。後に三笑亭芝楽となり、後に文之助の門に入り文光となる」とあって、芝楽から後に文光になったように書いてあります。この、初め三笑亭可楽門人という、この可楽も、何代目なのかわかりませんが、五代目ぐらいじゃァないかと思います。

この明治二十七年の名簿では、三遊派の客員になっているんですが、巻頭にのせました三遊連の写真にも芝楽という名の人がありまして、これがそうだと思います。藤浦富太郎さんにお聞きしたところでは、何でも、足で傘なんぞをまわしたり、踊ったりしたということです。

それから、現在の林家正蔵さん(八代目・岡本義)に聞いた話ですが、亡くなりました春本助次郎という曲芸師と、京都へ撮影か何かで行ったときに、雨に降られて、雨やどりをしたってんですね。そこの店が、襖の引き手なぞを売る店で、八十一、二歳のおじいさんが坐っていたんで、話をしていると、

「わしは、もと芝楽という噺家だった」

って、むこうから言い出したんで、いろいろ話をしたそうです。それが昭和十年ごろの話で、その時八十一、二歳とすると、逆算すれば、安政二、三年ごろの生まれですから、藤浦さんが、明治三十四、五年ごろ見た時に、四十七、八歳だったというのと、年齢も符合しますんで、確かにその人だろうと思います。

ふじ松　ぎん蝶

同小嶋町八番地　高山久次郎事

この人もあたくしは存じておりますが、盲人で、前へ木琴(支那風の楽器。江戸時代に渡来したもの)だとか、鼓、太鼓いろんなものを並べて、たたいたり、三味線を弾いたり、うたったりするという。

鼻ッつまりのような声で、のちに三代目圓遊になった伊藤金三という人が、このぎん蝶のものまねなんぞをしました。ぎん蝶の演った都々逸に、

〽めくらでも
　くら(倉)と名がつきゃ
　　火事ある時は
　ポンプいらずの
　　むこう見ず(水)

というのがあります。

これァまァ自分がこしらえたものか、誰かがこしらえて与えたものかわかりませんけれども、舞台で非常に愛嬌のある人でした。芸は、まア、うまいというより達者に演るというほうで、三味線も、音のいい三味線ではありません。

中年から盲になったのかどうか知れませんが、非常に勘のわるい人だったらしい。楽屋なんぞでも、毎晩来ているのに、柱ィごつゥんと頭ァぶつけたりなんかァする……それでも決して痛いってことは言わないんで、

「うッ、うゥ…ん」

と言ってうなっていますがね、痛いってことは言わない。なかなか強情な人だったらしいんですねェ。

〝すててこ〟の圓遊さんが、よくいたずらをして、これは圓遊さんの項にもちょっと書きましたが、ぎん蝶が演っていると、そのうしろを、頰《ほ》ッかぶりをして尻をはしょって、大きな包みをしょって、そうッと通ったりなんかする……ぎん蝶のほうは一生懸命に、がちゃがちゃ三味線を弾いて、大車輪で演っている……そのうしろを通るんで、お客がわァッと笑う。そうすると、ぎん蝶が、

「おい、誰か……冗談しちゃいけねえ」

ってんでね、うしろを見る……そりゃ見たってわかりゃァしないんですけども、そんなしぐさが、お客のほうから見ちゃァ大変おかしかったんでしょう。そういうとこは芸人で、お

客をよろこばせるというわけで、このぎん蝶という人は、大変人気者でした。

三代目柳亭左楽(本名・高山長三郎)の弟でございます。兄が長三郎、弟が久次郎で、名前の順序が逆になっているようですが、ほかにも男の兄弟があって、四人兄弟だったらしい。

ぎん蝶は、兄の左楽の門人ということになって、はじめ左喜丸、のちに二代目ぎん蝶となりました。初代ぎん蝶というのは、よくわかりませんが、新内のほうにあったんでしょう。

兄の三代目左楽は、明治二十二年十二月四日、三十四歳で亡くなっている。ぎん蝶は明治四十一年九月七日、四十五歳で亡くなりました。

橘家〔三遊亭〕圓三

同町十九番地　斎藤徳次郎事

文之助系図によると、この人は神田鍛冶町の湯屋の伜で、はじめは二代目圓馬(本名・竹沢斧太郎)の門人で伯馬といったらしいんですね。それから四代目圓生の弟子になって圓三となった。

そののち、また圓馬の門に戻ったんで、大阪でできた『落語系図』に書いてあるところでは、小雀、小圓太から、明治三十四年三月、大阪で、五代目橘家圓太郎になったとなっています。つまり〝ラッパ〟の圓太郎の次の圓太郎です。その当時、京都新京極の笑福亭という寄席の席主になっていた、といいます。

この人は、ずっとのちまで出ていたといいますが、もちろん大阪のことなので、あたくしはよく存じません。

立川　談志

同新片町二番地　恒川駒吉事

この人は、談志としては五代目になります。ここで、文之助系図によって談志の代々を申し上げますと、

初代は、初代立川焉馬の門人の初代立川談笑《だんしょう》の門人です。のちに可《か》ん良助《りょうすけ》という名前になりました。

二代目は、元祖佐楽門人で、左京といい、のちに談笑門人となり立川談志となる。それから、八ッ子と改め、次に琴車《きんしゃ》、改めだるま、改め祖楽、改め談笑、改め都鳥《みやこどり》、改め二代目可ん良助となったという。ずいぶん改めたもんです。

三代目は初代瀧川鯉かんの門人で鯉生といい、改め立川談笑、改め里ん馬、改め三代目談志となる。あだ名を〝花咲《はなさ》かじじい〟といったそうです。

四代目談志は二代目桂才賀《さいが》の門人で、才二

三遊亭圓太郎(『落語系図』)

郎といい、のちに六代目桂文治の門人となり文橋《ぶんきょう》と改め、それから四代目談志となりました。本名を中森定吉といい、「郭巨《かっきょ》の釜掘り」というものを演りまして、大変人気を得ました。

「郭巨の釜掘り」は、あたくしは、この談志のはもちろん存じませんが、のちに音曲師の三好(中田宗太郎)が演ったのを見たことがあります。座ぶとんを赤ん坊のように抱きまして、トンロントッツン、テンレンツンテン、ツンテレッテツテシャン……という三味線で、

〽この子があっては孝行《こうこ》ができないィ……てけれッつのぱァ……

ってんで、座ぶとんをわきへ置いて、鍬で土を掘る振りをする……これはつまり、唐土《もろこし》の郭巨という人が、子どもがあっては親孝行ができないからってんで、山へ行って子どもを埋める穴を掘ってると、金の釜が出てきたという、二十四孝の中にある話で、それを奇妙な踊りみたようにしてやった。これで大変な人気をとりました。三遊派におりまして、〝すててこ〟の圓遊・〝ラッパ〟の圓太郎・〝へらへら〟の万橋、これらとともに寄席の四天王と言われて、大そう人気があった。

この人は噺もちゃんとできたんだそうです。扇一本でも立派な真打でとおった人で、それがこの〝釜掘り〟を始めて、俄然《がぜん》人気を呼んだという。それまでの代々の談志で、この人がいちばんえらかったんで、これを初代という場合もあります。明治二十二年五月十日に亡くなっております。行年はわかりません。

その次が、この名簿にある恒川駒吉の談志で、通算して五代目に当たります。〝釜掘り〟の談志の弟子で、初め談遊といい、それから談志を襲《つ》ぎました。のちには今の金語楼さんの

「内輪」になって、金太夫《きんだゆう》となっていました。

この人はあたくしもよく存じておりますが、噺はあんまりうまくありませんでした。頭が禿げておりまして、あたくしなんぞ子どもの時分、楽屋で飴をたべたりなんかしながら、横から聞いていると、

「今、豆仮名太夫《まめかな》ってえ人が、飴をたべながら、あたしの噺をね、立って聞いておりまして……」

なんて……豆仮名太夫ってのは、あたくしが義太夫を演ってたころの名前ですが、そんな楽屋落ちみたいなことばッかり言いまして……もちろんまァお客があんまりいない、振り出しの二ッつめか三ッつめへあがって演ってる。それでもやっぱりこの人独特の所がありまして、演らせれば演れるんでしょうけども、ちゃんと噺のできるような所へは、あまりあげなかったんです。

蟷螂《かまッきり》のまねてえのを演りましたがねェ、頭を手拭いで巻きまして、下唇と鼻の間ッところイ、竹の、そこへちょうど寸法に合わせて切ったものを挟んで、鼻が上へぐうッとあぐらをかくようにして「蟷螂《かまッきり》の顔だ」なんてんで見せた……考えてみりゃアつまらない余興ですけれども。

その次の談志ってえのが、よくわからない。震災前に東西会というのがあったころに、確か談志という人がいたと思うんですけれども、はっきりしません。

その次は、本名を竹内栄次郎といいまして、初め五代目三升家《みますや》小勝(本名・加藤金之助)の

弟子で、一時、朝寝坊むらく(後の三代目圓馬。橋本卯三郎)の弟子でのらくとなり、それからまた小勝の所へ帰りまして、夢の家《ゆめや》市兵衛となった。その後、さらに談志になりました。

この人は、大変ふとってまことに福々しい顔をして、大物になるんじゃないかなと思ったこともありましたが、その後あまり芸は進みませんでした。まことに無邪気な男で、楽屋にいて扇の骨の所を吹きますと、ぴィぴィって音がする、よくそんなことをして遊《あす》んでました。くだらない洒落ばかり言っていまして、上野の鈴本の楽屋に、防火宣伝のビラが張ってあって、その下に、寄席で使う太鼓があった。それを、

「はァ……ビラの下に太鼓がある。宣伝(でんでん)太鼓だ」

鈴本の島村という支配人が、うるさい人で、

「なんだ、またくだらねえこと言って」

って、洒落を言ってしくじったという話があります。

この人は昭和二十七年二月七日、六十五歳で亡くなりました。

土橋亭　里ん蝶

同福富町廿四番地　斎藤安兵衛事

これは、文之助系図によりますと、初め鶴枝門人鶴寿、それから圓楽門人で茶楽、さらに五代目里う馬の門人となって里ん蝶となりました。

三遊亭　志う雀

同向柳原一丁目三十八番地　鈴木芳三郎事

この人は、〝鼻〟の圓遊の門人で、初め遊楽、それから志う雀になりました。のちに、柳派の方へ行きまして、三升亭志う雀となっておりました。

この人にはあたくしもよく会いましたが、体《なり》の小さい人で、声もあまり大きくない、しかし噺は大変うまかった。あたくしども子どもで聞いても、うまい人だな、と思いました。『巌流島』とか『夢金』なんてえ噺は、非常によかったですねェ。『小言幸兵衛』とか、また、『明烏』のような色っぽい噺もしましたし……今の文楽さん(本名・並河益義)が演ってる『明烏』は志う雀に教わったもんです……まァ、タネ(演目)はずいぶんあったし、どれを演らしてもうまい。

ところが、やはり、真打というわけにはいかないんでしょうね。だから非常にその、不平満々で、当人も悶々としているらしかった。

この人はよく、楽屋で、高座にあがってる人の噺を聴いて、

「ふふん、なんだいこりゃ。ふん、なっちゃァいねえやどうも」

ってのが口ぐせでね。つまり、これは芸になっちゃァいないってえことなんで。

「これで銭を持って行きゃァがンだからなァ。あァあ、太《ふて》え商売《しょうべえ》だ」

なァんてんで、他人《しと》の悪口ばかり言う。そういうことが、やはり、わざわいをしたんでし

ょう。

もと建具屋さんだったということで、建具の仕事をさせてもうまかったそうです。文楽さんが、この人の作った縁起棚をもらった。もちろん震災で、焼いちゃったんでしょうけれども、これァ実にいい細工で、うまかったということを聞いています。職もちゃんとできたし、噺家になつて、芸は確かにすぐれていたんですが、生涯、売れずに終ってしまいました。

この人のおしまいは、どうもわからないんです。なんでも、四国巡礼に出るてんで、文楽さんのところへあいさつに来たってえことを聞きました。それが、多分震災よりも少し前のころだったんでしょうかねェ。その後の消息は全く不明でございます。

三遊亭　金朝

同公園第六区凌雲閣内　赤田瀧次郎事

この人は、圓朝の門人で、二代目金朝でございます。

初代は、やはり圓朝門人で、文之助系図には「芝居ばなし。後に大阪へ行く」としてあります。

関根黙庵さんの『今昔譚』に、金朝のことが書いてありますが、初代と二代が混同されているようで、だいぶ間違いがございます。あたくしが親しくしている赤田三郎というかたが、二代目金朝の孫にあたるので、この人からくわしく聞いたところによりまして、訂正をしておきたいと思います。

二代目金朝は、初め神田の天狗連だったんでしょう、神田志ら玉といい、のちに圓朝の門人となって、二代目金朝になりました。高島屋・初代市川左団次の声色が実にうまかったそうで、芝居噺もしたんでしょうが、声色で大変に人気をとりました。住所が、凌雲閣となっていますが、これは、例の浅草の十二階のことで、あすこで茶店を出していたんだそうです。

四代目の圓生が亡くなる時に、枕もとへ、圓楽(のちの一朝・倉片省吾)と、この金朝の二人を呼んで、五代目圓生は、圓蔵(品川)に襲《つ》がせる、自分の実子があるが、それには襲がせないから、後日のために、ふたアりに証人になってくれと言って、書き付けを渡しました。その書き付けは、品川の師匠からあたくしのうちに貰ってありましたが、火事で焼いてしまいました。二代目金朝は、そういう証人に立てられるだけに、人間もしっかりした人だったんでしょう。

お気の毒なことに、晩年は失明してしまわれました。失明後も寄席へは出ていたそうです。「生き葬い」を出し、お通夜をして、友人に集まってもらって盛大におこない、本当に死んだ時は、通夜はやらなかったという……これも一風変わった話でございます。

明治四十二年三月二十二日、行年六十一歳で亡くなりました。

二代目金朝には男の子が二人ありまして、長男が赤田金太郎。これは噺家になって三代目金朝になりました。初めは圓喬の弟子で金喬《きんきょう》、改め圓慶《えんけい》となり、四代目左楽の門人になって枝太郎。それから再び圓喬門人となり、父の名を相続して金朝となったが、大正三年二月十三日、三十七歳で亡くなりました。

弟の方が、赤田礼三郎といって鳴物師で、のちに十代目田中伝左衛門という、田中の家元になりました。この伝左衛門さんに男の子が四人あって、長男が田中涼月《りょうげつ》、次男が現在の田中伝左衛門、三男は早世して、四男が長唄の三味線で稀音家《きねや》三郎といい、今は本名の赤田三郎でやっておられます。この人があたくしの親友で、以上はこの方から聞いたことでございます。

三遊亭　遊七

同田原町二丁目廿四番地　塚本伊勢吉事

この人は、はじめ二代目小さん門人で小夏といい、のちに圓遊門人になって遊七と改め、また遊朝となり、それから三代目三遊亭圓橘となりました。

あたくしも知っておりますが、恰幅もよし、そうふとっているというほどではないが、肉づきのいい、がっちりした体で、まことに好男子でした。

この人の『たらちめ』は、ちょっと変わった演り方でしたねェ。八っつァんが七輪をあおぎながら、ひとりごとを言って、おかみさんを貰ったら子どもができる、子どもと三人で遊《あす》びに行くようなことゝなったらおもしろいだろう、子どもが、

「おとっつァん、きょうはどこィ行くの?」

「どこそこィ行くんだ」

「あたいも連れてってておくれよ」

「じゃァおっかさんと三人で行こう」

真ン中ィ子どもをはさんで、両方で手を引っぱって、

「ほら、よいよいよい、よいとさのさ」

それから、おかみさんの声で、

「ほら、よいよいよい、よいとさのさ」

今度ァ両方の手を上げて、子どもの声で、

「あ、よいよいよい、よいとさのさ」

ってね。ひとりごとでこいつをやっているうちに車輪になって、おもてへとび出してしまう。

「ちょいとちょいと、八っつァん、どこィ行くんだよ」

「よいよいよい」

「どうしたんだい、気が違ったのかい？」

という、そこでおしまいになる。この「よいよいよい」というのは『初天神』という噺からとったもので、こういう演り方は、この圓橘が初めてやったもんでしょう。

この人は益田太郎冠者にごひいきになりまして、新作なぞもよく演りました。なかなか頭はわるくなかったんでしょう。それが圓左と、この圓橘(当時は遊七)のふたりが益田さんへ行って噺を教えてもらう。すると圓橘はすぐ覚えて、

「へえ」

てんで、こいつをすぐ高座へかける。圓左のほうも、同じくこれを演る。ところがはじめは、どうしても圓橘のほうがうまいんだそうで、圓左のほうがまずい。ところが、圓橘のほうは器用に演るが、一番はじめにかけた時と、それから幾月たとうと何年たとうと、それより先へ進まない。圓左のほうは、はじめはまずいけれども、だんだんうまくなって、のちには圓橘とはくらべものにならないほど、うまくなる……というのは、覚え時にはたどたどしいが、それをしつッこく練《ね》り返し、演り返し、自分でも研究して、いろいろあれこれと苦心をして演る。だからどんどんうまくなるが、圓橘は、覚えたら覚えッぱなし、それから先、くふうをしてみるってえことがなかったわけなんです。

だから大真打《おおしんうち》にはならなかった人で、中看板《ちゅうかんばん》でしたが、

「しかし、あの人ァなんだねェ、どんな素人の屑屋に見せても真打だね」

ってみんなが言ったぐらい、ちょいと見ても、これは前座や二ッつ目ではない、服装《なり》も立派だし、まことにその態度からして堂々たる大真打の風格がありました。

『寄席育ち』にも書きましたが、この人はお座敷があって休む時、疝気ってことをよく言いましてね。楽屋で、

「ゆうべはお座敷で休んだ」

ってえことを言うと、やはり座敷へ行かないやつは癪にさわる。

「なんだい、あいつァ座敷で休んだ休んだって、はったりばかりかけやがって、いやなやつだ」

というような、感情を持たれる。それで、

「いや、どうも疝気でね、どうにもしょうがないんで休みました」

って……いつもそう言ってるんで、しまいには座敷のことを〝疝気〟という……楽屋の符牒になっちまった。

「ゆうべは〝疝気〟じゃァねえのかい？」

「いや、本当の疝気なんだよ」

「そんなことはねえだろう。また儲かる〝疝気〟なんだろう」

なんてなことを言った。

圓橋という人は、なんでも柳橋でも芸者屋をしていた。当人もなかなか女好きで、女も惚れたらしいし浮気をしたでしょうが、おもしろい人でした。

大正五年十月二十四日に亡くなりました。行年がはっきりいたしませんので、原稿を出してからもいろいろ調べました。『都新聞』ならば出ているだろうかと思い、須田栄先生にお願いして調べて頂きましたところ、慶応元年麻布に生まれ、明治十八年圓遊門下となり、遊七、明治卅五年十一月遊朝と改め、真打になり、同四十一年に先代圓橋三回忌に当たり三代目を襲名、大正五年十月、脳溢血のため自宅で頓死したということがわかりました。『文芸倶楽部』14巻11号(八月号)にも先代圓橋三周年に当たり、襲名をしたと口上を述べて『小言幸兵衛』が出ております。慶応元年生まれの大正五年歿ですから、行年は五十二歳です。

同向柳原二丁目三番地　今井たま事

立花家　花子

文之助系図で圓朝の門人に花子というのがあり、「新内ぶし、つるが八十秀。のちに橘之助門人小橘女という」としてあります。これが同一人かどうかわかりませんが、とにかくここに記しておきます。

同町同番地　千葉むめ事

竹本　手遊《おもちゃ》太夫

これは女義太夫で、六代目船遊亭扇橋の娘だということがわかっております。

六代目扇橋は本名を千葉音造といい、文之助系図によりますと「司馬龍斎門人語郎治といい、のちに二代目扇太郎、改め六代目扇橋。怪談ばなしを能くす。向柳原二丁目に住す。同人妻は竹本浪志摩と申し、竹本手遊太夫を産めり。のち五明楼松玉と改め、明治十五年卒す」としてあります。

この人の娘が寄席へ出たわけでしょう。この前にある、今井たまと同じ所に住んでいるこの二人はどういう関係なのかわかりません。

同向柳原一丁目五番地　花摘はる事
三遊亭　子遊

同町同番地　新井徳次郎事
三遊亭　遊人

同町同番地　花摘すみ事
都川　歌女吉

この三人は、同じ住所でございまして、花摘はるの子遊が、花摘すみの歌女吉の娘、それで、新井徳次郎の遊人が、そのどちらかのご亭主だったんだろうと思います。

この遊人のほうは、あたくしも知っております。文之助系図では「はじめ四代目柳橋門人柳作、また柳右といい、のちに圓遊門人遊人、改めい圓遊、再び柳連に入って柳朝門人小柳朝、また圓遊門人に入って遊団次、改め福圓遊」となっております。

あたくしの知った時分は、もう福圓遊で、噺のあとで百面相を演っていました。噺はうまくなかったが、この人は俳句がかなり出来るらしく、あの『雑俳』ともいいますが、『間違い発句《ほっく》』という噺をよく演りました。

痰よりは少しきれいなつばきかな……

とか、

舟底をがりがりかじる春のさめ……

梔子《くちなし》や鼻から下はすぐにあご……

なんという。これは自分でこしらえた噺とみえまして、同人の出しました『福圓遊落語集』という本がありますが、その中にこれが出ておりまして、自分でもいくらか新作をやったもんでしょう。

まァ噺のほうはおもしろいと言えば言えますが、芸として、真打の価値はない人で、百面相のほうがよかったと思います。

『落語家名前揃』の明治二十三年の分に麗々亭柳右の名前でのっておりまして、安政五年八月生まれとなっております。亡くなったのは大正五、六年ごろだったかと思います。

都川歌女吉のほうは、やはり文之助系図にありまして、三代目扇歌(本名・斎藤豊吉)の弟子で「三代目歌女吉。三遊亭子遊の養母、同人の三味線を弾く」と書いてあります。ですから子遊は、この人の三味線で高座に出ていたものでしょうが、このどちらかと遊人が夫婦だったんでしょう。想像するに娘の子遊のほうと夫婦だったのではないかと思います。

東京斎　魚一

同北松山町一番地　福岡宗兵衛事

これは文之助系図にも記載がなく、どういう人か不明でございます。

同西三筋町十五番地　梅谷清兵衛事

三遊亭　海老丸

これは、四代目圓生の門人で「大阪笑福亭松鶴門人梅花。東京に来たり圓生門人」と文之助系図にあり、また大阪の『落語系図』には、二代目松鶴の門人として「九鶴。後に文の助門人梅香となり、その後上京して三遊亭海老丸となる」と書いてあります。

同西三筋町六十三番地　立岩栄吉事

三遊亭　圓坊

この人は、四代目圓生(本名・立岩勝次郎)の倅でございます。のちに小圓喬となりました。『寄席育ち』の中でもちょっと話しましたが、栄ちゃん栄ちゃんと言っていたので、栄次郎というのかと思ったら、この名簿で見ると栄吉……するとあたくしの師匠の品川の圓蔵は松本栄吉という本名で、この人もおんなし字です。

四代目圓生亡きのちは、その弟子は全部、圓蔵師匠が引き受けた。そのころこの人は小圓喬って名前で、圓喬の一門になっていたんですが、うちの師匠のしばい(興行)に、よくいました。色の白い、いい男で、近眼の眼鏡をかけまして、まことにどうもおとなしい人で、隅のほうでじィ…ッとかたまっている。あたくしが十四、五歳ぐらいな時、急に気が違って、そのまま病院で亡くなりました。気が違うぐらいだから、まァ、ごく小胆な人だったんでしょう。まともに行っても、どうですかねェ、出世ができたかできないか……まァ正統派ではあったが、どうもパッとしない人でした。

三遊亭　圓録　　同元鳥越町十七番地　田中直四郎事

これは、文之助系図では、圓朝門人の項に「圓録。大阪の出生、傘屋を業とす」と書いてある人と、初代圓馬(本名・野末亀吉)の弟子で「圓録。初め楽馬また栄馬改め」と書いてある人と、二人ありますが、どちらが、この田中直四郎なのか、よくわかりません。

三遊亭　圓理　　同新旅籠町十三番地　坪井金四郎事

これは、やはり文之助系図で、圓朝門人の項に「圓理。始め圓馬門人市楽また市馬、後に圓理」とある、この人のことだろうと思います。

三遊亭　圓太　　同東町八番地　矢本積善事

これも文之助系図で、四代目圓生の弟子に「圓太。始め生太郎また南生」とある、この人でしょう。

三遊亭　圓丸

同千束町二丁目百六十六番地　安井国太郎事

この人はあたくしも存じております。三味線を弾いて唄もうたったと思います。盲人ですが、『出来心』なんぞをよく演ってました。なかなか間《ま》がよくッて、受け渡しの実にスムースにいく所、盲のようではない、なんかてきぱきした、うまい噺でした。

『心眼』という噺は、この人のことをモデルにして圓朝師が作ったといわれていますが、真偽のほどは、はっきりいたしません。

文之助系図では、圓朝門人の項に「圓丸。三代目圓生門人遊三郎、のち圓右門人右多助改め」とあり、圓右門人の項に「圓丸。圓朝門人圓丸、後に右多助また小斎、またまた圓丸となる」とありますが、これは同一人物で、この安井国太郎のことでしょう。

三遊亭　右朝

同八幡町廿番地　田中金太郎事

文之助系図に、圓右の弟子で「右朝。始め圓楽門人明楽、後に圓右門人」としてあるのが、この人だと思います。

三遊亭　三七

同松清町五十番地　山崎卯之吉事

文之助系図の小遊三(本名・鈴木定太郎)の門人に、門三という名がありまして、「始め三七という」としてあるのが、この人だろうと思います。

黒柳　喬

同七軒町三番地　黒柳勇次郎事

これは、四代目圓喬門人で「幻灯をうつす」と、文之助系図に書いてあります。

立花家　若橋

同向柳原二丁目一番地　内藤あか事

これは、あたくしが十三、四のころ横浜で会いました。ひたいの所にあざのようなものがありましたが、ちょいと仇《あだ》ッぽい女で、なかなか器量もよく、唄は実にうまかった。ところが大酒飲みらしく、酒を飲むと荒れる。清元で出ていたんですが、のちには、年をとったからでしょうが、高座へは出ず、お囃子になっておりました。

本名を豊永豊太郎といって、のちに五代目圓橘になった人と、関係ができまして、この圓橘が踊りを踊りますから、一時は「連れ下座」として、連れて歩いていました。

人形町の鈴本という席……水天宮から人形町の方に向かって行って、ちょうどまん中くらいの左側にありましたが、兜町の人たちがつめかけるんで、当時東京一といわれたくらい景気のいい席でした……ここで圓橘が『綱上《つなじょう》』を踊った。

〽綱は上意をこうむりて……

というあの唄ですが、三味線もよし、非常にいい声で、

〽たった今結《ゆ》うた鬢《びん》の毛が……

なんてえ所は、ちょっと声をわざとはずすようなうたい方をした……はずれるんじゃァない、はずすようにうたう……これがまた、たまらなく仇ッぽくっていいんです。踊りがすんで圓橘がおじぎをする、とたんにばァ…ッと大変な拍手喝采。ところが踊りはうまくない、でくの棒みたいな踊りなんで。と、客席から、

「うまいッ、下座《げざ》ッ」

と言いましたが、その時分にァ皮肉なお客もいたんですねェ。拍手喝采をしたのは踊りではなく、陰でうたってる下座のほうにしたんだというわけで。まァそのくらい若橘ってえ人はうまかったんですねェ。

圓橘はそのうち若橘を連れて歩かなくなりましたが、踊りが唄に食われちゃァいけません。考えてみると昔の寄席には、うまい人が出ていたものです。

立花家　橘丸

同小島町廿七番地　丸山慶次郎事

文之助系図で、立花家橘之助の門人として「橘丸。初め梅山門人梅遊。舛おどり」としてあります。「舛おどり」というのは、一升ますの上にでもあがって踊るんだろうと思います。

梅山というのは、楽語堂梅山、本名を高野六三郎といって、「始め三代目扇橋門人入舟稲蔵と云う。寿山門人となり二代目寿山、改め楽語堂梅山。同人末に講談師となり、不幸にして行先不明となる」としてあります。この人の門人の項に、「梅寿。後に橘之助門人橘丸」としてある……ですから、梅寿といったのか、梅遊といったのか、よくわかりません。

立花家　橘楽

同下平右衛門町八番地　横井川惣次郎事

四代目可楽の門人で漁楽といった人が、後に立花家橘之助の門人になって橘楽といった、としてあります。

四代目可楽というのは、系図に「元徳川家幕下にて、本名榊原鎌三郎と云い、落語を好み、二代目可楽の養子となりて三代目翁家さん馬となり、また改めて三代目むらくとなりしが、御用達丸屋宗兵衛へ養子に入り、のちに離縁となりて、再び三代目死後四代目を相続す。のちに浪士に組して入牢申し付けられる。ついに牢死す。明治二年九月十日卒す」とあり、この人は、前に圓好(後に三好となった、中田宗太郎)の項でお話しした、坐り踊りの名人圓三郎の、もとの師匠に当る人で、この四代目可楽のことは、永井啓夫さんの『三遊亭圓朝』という本にも、政治犯として獄中に生涯を終った芸人ということで、かなり詳しく紹介されております。

立花家　善橘

同栄久町三十八番地　青柳善事

橘之助の門人なんでしょうが、『落語家名前揃』明治二十一年の分に、三遊亭橘枝、本名・青柳善吉、天保六年六月生まれとして出ております。この名簿では、善吉の下の「吉」を落としてしまったらしい。

橘家　遊太可

同千束町一丁目六百四十番地　近藤兼吉事

文之助系図で、四代目圓太郎(〝ラッパ〟)の門人に小太郎というのがあり、「はじめ遊之助、また遊太可」としてあるのが、この人でしょう。『落語家名前揃』明治二十二年の分に、三遊亭遊之助、本名・近藤兼吉、明治四年九月生まれとして出ております。

橘家　太郎蔵　　同阿部川町百廿一番地　佐藤三次郎事

これも系図によりますと、四代目圓太郎の門人圓寿というのが「はじめ太郎蔵という」としてあります。

橘家　笑太郎　　同北三筋町五十五番地　武田音吉事

橘家　綱太郎　　同向柳原一丁目三番地　横山環一事

三遊亭　左伝次　　同東三筋町五十九番地　宮嶋徳太郎事

以上三名については、不明でございます。

三遊亭　金楽　　同福富町廿八番地　田中喜之助事

これは、二代目小圓朝(本名・芳村忠次郎)の弟子で、のちに馬きんとなった、と文之助系図に出ております。

三笑亭　小芝

同西三筋町九番地　鷲見永一事

これは、多分、客員になっている三笑亭芝楽の門人だろうと思います。大阪の『落語系図』でも、芝楽の門人に小芝という名が見えます。

柳川　山城

同町廿三番地　野崎久次郎事

柳川一蝶斎の門人でしょう。日本手品をやったものと思います。

橘家　圓三郎

同東三筋町五十九番地　五十嵐銀次郎事

この人は、前にお話の出ました二代目圓馬(本名・竹沢斧太郎)の実弟でございます。初め圓朝門人で朝治、それから二代目圓三郎になり、のちには橘《たちばな》ノ圓《まどか》になりました。この人が真打で、円頂派《えんちょうは》というものができました。みんな坊主頭にしまして、それで円頂派。二代目の圓馬をスケにして、方々旅をまわっていました。

この圓《まどか》師はおっとりして、踊りはうまい人でした。噺もまずくはないが、ちょっとものたりない。ずばぬけた所がないいんです。

晩年、橘之助師と夫婦になりましたが、橘之助が一つ年上で、家庭でも、

「姉《あね》さん、姉さん」

と言っていました。姉さん女房ということもありましょうが、芸の上で大先輩でもありますから、家庭でも一歩ゆずっていたようです。

しかし、踊りは確か花柳流で、ちゃんとした踊りです。『槍さび』を、替唄で、『河内山宗俊・玄関先』なんぞを、ちょいと演りましても、その坊主頭を生かして、なかなか踊りはうまかった人です。

噺も正統派で、まずくありませんでした。その中で『鹿政談』はいいという評判で、今の橘家圓太郎(本名・有馬寅之助)が演る『鹿政談』は、この圓さんの型で演っております。

昭和十年六月二十九日、京都の水害で、橘之助さんとともに、亡くなりました。行年は六十六歳でした。

豊竹静

同小島町七番地　山本いと事

これは全く不明でございます。

桂南鶴

同西三筋町九番地　三笑亭芝楽方　福嶋伝次郎事

これは大阪の者と思います。住所からみると、芝楽の食客らしい。

桂 文之助

同北三筋町五十九番地　桂仙之助事

この人は、四代目桂文治の次男で、六代目文治の弟に当たります。はじめ文仙、改めて文吉、さらに文之助となりました。

仲間では、仙ちゃん仙ちゃんと言っておりましたが、ごく体《なり》の小さい人で、三遊派の書記をしておりました。

われわれの方では「かけぶれ」というものがございまして、これは、何月上席とか下席とか、次の興行の出番づけを、出る席の順に書いて、各人にくれたもので、かけもちのふれ書きというところから「かけぶれ」と言ったものでしょうが、文之助さんがこれを書いてくれる。

きれいな字を書きました。きれいというだけでなく、ずいぶん永年書きつけているからでしょう、字がぴたッとはまっていまして、筆まめでしたし、そういうものを書くのに、実に適任者だったわけです。

この人は、おもしろい噺をしました。『人俵《ひとぴょう》』なんという、あんまり他人《ひと》の演らない噺をした。それから、題を『のりこわ』とかいう噺がありまして、筋は、昔、子どもが集まって、一方が、

「むこうのおばさんお茶あがれ」

と言うと、もう一方が、

「鬼がこわくて行かれません」

と、そういう遊びをしたという、マクラをふりまして、嫁と姑《しゅうと》は犬と猿、姑さんにお嫁さんがいびられて、泣いているとか、あるいは家出をしたということはいくらもあるが、これは逆にお嫁さんが姑さんを大変いじめたという噺で、亭主が見かねて、

「おっかさんにもう少し何か親切にしてやれ。汚れものでもあったら、年寄りに洗わせないで、おまいが少しは洗ってやるというようなことにして、めんどうを見てやれ」

っててんで小言を言う。それでお嫁さんが、

「おっかさん、あのゥ、ゆかたを洗いましょう」

「いいえ、これはまだいいんですよ、あたしがやるから」

「そんなことを言わないで、洗濯をしなきゃァ、あたしがうちの人に叱られるから、さァ洗いましょう。おっかさんは糊の少し利《き》いたほうが好きなんですね」

「えゝ、あたしは少し糊が利いたほうがいい」

「そうですか」

てんでこのお嫁さんが、意趣返しに、洗濯をしたものへ、うんとこさと糊をくッつけて乾かす。ところが糊があんまり強かったためにぴィんと突ッ張って、たたむこともなにもできない。ゆかたを立てるてえと、ぴィんと立つという。こいつを、

「さァさァ糊がついているから、おっかさん、これをお着なさいよッ」

てんで、無理やりに着せるわけです。手もなんにもまがらないで、突ッ張ったまゝまで、おっかさんがこれを着て、めそめそ泣いている。と、向かい側の夫婦が見て、

「見ねえ、あんな姿《なり》をして、どうもかわいそうに、あすこは嫁が強いから、おっかさんは気の毒だ。今お茶がはいったから、呼んで、お茶でも飲ましてやゝなよ」

で、

「むこうのおばさん、むこうのおばさんお茶あがれ」

って言うと、ぴィんとこう両手を突ッ張った形をして、

「糊がこわくて行かれません」

と言うのがサゲゝなる。これァ文之助さんだけしきゃ演りませんでしたが、こいつがまた、この人が演ると、愛嬌があって大変おもしろかった。

『黄金餅』だとか、『十八檀林《じゅうはちだんりん》』だとか、他人《ひと》のあんまり演らない噺を演りました。噺をただ知っているだけでなく、この人が演るてえと非常におかしかった。

しかし世の中へは出ませんで、番頭役みたいなことばかりしておりましたが、その筆まめなところを生かして『古今落語家系統表』という系図をこしらえておいてくれた。あたくしのこの本も、この文之助さんの系図をたよりにまとめているわけですから、この仕事について、文之助という人は、大変に功がございます。

六代目文治の弟だということを申しあげましたが、この文治という名前は、話し合いで七

代目は大阪へ参りまして、むこうで七代目を襲《つ》ぎました。八代目は東京へ返って、本名を山路梅吉という人が、翁家さん馬から八代目文治を襲ぎました。この人は六代目文治の後妻の連れッ子だったので、この文之助のことを、

「おじさん、おじさん」

と言っておりました。この八代目文治の所へ文之助がよく行っておりましたんで、この系図も文治の所へ行ったもんで、その原本は他へ貸したのが紛失しましたが、写しがありまして、これが、はからずも橘右近さんの手へ渡った、というわけでございます。

この文之助の辞世がございます。曲芸の海老一染之助のおとっつァんで、もと噺家でしたが、今は望月清峰《せいほう》という鳴物師になっている、そのかたから聞きました。

わが屍《かばね》　西へ傾く月ととも……

「これをあたしの辞世にするんだ」

と、文之助さんが清峰さんに言ったそうです。

文之助さんが亡くなったのは、大正十三年に出た関根さんの『今昔譚』に、「一昨年中故人となった。」と書いてありますから、大正十一年のことだろうと思います。兄の六代目文治が、明治四十四年二月に六十八歳で亡くなっているので、かりに五歳下だったとすると、大正十一年には、七十四歳ぐらいだったことになります。

ヘラヘラ坊万橘

同新旅籠町十三番地　岸田長右衛門事

この人は、旧幕の頃、人入れ元締め業をしている家に生まれ、初め南桂舎和朝《なんけいしゃわちょう》と勝手に名乗り、浜町二丁目に「万長《まんちょう》」という席を自分で開いて席亭になった。のち、二代目圓橘の門人となり、万橘で音曲をやっているうちに、〝へらへら〟という唄を始めて、大変な人気を博したそうです。

これは赤い手拭いで頬《ほ》ッかぶりをして、

〽太鼓が鳴ったらにぎやかだ、
　大根《だいこ》が煮えたらやわらかだ、
　　へらへらへッたらへらへらへ
　　はらはらはッたらはらはらは……

と、うたいながら、変な横目をつかって、足を出したりする、ごくだらないことですが、当時人気を得まして、四天王の一人といって、〝釜掘り〟の談志・〝すててこ〟の圓遊・〝ラッパ〟の圓太郎と共に大変な人気者になりました。

よく、酒を飲んで演ったってえことを聞きました。

「どうしてそんなに酒を飲むんだ」

って訊いたら、

「しらふじゃァとてもあんなことァ馬鹿々々しくてできない」と言ったそうで、当人もやはり、腹からそういうものを好んで演ったのではなくして、よんどころなく演ったんでしょう。

明治二十七年五月二十六日に亡くなりましたが、行年は不明です。

三遊亭　圓鶴　　本所区若宮町廿二番地　倉片清三郎事

これは一朝さん（本名・倉片省吾）の実弟です。圓朝の門人で、初め勢朝、それから圓鶴になりました。

藤浦富太郎さんの話によりますと、よく、圓朝師の所から藤浦さんへ使いに来たことがあるが、顔の四角なあまり風采のあがらない男だったそうです。この人は真打になったかどうか、はっきり聞いておりません。

三遊亭　太遊　　同花町四番地　臼井米吉事

はじめは、西洋奇術の万国斎併呑《へいどん》という人の弟子で、併喜《へいき》といっていたが、小圓朝（二代目・芳村忠次郎）の門人となって、太遊から圓流、そして明治三十九年、二代目三遊亭金馬になりました。

この人が売り出したのは『笑い茸《だけ》』という噺で、当人の話によると、これと『死神』は圓朝師に教えてもらったという。圓朝が晩年に高座に出た時、もう前座に使うような若い弟子は取っていなかったので、当時の金馬(二代目小圓朝・芳村忠次郎)の弟子の太遊を前座に借りたわけで。圓朝師は早く楽屋入りをしている。と、前座を勤め、まめまめしく働いている太遊に、『死神』と『笑い茸』を教えてくれたという。この『笑い茸』が当人の売りものになりました。ほかの人が演っても大しておもしろくないが、仏頂《ぶッちょう》という、笑ったことのない人に、女房が医者からもらって来た笑い茸という薬をのませると、初めて笑うという、その顔が、非常によかった。

あたくしが子どもの時分も、この人が高座にあがると、

「笑い茸ッ」

という声がかかった。註文されてよく演っていましたから、たびたび聞いておりますが、この人の噺の中でもこれは特によいものでした。

大正の初期に東京から出て、十年旅を廻って歩いた。その間《かん》東京へは全然出演せず、九州・中国・北海道・東北など各地を廻って、時おり、一座の入れ替えのために東京へ帰って、新しい売りものにしようというものを見《め》つけて一座へ加えて、また旅を廻る。

旅先では〝鳥羽長《とばちょう》〟の小圓遊の筆法にならって、揃いの着物で町廻りをしました。これで地方の人がびっくりしたんで……じっくり聞かせるというより、一と晩をおもしろくすごさせようという座組みで、地方では金馬の一座は大変信用がありましたねェ。

あたくしが十七ぐらいの時、大正五年ごろでしたでしょうか、あたくしの師匠が九州を廻りました時、金馬が、

「このたび御当地へ橘家圓蔵師が来られる、これは三遊派の大真打で……云々」

と口上のビラを張りました。目下の者から目上の者が、推薦のビラを出してもらうなんということはあまりない例ですが、それだけ、金馬は地方におなじみがあり、信用されていたわけです。こういうことがありましたんで、その時うちの師匠は、博多と長崎へ行ったんですが、大変に興行成績もようございました。

『文芸倶楽部』に金馬の身の上噺がのっていますので、ここに出します。

なおこの人の苗字は、本によって「碓井」と「臼井」と両方書いてあります。

▽三遊亭金馬

▼私は十二、三の時分、芝の赤羽橋ぎわの長岡屋という酒屋に御用聞《ごよう》をしていましたが、そのおかみさんが噺の寄席が大好きで、私を供に連れては、三田の春日亭《かすがてい》や飯倉の寄席へ、ちょくちょく出かけたものですから、私も自然それにかぶれて、噺が大好きになったのです。

▼それで寄席へ行くと、すっかりよく覚えて来て、得意先へ御用を聞きに行っては、こういう面白い噺を聴いて来ましたと言っておしゃべりをしたり、または近所の駄菓子屋へ行って、子供を集めて噺家のまねなんぞをしていたもんですから、いつも使いが遅くなって、主人から小言ばかり食っていましたが、それが度重《たび》なって、とうとうお払い箱を食いました。

▼その後五、六軒奉公に行きましたが、どこへ行っても、寄席が好きなためにしくじってばかりいたので、自分でもつらつら後悔して、もう金輪際《こんりんざい》寄席へ足踏みをしない気で、京橋竹川町の松本という袋物屋へ奉公に行きましたが、そこばかりは辛抱して、十八までまじめに勤めていました。

▼すると、そこで人形町の勧工場《かんこうば》へ店を出して、私が毎日店番にかよっていますと、ある日圓遊さんが、先代談志と二人で、いい服装《なり》をして中へはいって来て、いろいろ買物をしているのを見ますと、私はしばらく忘れていた寄席のことを思い出して、急にまた行きたくなりましたので、日の暮れるのを待ちかねて、人形町の末広へ噺を聴きに行ってみると、もともと好きなのですから、面白くってたまらないので、それからというものは勧工場の店のほうはそっちのけにして、しじゅう寄席へばかり行っていますと、この事が主人のほうへ知れて、とうとう暇《ひま》を出されてしまいました。

▼そこで一時行き所《どこ》がなくって困っていると、勧工場で懇意になった尾花という人が、職人になる気なら、本所亀沢町の戸井《とい》というお盆屋で、弟子を捜しているから、世話をしてやろうと言ってくれましたので、早速頼んでそこへ弟子になりに行きました。

▼ところが、そこのおかみさんが面白い人で、私が寄席が好きだということを聞いていたものですから、昼間精出して仕事をしさえすれば、夜なべのない時分なら夜はどこへでも出してやるというので、私は願ったりかなったり、こんないい主人はないと思って、昼間は一生懸命仕事を勉強して、夜になると毎晩色物の寄席へ行っていました。

▼そのうちに聴き覚えで、噺もだんだん覚えて来ますし、ただ聴くばかりでは面白くなくなって、自分でも一つ演ってみたくなりましたから、友だちのうちで私同様好きな者を五、六人集めまして、時々近所の家を借りて天狗連をやり始めますと、それがまた面白いので増長して、今度は玄人の仲間へはいってみたくなりましたから、近所におりました万国斎ヘイドンという奇術師《てづまつかい》の弟子になって、ヘイキという名で高座へ上がりました。
▼するとある時、今の師匠小圓朝のおとっさんが、噺家になるなら、うちの伜の弟子になったらよかろうと言ってくれましたので、早速頼んで弟子にして貰いまして、太遊という名を貰いましたが、その後圓流と改名しまして、昨年二月金馬となったのでございます。

〔『文芸倶楽部』第13巻第6号(明治40・4)〕

十年ばかり旅を廻り、帰って来て、東京で演芸株式会社というものができましてから、東京の寄席へ出るようになりました。
大正十五年五月三日、五十九歳で歿しております。

同亀沢町二丁目五十二番地　諏訪間定吉事

三遊亭　圓寿

これは、文之助系図で、圓朝門人に「圓寿。始め林朝といい、字名親子という」と出ております。

三遊亭　遊生

同横網町二丁目五番地　加藤銀次郎事

この人は四代目圓生の門人で、遊生から、のちに圓三《えんざ》になりました。あたくしども知ったころは、もう圓三で、品川で芸者屋をしておりまして、屋号は忘れましたが、おかみさんが芸者に出ていまして、これは、品川でもなかなかいい芸者でした。圓三のことを仲間うちでは〝品川の馬鹿銀〟と言いましてね、「あいつァ馬鹿だ、馬鹿だ」と言われておりました。体《なり》の大きなふとった男で、自分は二ッつ目なんですけれども、楽屋でも威張《えば》っていて、大きな事を言うし、また真打でもなんでも、

「おいおい、おまえおまえ」

なんてね。ところがその、馬鹿どころじゃァない、悧巧なところもありまして、お客はなかなかあったらしい。お客といっても、もちろんまァその、たいこもちがうまいんでしょう。取ってつけたようなお世辞を言うが、この人が言うてえと、それが不自然にも聞こえない。

四代目圓生の弟子ですから、あたくしの師匠の圓蔵とは兄弟弟子だった。ですから、うちの師匠の若い弟子なぞは、みんな、おじさんおじさんて言ってました。うちの先代《おやじ》なんかでも、

「おいおい、おまえおまえ」

なんて言われてました。

そのかわり、この男の不思議なところは、楽屋で、若い真打に、

「おまえ、この次、トリがあンのかい？」

「ないよ」

「なくッちゃいけねえやな。えェ……と」

って考えてね、

「あすこの席なら、この次やってちょうどいいんだなア、うん。じゃァおれが取ってやろう」

ってんでね、この加藤銀次郎が行って話をすると、きっとまとめて来るんで。そして、

「今度、おめえ、あすこのトリだ」

ってね。それァ取ってくるには、ただは取って来ない。そこはまァ内緒で、

「給金を切れ」

……つまり圓三本人は席を勤めないけれども、勤めたようにして金をやる……とかなんとかあったんでしょう。

今のマネージャーとか事務員に当たるものを、当時「五厘」といっていましたが、その「五厘」が行って取れないものも、加藤銀次郎が行って話をするてえと、ぴたッと取って来る。それだけにこの人ァ、なんかそういう魅力があったので、ひとしきりは大変なもんでしたな、五、六人の若手の真打をこれがみんな押さえていました。あたくしの先代《おやじ》の圓窓、二代目の桂三木助、中島市太郎の右女助、文三《ぶんぞう》、三代目圓遊になった月の家圓鏡、そこいらを

ずい……ッと一手で押さえてる。

「おれがワリを割ってやる」

なんてんで、給金を自分が割りましてね、そこはまァ、よろしく、儲かる時はごまかすんでしょうけれども、みんなもそんなことは知っていながら、また一方で、損はないと思うから、まかしておいたんですが、しまいにはあたくしの師匠のワリも、この加藤銀次郎が割るというような、たいした勢力でした。

これに妾がありましてねェ、芳町の芸者で……名前も覚えております、海上《かいじょう》はるという名前で……そのころ自分の家は品川にあったんですが、芳町にこの女といっしょにいた。

月給制度になって演芸株式会社というものができました。その時にはこの加藤銀次郎が、月給を全部持って来て、みんなに渡すんですが、「こんちわ」ってんで受取りに行くと、ふとんの上へ寝たまんま、

「おゥ、おめえの月給」

てんで、ぽんと床《とこ》の上からほうり出したりなんかした。そういうことが問題になりまして、けしからんやつだてんで、とうとうしまいに、こいつァその、権利を取り上げられてしまいました。

昭和十五年に、あたくしの先代《おやじ》が死んだ時も、年をとってましたけども生きてましたよ。葬《とも》らいの時に来て、

「あァ……もうみんな死んじゃって、どうにもしょうがねえや」

なんてって愚痴をこぼしてました。
その後、どうしましたか、くわしいことはわかりません。

三遊亭　鯉遊　　同中之郷瓦町三番地　高橋長次郎事

この人は、あたくしが子どもの時、何か覚えがあるような心持ちもしましたが、はっきりいたしません。
文之助系図、圓遊門人の項に「鯉遊。はじめ志ら魚といい、また清遊と改む」とあります。

三遊亭　吾生　　同表町三十二番地　萩原菊太郎事

四代目圓生門人で、「鯉生倅」と文之助系図に書いてあります。
おとっつァんの鯉生というのも、四代目圓生の門人で「はじめ柳橋門人」とだけ書いてあります。

橘家　千喬　　同外手町三十一番地　松山金兵衛事

これは、圓喬の門人で、文之助系図には、「はじめ故文楽門人楽我改め幸楽という」とあります。故文楽というのは、〝でこでこ〟の文楽といわれた四代目(本名・新井文三)のことです。

橘家　喬太

同番場町十二番地　山内正次郎事

これは、圓喬門人の項で「圓丈。はじめ喬太という」とある、この人だと思います。

立花家　寿

同中之郷原庭町四番地　山本こう事

これは、文之助系図によりますと、二代目〝薬研堀〟圓橘の弟子で「寿。はじめ柳家すずめ。のちに清元の師匠となる」となっております。

柳家すずめというのは、小さんの弟子だったのかどうか、はっきりわかりません。

立花家　橘寿

同松倉町一丁目五十六番地　監持清吉事

この人は、立花家橘之助の弟子で、あたくしが子どもの時、よく知っておりますが、老人で、前座をしておりました。

系図によりますと、初めは〝へらへら〟の万橋の弟子で、万馬といったらしい。

林家　鶴之助

同松坂町一丁目三番地　木村紋太郎事

これは、日本手品をやった人で、四代目林屋正蔵の倅と、系図に書いてあります。

三遊亭　金我

同茅場町三丁目三番地　倉骨幸次郎事

この人は、倉骨という変わった苗字で、『落語家名前揃』に何回か出ております。明治二十二年、桜家花好改め梅花楼寿鶴。二十五年の届では、伝治改め柳亭右龍。そうすると届にはあらわれていないが、寿鶴から伝治になっていたらしい。さらに二十六年の届では、柳亭右龍改め五明楼福太郎。その後三遊派へ移って、この金我になったものでしょう。

文之助系図には、二代目小圓朝(本名・芳村忠次郎)の門人に、「金我。のちに里う好」とあり、金我からさらに七代目里う馬(本名・村松新三郎)の門人になって、里う好となったものです。『名前揃』で、慶応元年七月生まれということがわかっております。

三遊亭　金三

同南二葉町十五番地　中島亥二郎事

これは不明でございます。

三遊亭　圓新

同松坂町一丁目十三番地　村松新三郎事

この人について、文之助系図には、「始め馬久二《ばくに》門人馬圓といい、越後にて圓朝門人になりて圓新という。後に四代目圓生に従い、七代目司馬龍生と改め、又々土橋亭七代目里う馬」と書いてあります。

この名簿のころは圓新だったわけですが、あたくしども知ったころは、もう里う馬で、色が黒いところから、この人のことを仲間では〝黒〟の里う馬さんと言っておりました。

土橋亭里う馬(『落語忠臣蔵』所載)

旅まわりをしたというだけに、なかなか達者でございまして、ネタ(演目)も、まア釈《しゃく》ネタ(講釈種《こうしゃくだね》。講談を材料にした噺)といえば釈ネタでしょうが、とにかく噺をずいぶん知ってましたね。『紀伊国屋文左衛門』だとか、『め組の喧嘩』、『佐野次郎左衛門』、あるいは『四谷怪談』なんという、そういう読みものもずいぶんありました。それから落とし噺も、『中沢道二《なかざわどうに》』だとか『一眼国《いちがんこく》』というような珍しいものをいろいろ演りましたね。一眼国なんてのは、その当時この人よりほかに演る人はなかった。今は正蔵さんが演ってますが、正蔵さんのとは少し違いまして、大江山へ行くという筋になってる。それから『永代橋』、『開帳の雪隠』、そういったような、ほかの噺家はあまり演らないようなものを、この人はずいぶん持っていましたな。『小幡小平次《こはだ》』、『中村仲蔵』、それから『狩野元信』の話……とにかくネタはずいぶんあった。

この人の『梅若礼三郎』という演目《もの》を、あたくしは演っておりますが、これは、里う馬に稽古してもらったわけではございません。速記がありましたのと、それにこの噺は何度も聞いておりますので、それをもとにして、くふうをしてみたものでございます。

『落語忠臣蔵』という、里う馬口演の速記本がありまして、当人の身の上噺が出ております。少々長いけれども、全文をここにのせますので、ごらん下さい。

▽里う馬身の上噺

〔出生地〕 わたしは嘉永元年両国米沢町にうぶ声をあげまして、幼少より芸事が好きでございました。その後十五、六歳より天狗連なぞへはいって声色をつかい、または落語なぞを演っておりましたが、それから後、猿若町へ参って芝居へ出入りをして、ついに木戸芸者となりました。

〔木戸芸者〕 この木戸芸者というは、吉原でいう幇間で、見物に来るお客さまのご愛顧になってそれへ呼ばれ、また幕間にはお手水《ちょうず》はいかがでございますなぞと出かけ、茶屋へ呼ばれればちょっと声色でもやって、何ほどかの祝儀を頂戴します、これが給金でございます。〔服装《なり》〕友禅の着物に錦の帯を締め、下駄は黒塗りで紺びろうどの鼻緒、羽織なしで素足で着流しで、足袋ははくことはできないのです。

〔勤め〕初日前に、役者役人、狂言名題並びに役者の替名《かえな》を、木戸前において披露いたすというが、この木戸芸者の役でございます。いよいよ初日の出る前に、木戸前に六尺の台を二つ並べて出します。それへ上下《かみしも》へ木戸芸者が一人ずつ乗って、狂言名題、役人替名の巻《まき》を読むのでございまする。読み終ると、吉例として声色を双方でつかい分けます。声色がすむと、櫓から番付を撒きまして、見物に拾わせるというのが芝居の吉例でございます。その巻の読み立てを皆さんにお話しいたします。

ただ今はそういう事をご存じのお方はまことにお少ないのでございますから、芝居の参考としてちょっとお話をいたしまする。最初巻を持って上がります時に、舞台でシャギリという囃子を入れます。その太鼓につれて木戸前へ木戸番が残らずずっと並んで、ホ…イ…ホ…イ…という声をあげます。その声につれて木戸芸者が兄弟と二人で、例の台の上へ右と左へ分かれて乗ります。上手《かみて》の兄が大音《だいおん》をあげて、さていよいよ明日《みょうにち》は最上吉例とつかまつりまして、あちらからこれへ飾りつけましたる看板どおり、狂言名題、役人替名のォ次第、と言うと、下手《しもて》の弟のほうで、ホ…イ…と声をかけて、狂言名題役人替名の次第は、誰殿《たれどの》が何になられてどうでんしたな、と訊く、上《かみ》のほうで、狂言名題まずお目出たく、曽我の初夢、並びに役人替名の次第、曽我十郎祐成・茜屋《あかねや》半七・小姓吉弥・木村長門守と、一役二役三役四役と勤めまするは、だれ誰でございましょうや、荒事《あらごと》・実役《やつし》・丹前《たんぜん》・濡事《ぬれごと》・所作事、当時売り出しの若者、これぞ沢村宗十郎にござい、下手《しもて》でホ…イ…ホ…イ…よくも読まれたりやな、よくも読まされたりやなと申しまして、残らず座中の替名を読み終りますと、吉例といたしまして声色をつかいまする。その声色のつかい方も余程おもしろいものでございまして、まず長い巻《まき》を読みましたのでございますから、ひと息つきまして、

さてお若いのには先ほどからさだめし長物《ながもの》を読まれて、のども疲れているでんしょうが、いずれもさまがお待ちかねじゃ、なんぞ二、三枚おつかいなさらぬかと下手の弟のほうで言う、仰せにしたがい拙者一枚まねるでんしょう、してその宗十郎どのが何の狂言に何役を勤められてどう申されたな、どう申されたな、前方《まえかた》の狂言、吾妻《あづま》与五郎の役を勤められ、こう申されたな、こう申されたな、どうでんしたな、どうでんしたな、これから宗十郎の声色をやってしまいますと、ホ…イ…ホ…イ…ただ今の宗十郎どのは御身《おんみ》が宗十郎どのか、宗十郎どのが御身か、少々わかりかねるようによく似たんでしたが、それにならって、いま一両《りょう》枚おつかいなさらぬか、しからば仰せにしたがい、いま一両枚まねるでんしょう、誰殿をまねるでんしょう。誰殿をまねなさるな、今度は坂東三津五郎どのをまねるでんしょう、いや三津五郎どのは一段の聞きものでんすが、その三津五郎どのが何の何になられてどう申されたな、前方《まえかた》の狂言何役を勤められてこう申されたな、この声色を左右でつかい分けまして、一番終りに座頭《ざがしら》の声色をつかいまする。とたんに明日《みょうにち》は初日でございと一同に声をあげます、

櫓の上から番付を撒くというのが、これが芝居の吉例でございます。

〔木戸芸者は櫓銭なし〕　木戸芸者は役料《やくりょう》というものが出ません。この役料というものは太夫元へ納める税で、その芝居へ出るものは、留場《とめば》でございましょうと、桟敷番《さじきばん》でも、芝居に関係するものは、悪銭《あくせん》というものが出ます。それを持って行かなければ渡世《とせい》ができません。木戸芸者にはそれがない。その代わり初日の前日には巻を読みあげなければなりません。

それで勝手勤め、巻を読みあげてしまえば、うちで寝ていても芝居へ出ていても、どうしようと差支えございません。猿若町に三座あった時分は、どこの座にも二人ずつ木戸芸者がおりました。わたしは市村座へ出ておりまして、名前を鶴八と申しました。

〔顔見世〕　ついでに顔見世の事をちょっとお話し申します。毎年十一月どこの座でも、翌年はどれだけの俳優が出ますというを知らせるのが顔見世でございます。俳優の住居には積み物をいたしまして、それは大そうな景気を取ったものでございます。片岡仁左衛門の前へ積み樽をいたして、その樽へ松島屋と記した傘を挿《さ》して景気を添えましたが、ぼんぼりのろうそくが倒れて、それが傘へ燃え移り、とうとう三座とも焼いたことがございます。この時仁左衛門の住居は猿若町一丁目にありました。ちょうど安政元年十一月五日の晩でございました。そこで顔見世狂言には茶屋でも留場でも、俳優でも、鴨雑煮《かもぞうに》に浅漬けの香々をご馳走したものでございます。

通《つう》なお客は、わざわざ鴨雑煮を食べに茶屋へ来たものでございます。それにおもしろい事があるのは、顔見世狂言の前、十月晦日《みそか》に御判《ごはん》取りと申すことがございます。それは太夫元の代理で、東桟敷見廻りが一人、中木戸《なかきど》から二人、太夫元代理は市村座なら橘の紋の付いた黒の羽織に袴を付け、それが判取り帳を持ち、中木戸から出た供は一人が提灯を持って、明年出る座頭はもちろん、名題俳優の所へ、翌年出勤承知の判を取りに参ります。先方ではその帳へ判を押して、何ほどかの目録をくれます。その判取りのすまないうちは祝いの酒を飲むこともできず、芸者が三味線を弾くこともできません。なかなか判取りは重いものでございました。

〔芝居の七口《くち》〕　これもまたついでですからお話しいたしますが、芝居には七口というものがございますし、これは見張り所で、つまり非常を警《いま》しめるためでございます。第一、表木戸・留場・東桟敷・西桟敷、それから中木戸・火縄《ひなわ》・裏木戸とございました。

火縄というのは、揚幕の所で衽形《おくみ》になっている場所を申します、昔はあすこで煙草をのむ人が火縄を買ったもので、その火縄を売るところから名づけたものでございます。

また中木戸で半畳《はんじょう》を売ったもので、半畳とは蓙《ござ》でございますが、それを敷いて見物したものでございます。それから前《ぜん》申した火縄では煙管《きせる》も貸したもので、しかしこれらは大昔のことで、わたしが覚えまして、名は残っておりましたが、火縄も売らなければ半畳も売りません。そんなお話は余事でございますが、ついでですから申し上げます。

〔噺家となる〕　時勢の変遷で、追々芝居も昔とは変わりまして、木戸芸者なぞもいらなくなりましたので、そこで、金原亭馬生の弟子になって馬圓と名乗り、まず玄人《くろうと》の仲間入りをいたしまして、田舎廻りの真打をして歩いておりました。この旅行中にずいぶんお落語《はなし》になるようなことがありました。

ちょうど明治の十七、八年のころでございますが、その時分には、田舎では怪談を演りませんとどうもお客が参りません。自分では馬鹿々々しくッて有難くございませんが、どうもパンのためと、よんどころなく幽霊を高座へ現わすような始末。するとわたしの弟子で宗太郎……芸名を馬次《うまじ》という、これを前座に連れて諸方を歩きました。越後の巻《まき》という所へ参りましたる時に、ここでひと興行いたしまする、寄席といってはございません、いずれも素人《しろうと》家《や》の少し広い所を借りて、ここで興行をいたします。初日に大そう評判を得ましたところから、二日目になりますと、お客はいっぱい、大分評判がいいので。もっとも幽霊は、馬次に白の血だらけな着物を着せ、頭には鬘《かつら》をかぶして、顔におしろいを塗って、あっちこっちへ血をくっつけて現われるのでございますから、薄暗い所で見ると、ちょっともの凄い。あまりお客が受けるから、少し乗り気になって、三日目の晩に、今夜は一つ客の目を驚かしてやるように、客のすわっている真ン中から幽霊を出したらよかろうということになって、ちょうど幸い、その真ン中の十畳の座敷に炉が切ってございますから、その炉を出してしまいますと、ちょうど幽霊の出るだけの穴になっている。ふだんは蓋《ふた》をしてありますから、人が乗っても差支えございません。

いよいよこの穴から幽霊を出して見せたら、さだめしお客が驚くだろうと、中売りをいたしておりまするおやじに頼んで、その炉のきわにすわっていてもらって、いよいよ幽霊の出るという時にその蓋を取ってくれろと頼みましたが、このおやじも田舎の人で、とんとそういうことには慣れませんもので、幽霊の出る少し前に蓋を取って、そのまま何か用ができたとみえて立ってしまった。

するとそのそばにすわっていた客が、ここに穴があいている、あぶない、と蓋をしてしまった。そんなことは幽霊は知らないから、昼間見ておいたとおり、縁の下へはいって穴から出ようと思ったが、穴がなくなってしまった、出ることができない。ろうそくをつけて縁の下でまごまごしているうちに、高座ではきっかけが来た、が……幽霊が出て来ない、実にその時は当惑しました。おい、幽霊はどうしたと言っても、出て来ない。そのうちに幽霊でも、そう縁の下で迷ってはおられない、早く出なければいけないと思って、脇の板目をこわして、それからすぅ…と出ると、ちょうどそこに巡査が椅子に腰をかけておりましたが、いきなり幽霊を押さえて、物をも言わず警察へ連れて行かれてしまった。それがためにその晩はそれで怪談もめちゃめちゃ、客はぶつぶつ言って帰る。それから幽霊を貰いさげるになかなか手数がかかりました。ところが一晩警察で、幽霊冷《すず》ませられたので、風邪をひいてしまい、帰って来ると熱病で、どっと床につきました。与田村金十郎という医者に診察を受けて薬を飲ましたが、どうも回復いたしません。そこでわたしも、いかに田舎医者だとて、あまりと下手だと思うから、どうして先生そんなに養生しても全快しませんか、とただすと、与田村先生すましたもので、それは容易に全快しない、なぜです、幽霊には薬はきかない。

〔幽霊を見る〕ついでにお話いたしますが、圓朝師の総領弟子で圓太郎という者がございました、これは先年歿しましたラッパの圓太郎の前の圓太郎で、本職が鮨屋でございますから、これを鮨屋圓太郎と申します。

この人が、明治十一年、越後の新潟へ参って、土地の芸妓で金八という者を女房にして、新潟で遊んでいると、金八がコレラ病で死にました。するとまもなく、自分もコレラにかかりました。ところが誰も看病する者もない。それをひいきの旦那がたが集まって入院をさしてくれた。入院をしてまもなく息を引き取る、同時に新潟の大火です。あの時は八分どおりも焼き払った、その大火の最中に死んだのですから、ひいきの人々も構っていられない。よんどころなく警察へ願って、官林のわきへ仮り埋葬をすることになりました。

それなり誰あってこの圓太郎へ香華《こうはな》を捧げる者もない。その後わたしが新潟に参りまして、この話を聞きましたから、何しろそれはまことに気の毒なことである、早速その所へ印《しるし》を建ててやろうと、大きな塔婆《とうば》を建てまして、その時に前方《まえかた》圓太郎がお世話になった旦那がたを寺へ招きまして、厚く法事をいたしてやりました。するとその晩のことで、わたしが眠りにつきますと、もうろうと圓太郎が枕もとへ参りまして、おかげをもって、まことに有難く成仏したと礼を述べます……と思うと目がさめた、これが夢でございましたが、ありあり覚えております。どうも不思議なことがあるもので……。

〔初めて圓朝の門に入る〕　これを圓朝師が聞きまして、もとより自分の一番弟子のことでございますから、何にしろ早速行って俺も法事をしてやろうと言い、わざわざ新潟まで出向《しゅっこう》いたされまして、圓太郎の追善をねんごろにいたしました。ついては妻の金八と一つにしてやりたいというので、いろいろ金八の埋まっている寺へ掛け合いましたが、それは表向きにすれば骨を掘り出して新規に葬式を出さなければならない、それではまことに億劫《おっくう》だから、その土を持って来て、ここにいっしょにしたらよかろうと、ここで圓太郎の埋まっております官林の土を持って参りまして、金八と一緒にいたして、そこへ高さ六尺二寸三台の石碑を廻しまして、表面《うわべ》に橘家圓太郎同妻金八の墓と記しました。その節、新潟におりました帰天斎正一一座、ただ今の小正一なぞもくわわりまして、にぎやかに法事をいたしまして、墓にはその人々始め有志の名前を彫りつけました。ただ今もって新潟のその菩提所に歴然と残っております、その縁故をもって、圓朝師がわたしをぜひ弟子にするから、東京へ出て来いと言われ、ここで門人になって圓新という名前を貰いました。新は新しいという字で、越後の新潟で貰った名前だというを忘れぬようにというので、新という字をつけたのでございます。その時、守田宝丹先生が新潟に滞在いたしておりましたが、圓朝師と一緒になりまして、わたしの改名を祝して、例の筆法で人情ばなし三遊亭圓新という、寄席の看板を書いて下さいました、そのそばへ圓朝師が

土地の名は変われど同じ水の魚《うお》……

という句を書いて、越後の圓新替名《かえな》近年《きんねん》、と地口《じぐち》を添えてくれました。これは越後の謙信甲斐の信玄、という洒落でございます。

〔里う馬となる〕その後七代目里う馬の名を襲《つ》ぎましてございます、まず経歴談はこのくらいにしておきましょう。

〔『落語忠臣蔵』三芳屋書店(明治44年1月)〕

この身の上噺に、里う馬が圓朝師の弟子になった経緯がございますが、これは、永井啓夫氏の『三遊亭圓朝』という本にも、かなり詳しくのっております。ただし、あたくしが調べました事と違っているところもございますので、次に申し上げておきます。

永井氏によれば、二代目圓太郎は、越後へゆき、五代目司馬龍生を称していたが、越後滞在中、病にかかり、新潟の病院で治療中、明治十八年大火に逢い、病院で歿した。遺体は同地の弟子馬圓が引きとり、葬る寺もなかったので、ある松並木に葬った。新潟の大火災としては、明治十六年に四千戸焼失の大火もあるが、明治十八年にも四十五戸焼失の火事があった。龍生が焼死したのは、このときの火事であろう……としてあります。

しかし、里う馬身の上噺では、コレラで死んだということと、八分どおり焼き払った大火だということが書いてある。そこで、あたくしが新潟百年史というものを調べましたところ、明治十二年七月に、コレラ大流行と大火のあったことがのっております。ですから二代目圓太郎が死んだのは、この時に違いない、とあたくしは思います。

また、永井氏は、「龍生には、馬圓という弟子があった。馬圓は、新潟に小さな寄席をもっている経営者だったが、好きな道とて龍生の門に入り、自らも出演し、また、席の経営にも当っていた」と書いていますが、馬圓は龍生の弟子でもなんでもない。だから弟子の馬圓が遺体を引き取ったというのも間違いで、ずっとのちになってから、見知らぬ土地で死んで、香華を捧げる者もない、という話を聞いて気の毒に思って、塔婆を立てて供養をした、という、これはその当の馬圓である里う馬本人が言っているんですから、こっちの方が本当でしょう。

そこでこの馬圓が、圓朝師が新潟を訪れた時に、その弟子になり、新潟の「新」の字をとって「圓新」という名を貰った。その時に守田宝丹という、これは上野仲町通りの当時有名な薬屋の主人で、一流の文字を書いた人ですが、この人が一緒にいて、看板を書いてくれた。そこへ圓朝師が筆をとって、添えてくれた地口が、永井氏の方では「改名近年越後の圓新」となっており、里う馬の方は「越後の圓新替名《かえな》近年」となっていますが、これも里う馬のいう方が正しいと思います。

ま、とにかくこうして、この村松新三郎なるものが、東京の噺家三遊亭圓新として、発足し、のちに七代目里う馬になった、と、こういう訳でございます。

もっとも、里う馬の前に、越後で死んだ龍生の因縁でしょうか、司馬龍生になっています。これは文之助系図にも書いてありますが、この身の上噺ではひと言もいっていない。そのため随分調べに骨が折れました。

明治三十五年十二月の『文芸倶楽部』(第8巻第16号)に土橋亭里う馬の名で「芝居好」という噺が出ておりますが、その冒頭で、「圓左より司馬龍生となり、今度また土橋亭里う馬を襲ぐこととなりました」云々といっております。圓左とあるので、あたくしも考えましたが、これは左と新の誤植だろうと思います。

この本の巻頭にのせました三遊連の写真にも、あたくしの知っている〝黒〟の里う馬は、龍生としてのっております。これは、明治三十一年の『百花園』(二〇六号)に掲載されたものですから、おそらく三十年の暮ごろに撮ったもんでしょう。

この写真には、里う馬という名前でのっている人もありますが、これは、六代目の里う馬でございまして、のちに柳派へ行って、春風亭柳朝となりました。本名を下村庄太郎といい、芝口の初音屋という駕籠屋の伜なんで、〝初音屋〟柳朝なんと言います。この人のあと、村松新三郎が里う馬となったもんでございます。

ところで、身の上噺の中で、当人は金原亭馬生の弟子で馬圓となった、と言っていますが、文之助の系図で見ると「始め馬久二《ばくに》門人馬圓」とあります。馬久二というのは、山亭《さんてい》馬久二、初代馬生門人でございます。四代目馬生の門人に二代目馬久二がありますが、ここでいう馬久二は明治初期のことですから、初代のほうだろうと思います。当人は馬生の弟子と言っているが、どっちが本当か？　あたくしはまァ系図のほうが正しいと思います。あまり名も知れぬ人の弟子というのは気がきかないから、高名な馬生の弟子と言ったのかもしれません。

この人は、申しあげたように、噺のネタは非常に多い人でございました。

あれは、明治四十四年から大正初期ごろでしたか、神田の白梅亭《はくばいてい》で、あたくしの先代《おやじ》(当時圓窓)、三代目圓馬になったむらく(本名・橋本卯三郎)などが出演して、かなりの間、昼席をやったことがありました。その時、出演者はみんなみっちりと長い高座でやらなければならない。今思えば、当時の若手噺家の勉強会だったんですねェ。

あたくしは、この昼席には、出演しておりましたから、ずゥッと行って、ずいぶんいろんな噺を聞きました。

前座には、三遊亭圓麗という人が、『西遊記』をずウッとよんだ。当時、むらくだった圓馬さんが、『鼠穴』だとか、『愛宕山』あるいは『素人鰻』、そういったものをみっちり演りましたし、二代目の三木助(本名・松尾福松)なども、『大丸屋騒動』とか『莨《たばこ》の火』というような、上方の大きな噺を、ここでずいぶん長く、みっちり演ったもんです。お互いに、ふだん演れないような長い噺を、この昼席で競って演りました。

この時に、あたくしは、『梅若礼三郎』もそうですが、ずいぶん里う馬さんの噺を聞きました。『め組の喧嘩』、それに、『佐野次郎左衛門』なぞも親父の次郎兵衛時代からずウッとよんで、最後の〝百人斬り〟の所まで聞きましたけれども、こりゃァ大変長いもんです。

その他いろんなものを演りましたが、しまいにァさすがの里う馬さんが、ネタがなくなってしまった。そして『壺坂霊験記』を演ったことがありましたねェ……あれをつまり人情噺として演ったんですが……沢市がお里に向かって、

「おまえは毎晩、寝床へ手をやってみると、いないが、情夫《おとこ》でもできたんじゃァないのか?」

と言うと、お里が
「まァそれは、おまえさんあんまりじゃありませんか。おまえさんとは小さいうちから許《いい》婚《なずけ》であったし、年齢《とし》も三ッつ違いの兄《あに》さんと、言うて暮らしているうちに、情けないおまえさんは、生まれもつかぬ疱瘡《ほうそう》で……」

ってんで……楽屋で聞いてた者がぷッとふき出した。

「これじゃァまるっきり義太夫のとおりじゃァねえか」

って、笑った覚えがありましたが、さすがネタの多かった里う馬さんも、全部を出し尽くしたという観がありました。ですからこの昼席は、ずいぶん長い間やったもんでございましょう。こっちァ子どもで、夢中で聞いていたんですが、こういう時にいろんな演目《もの》を聞いたということが、後年、まァどのぐらい幸せになっているかわからないと思っております。

この里う馬は、色の真ッ黒けな人で、〝定斎屋《じょさいや》〟ってあだ名がありましてね。当時定斎という、夏の暑気あたりなぞに効く薬を売って歩いた薬屋がありまして、これは、一人が荷をかつぎます。両掛《りょうが》けというんですか、天秤棒の両方へ、大きな引出しの付いた荷を掛けたやつをかついで、やはり呼吸があるんでしょう、歩くたンびに、かたん、かたん、かたん、と引出しに付いてる大きな金具が、調子よく左右へゆれてぶつかる音がする。そのそばへもう一人、四十五、六のでっぷり太って、恰幅のいい人で、夏の真ッ盛りですが、帽子も何もかぶりません。色がまッ黒に焼けて実に健康そうな人で、これが時々「定斎屋でございます」と言うんです。これァつまりこの薬を飲んでいれば、こんな炎天に帽子もかぶらず日向を歩いていても、決してわずらいはいたしませんという宣伝用なんでしょう。

里う馬が高座に上がったら、お客が、

「よッ、定斎屋ッ」

て声をかけた。その時分のお客は半畳《はんじょう》を入れるにしても、まことに粋《いき》なもんで……定斎屋のように帽子もかぶらずに炎天を歩いて、そんなに色が黒くなったんだろうという洒落なんですね。

この里う馬さんが、大へんな女好きで……もちろん、あたくしが知ったころは、もはやおじいさんではあるし、当時六十五、六でしょう、色は黒いし、きたないから、女は惚れませんが……ある時、寄席の楽屋でにこにこ笑っている。そばにいた者が、

「師匠、なんかうれしそうですね」

「うん、今度おめえ、ちょいと女ができてな」

「へえ……どうしたんです」

そういうことを話をするのも好きなら、聞くほうも好きだから、前へのり出して、一部始《いちぶし》終《じゅう》をうかがうと……。

当時、毒消売りというのがありまして……今でもたまには来ますけれども、これは女で、絣《かすり》の着物をきて、

「毒消《どッけし》ァようがすかね」

ってんで、毒消丸《どくけしがん》という丸薬を売る、あたくしどもでも、ひところずいぶん飲んだことがありました。なにか物あたり(食中毒)をした時だとか、胃腸をわるくした時なんぞ、割合いに効果があったもんで……この毒消売りが里う馬の所へ来たんだそうです。まだ若いし、器量もわるくァない。薬を買うからってんで、荷をおろさして、話をしてる間に、いろいろあって、

「どうだい、おれンとこィ今夜泊まらないかい」

「泊まりましょう」

というようなことになった。

「本当かい？」

「えゝ。じゃ、これからまだ商《あきな》いがあるから、それをしまって、夕方ンなったら来るから」

「嘘じゃなかろうな？　きっと来るんだよ」

「だいじょぶですよ」

毒消売りが来るぐらいだから夏のことで、その晩は席を休んじまって、支度をしていると、ちゃんとお約束どおり女が来た。まず金とゆかたを持たして、

「これでお湯ゥへはいってこい。頭も洗ってくるんだよ」

日向《ひなた》を歩いているから頭なんぞもくさい。お湯ゥへはいって頭も洗って、新しいゆかたを着て、すっかりきれいになって湯から帰って来る。その間に仕出し屋から何か料理を取ったりして、ちんちんかもで、ちょいと一ぱい飲みの、女の子が泊まったというわけです。

「え？　どうもねェ、おまい、こりゃァなかなか拾《しろ》いもんだよ。ちょいと資本《もと》をかけただけでね、なかなかおつな女でね」

なんて、のろけていました。

「へえ……うまいものを拾ったもんだねェ」

なんてんで、楽屋でみんなうらやましがっていた。それから半月ほどたちますと、

「おい、何処《どッ》か、越《こ》すとこはねえかなァ」

ってんでね、里う馬さんが深刻に困ったような顔をしてる。

「どうしたんです」

「いやさァ、弱っちゃった、あのゥ毒消売りの女で……」

「それァなんですか、情夫《おとこ》かなんか来て、おどかされたというような……？」

「いやそんなことじゃァねえんだが、天気ンときァ、むこうも商いに歩くが、雨降りは商売ができねえ。するてえと友だちを十人も引っ張って、おれンとこィ来て、いろんなものを取って食うわ、唄ァうたって騒ぐわ、どうにもこうにも、近所ィみっともなくっていられねえから、おらァ何処《どッ》かィ引ッ越そうと思う」

ってんで、

「おやおや、色男も、そう大勢引っ張って来られて、食いたおされたんじゃァ、やりきれなかろう」

ってんで、いやどうも、楽屋で大笑いをしたことがありましたが、そういったような、まことに昔の噺家らしいところがありました。

このかたは、大正九年五月二十一日、行年七十三歳で亡くなりました。

養老　瀧遊

同相生町二丁目二番地　小林庄太郎事

これは、日本手品の養老瀧五郎の弟子かと思いますが、不明でございます。

三遊亭　新橋

深川区亀住町六番地　福田富次郎事

二代目〝薬研堀〟圓橋(本名・佐藤三吉)の弟子で、圓雀から新橋になったもので、晩年は、橘園となっておりました。『寄席育ち』でも申しましたが、三遊派では名前の下の字には「圓」は用いません。下につける時には、「園」でなければいけません。

この人は音曲師なんですが、毎晩同《おんな》し都々逸しッきゃうたわない。字あまり都々逸をようたいました。

あたくしが覚えているのは、

〽鯛を釣りにやったら、鯛が釣れなくッて地蔵さまが釣れました。これがほんとの鯛のかわり(賽《さい》の河原)の地蔵さま……

という文句で、毎晩のようにうたっていました。この人は文之助系図には「都々逸の宗匠にて」と書いてある。それなら少しは変わった文句をやってもよかったろうに……。

今、あたくしが演る『庖丁』という噺は、この人だけしか演りませんでした。この噺は『庖丁の間男』ともいいますが、本題は『恵比寿《えびッ》ちゃま』というんだそうで、この橘園が演るのをよく聞きました。

この人も、おしまいごろはどうなったか、よく覚えがありません。震災後はもう見かけなかったように思いますんで、震災前後に亡くなったもんだろうと思います。

同安宅町一番地　菅原米吉事

橘家　喬之助

これは、文之助系図を見ますと、圓喬門人で喬之助というのが、二人並んで書いてありまして、ひとりは「神田指物師の娘」とあり、もう一人は「清元浄るり。のちに神戸へ行く」となっている。してみると、二人とも女なんで、この菅原米吉の喬之助は、この二人より前の喬之助なんでしょうが、よくわかりません。あるいは、前座かなんかでおしまいになったものかも知れません。

同西森下町四十七番地　金子春吉事

三笑亭　芝三

同御船蔵前町三番地　吉岡ツネ事

岸の家　妻八

同佐賀町二丁目四十三番地　中川登久事

竹本　花子太夫

以上三名のことは、よくわかりません。

三遊亭　圓朝

四谷区内藤新宿北裏町四十八番地　出淵次郎吉事

圓朝師の苗字は、「いずぶち」と読むのが本当なんだそうですが、「でぶち」と読む人もあって、誰でしたか、『小言幸兵衛』の噺の中へ使いましたよ……幸兵衛が、うちを借りに来た男に、

「おまいの伜の名前は何てんだ」

「エエ……出淵《でぶち》次郎吉と申します」

「いやな名だねェどうも、不粋《ぶいき》な名をつけやがったもんだ」

って……。

なるほど出淵《でぶち》次郎吉なんてえのァ、あんまり粋な名前じゃァない。だけどこれが、大師匠《おおししょう》と言った三遊亭圓朝の本当の名前でございます。

この圓朝師のことは、もうさまざまの本に、ずいぶん出ておりますが、ここに、圓朝師が、これから入門して弟子になる者に示した「圓朝憲法」というものが、『文芸倶楽部』にのっておりましたので、ごらんに入れます。

▼圓朝憲法　その以前三遊亭圓朝が新たなる弟子に申し渡したる箇条書というもの、ちょっと面白ければ左に、

三遊亭圓朝(『百花園』第208号)

一、嘘はつくべし理屈は言うべからず
一、高座の上とて高く止《と》まるべからず
一、笑わるるとも悪《にく》まるるは悪《わろ》し
一、その席によりて言う事に斟酌《しんしゃく》あるべし
一、前に出る者の言いたるくすぐりをあとへ出て言うべからず
一、顎《あご》の掛け金《がね》はずさすとも連中の取りきめにはふんどしを締めかかるべし

従今日《こんにちより》連中《れんじゅう》に差加《さしくわえ》申候《もうしそうろう》条《じょう》如件《くだんのごとし》

〔『文芸倶楽部』第4巻第7号(明治31・6)〕

次に、圓朝師が亡くなりました時の『文芸倶楽部』の記事を、ここに出すことにいたします。亡くなりましたのは明治三十三年八月十一日です。

▽故三遊亭圓朝　嘯月生

圓太郎、絵をまなぶ、前座時分、真打、両国の寄席に出る、画工と圓朝、親孝行、売り出したる魂胆、ぽん太、素人芝居と三題噺、圓朝訪問記。

三寸の舌先にて百人百種の人物を現わし、もって聴者を感動せしめし、噺家の泰斗、故三遊亭圓朝は圓太郎が子なり。(1)圓太郎はもと屋根職なりしが、二代目圓生の弟子となり、噺は巧みならねども、愛嬌のある所より真打前《まえ》を勤めていたり。この圓太郎は生まれたままの男にて、真率《しんそつ》、笑うべき話ども多かりけり。この男の胤《たね》に圓朝の生まれたるは、鳶《とんび》が鷹を生みたるなりと人は言いけり。

圓朝は名を次郎吉といい、池の端《はた》にて育ちたり。父圓太郎は、おのれみずから噺家の哀れなる境界《きょうかい》にさまよう身の、今また一人の倅にかかる稼業をさせんことを願わず、よって画工にせばやと思い、圓朝が十四の年、そのころ有名の浮世絵師一勇斎国芳《くによし》のもとに連れ行きて入門せしめたり。

これより圓朝は、国芳が玄冶店《げんやだな》の家にありて、版元問屋《といや》への走り使い、朝夕の拭き掃除にこき使われ、その間には丹青《たんせい》の技に余念なかりけるが、いること二年、父圓太郎はその業《わざ》の容易に進まざるを見てもどかしがり、蛙の子はやはり蛙こそよけれとて、圓朝を連れ帰り、同道して寄席に出勤したり。圓太郎が子なればとて、小圓太といいにき。かつて圓朝はこのころの境界をみずから話したりき。

浅草茅町に住まいをして、品川の寄席へ出ておりました時に、寄席がはねてから宅まで帰りますると、その晩寄席で取っただけのお銭《あし》は途中でなくなってしまいまする。と申して宅では油銭《あぶらせん》にすら困るくらいの仕儀ですから、宅の近辺へ帰る者にお銭を託して家へ届けて貰い、自分は高座の下へもぐり込んで寝て、ふかし芋で露命をつないだことがございました。

（以上圓朝の話）

かくの如きこと二、三年にして微々たる真打となり、山の手へんの寄席に出勤していたるが、そのころ浅草諏訪町《すわちょう》の裏店に住まいたる画工芳幾《よしいく》は、国芳の門人にて、圓朝の朋友なり。ある日圓朝は幅二尺、縦四尺ばかりの枠に手細工にて紙を張ったるを、みずからさげて芳幾の家に来たり。幾さんお頼みがあって来ました。どうぞこれへ、上のほうに幽霊が出ていると、下の所に、わしが見得をしているところの絵をかいておくんなさいと言うに、芳幾承知して、ただちにかいて与えたれば、圓朝はみずからこれをさげて寄席に行き、看板とは為《な》したるなりとぞ。その後幾ほどもなく向両国《むこうりょうごく》の寄席に出勤して、ある日芳幾の家をおとずれたり。その時は路地に駕籠を待たせおき、新しき履きものに溝板《どぶいた》を踏みて芳幾を驚かせぬ。芳幾この時の話をなして言うよう。ついこの間まで自身で看板を持って廻ったのに、今日はもう駕籠で廻るとは早い出《い》世だ。これを思うと画工はつまらないものだと思いました云々《しかじか》。

圓朝が真打となって出でたる両国垢離場《こりば》の寄席は、はじめ夢楽、その次に柳桜(2)（先だって歿したる柳桜にあらず）土橋亭里う馬(3)と、その時々の名人が出勤したる寄席にて、圓朝が未熟の芸にては真打たることおぼつかなかりしなり。まして古今亭新生《しんしょう》(4)、春風亭柳枝(5)（燕枝の師匠）などいう一時の名人が九州引き戻し(6)、三代吉《みよきち》殺し等、得意の人情噺に聴者をよろこばせたる中なれば、圓朝が苦心は一と方ならざりき。よって圓朝は芝居がかりの人情噺に骨を折り、大道具・下座の鳴物を使い、声色は今の団十郎、半四郎、関三《せきさん》を主に遣《つか》いいたるが、至って拙《せつ》なりき。

蔵前の小揚《こあ》げの頭《かしら》に徳松という顔役ありけり。この男きわめて圓朝びいきにて、同人が両国の寄席へ真打となって出《い》でたるは、徳松の尽力によるところなりとぞ。この徳松を伝手《つて》に蔵前の札差しに取り入り、追々人気づき、圓朝出勤の寄席は日増しに繁昌したり。

このころの圓朝は、今の圓朝にはあらず。大《おお》たぶさの髷《まげ》は殿様の如く、黒羽二重《くろはぶたえ》の羽織の紐は人並みより太やかに、緋縮緬《ひぢりめん》の襦袢《じゅばん》の袖口は燃ゆるばかりなり。きざをよろこびにやけたるを嬉しがるは浮気女の習いなれば、圓朝に迷う者多かりけり。柳橋の芸者を初めとして堅気《かたぎ》の娘、後家、隠居、情《じょう》を通じたる婦人は幾人という数を知らず。

元来圓朝は性質温厚柔和にて、いやしくも人と争いしことなし。これぞ同人が人気をも、婦人の愛をも得つる根本なるべきが、今ひとつは孝行の徳にもよれるなり。同人の父圓太郎は老年に及び家居したりけるが、孝心厚き圓朝は朝夕大切に仕え、たとえば寄席の帰りに一袋の菓子を求めて袂に入れ、わが家に帰りてこれを子供には与えず。おとッさんにおみやげとて父の前にいだしたるなど、これらの話を探る時はあまたありぬべし。

圓朝が下男の如くにして使いたる者に、ぽん太という愚か者ありたり。もとは蔵前を稼ぎ歩きたる髪結いなりしが、愚か者をまねる横着者なり。この男圓朝の気をのみこんで常に同人の供をして歩きけるが、愛嬌となって圓朝が声価を助けたるなり、このぽん太のことにつき、落合芳幾氏の話されたりけるは。ある日柳島の某《なにがし》へおもむかんとて、家を出でたる途中にて、圓朝のぽん太に会いたり。どこへ行くかとたずねられしゆえ、これこれなりと答えたり。ぽん太「わたしも柳島へ行くのだから一緒に行こう」と言うに、困った道連れなりと思いながら拒《こば》まんようなければ、ぽん太と、うち連れ、大川端に出《い》でたり。頃しも極月《ごくげつ》末のことなれば、流るる水の色にひとしおの寒さを添えけり。よってぽん太に向かいて、「おめえ、この大川へとび込んだらどうなると思う」「そうさ、焼けるように熱いだろう」「それじゃぽっぽと燃えている火の中へとび込んだら」「おお寒い寒いと体が震えあがらァ」とまじめに答えたるにぞ、この男横着者と知りたりと。

名人上手と言われたる者も、声価を得るまでには、さまざまの策をめぐらしたるものなり。名声一時に高かりし是《ぜ》真《しん》の如きも、苦しき金を撒きて、伊豆屋の二階に朝日《あさひ》嶽《だけ》を呼び、豪遊をきわめたる事あり。まして圓朝は芸人なれば、売り出しの魂胆さまざまなり。たとえば、仲の町の某《なにがし》といえる引手茶屋には良き客あり、かの家に出入りなさば、わが身にもおのずから徳つくべしと思う時には、途中にわかに腹痛さし起こりたる如き体《てい》をなして、その家の店先に来たり、いんぎんに「急に腹痛が差し込みまして難儀をいたしまする、はなはだ申しかねましたが、薬を飲みまする間、暫時お店先を拝借いたしとう存じまする……こりゃぽん太よ、この先へ行くと薬屋があるからの、腹痛によい薬を買ってきや」とぽん太を使いにやるなり。その家にて圓朝と知らばなおさらなり、たとい知らざる家にても「まァこっちへお上がりなさい」といたわるが人情の常なり。されど此方《こなた》は遠慮して上がらず。とかくするうちにぽん太、薬を買い求めて来たれば「ご無心ながら白湯《さゆ》を一つ」と湯を乞うて薬を飲み、気を静めて「おかげで痛みが治まりました、有難う存じまする」とていねいに礼を述べて去り、その翌日二分《ぶ》ばかりの菓子折をたずさえてその家に行き、昨日の礼を述べて帰るを、序開《じょびら》きに、取り入ったるなり。これらは人の知ったるところにて、なおこのほかに、さまざまの魂胆くふうありしならんが、聞かざれば知らず。

圓朝は文事の嗜《うま》みある仁《じん》にて、業平文治《なりひらぶんじ》の如きは、全く自分の創作なりという。同人が一《いっ》の噺を作る時には、まずその地を跋渉して、地理人情を観察して帰るなり。そのいでたちを見れば糸立《いとだて》に菅笠、わらじ、脚半《きゃはん》、宛然《えんぜん》たる田舎者なり。先年この事につき圓朝に質問したりける、その時の同人の話に「自分の想像だけでは、ちょっと景色のお話をしても、とかく絵になりたがるもので、たとえば古い庵室があって、その入口には筧《かけい》の水が清らかに落ちていると、お話をするのはよいが、この筧の水がどこから流れて来るかとたずねられると、エエそれはと、答えにつまるようなもので、人情風俗習慣の如きはわけてそうです、ひとたびその地を踏んで来れば、その誤まりがございません」と言いたることあり。

圓朝がまだ若きころ、三題噺のはやりたることあり。その連中は圓朝、左楽《先代》河竹新七《故黙阿弥》柳亭種彦《たねひこ》《仙果《せんか》》山々亭有人《さんさんていありんど》《採菊《さいぎく》》落合芳幾《画工》等にて、扇にて床《ゆか》をとんとたくを合図に、聴衆より一つずつ題をいだし、三題に至りてサゲをつけて高座をおりるなり。柳橋《やなぎばし》の柳屋にて催したる時、圓朝が高座に上がりて、すでに二題まで出《い》でたるを巧みに弁じ、三つめの扇拍子《びょうし》とんとたたけば、聴衆の中にて「鯛のしっぽ」と叫ぶ者あり。圓朝がぐっと……つまって「エェ鯛のしっぽ…鯛のしっぽ……これはやはり鯛のしっぽで御免をこうむりまする」とそこそこにおりたるにぞ、しばし笑い声はやまざりしという。

下《しも》に記したる圓朝訪問記は、友人紫嬌《しきょう》くんの筆記なり。圓朝の風采、おのずから話の間に顕わる。

今の噺家は自分の器用でやりますのですから、時に応じたうがちなどこそ、上手《じょうず》かは知りませんが、聴いているると話しているのだか、ふざけているのだかわからないくらいで……一体、小噺を百、稽古すればそのうちには番頭、下女、小僧、気取り屋、お武家もあれば娘もあり、何でもありますから、ずいぶん調子さえのみこめば、上手になられますのですが、ただ今では師匠が寄席の掛け持ちをいたすところへ、弟子がまたいたしますから、稽古をする間《ま》もなし、また聴いている間もないので……わたしがまだ稽古をしたころは、この仲間では玉を入れると申しますが、いわゆるケレンのことで、師匠が楽屋で聴いている時などに、右の玉を入れてご見物を笑わして高座をおりて参りますと、いきなり師匠が打《ぶ》って、見物を笑わしやァがったなと、小言を言ったものですが、これだから名人上手も現われたわけでございます。

その名人で思い出しましたが、わたしがいまだに、あァ上手なものだ名人だと、片時も忘れませんのは、古今亭新生《しんしょう》と申した人で、いまだに覚えておりますのは、その新生が菱川師《もろ》宣《のぶ》の伝を話しました時で……この師宣といった人は、師匠の歌川某《なにがし》より腕がすぐれておりましたので、ある人が師宣にかいてもらおうと思って、絹を張った枠を持って歌川の宅へ参り「ごめんください、歌川さまはこちらで？」と格子をあけて沓《くつ》脱ぎへ上がり、障子をあけてみると、師宣はいないで、師匠の歌川がいたので「師宣さんは？」と、こう奥をのぞき込んで小声に言うところが、いかにも当てにして来た師宣がいないで、歌川がいたので、何とも言えず困った情《じょう》があふれるように見える……ここが実に上手なところで、あっと感服いたしましたから、今もって忘れません。すべて噺は情《じょう》がなければ面白くないもので、豊臣太閤の御前でおどけたことばかり申した策伝という人がこしらえた噺に、

ある冬のことで、ごく寒い日に魚屋が大鯛と小鯛とを二まいかついで、お得意へ行くと、そこのおかみさんが、まァ魚屋さん、寒いじゃァありませんか。おまえさんも今でこそこうやってお歩きなさるけれども、以前はさだめし由《よし》あるかたの成れの果てでおいでなさろう。いいえさ、お隠しなすっても、自然とそこはね、わかりますのですよ。まァお寒かろうにこちらへ来ておあたんなさいと言うと、魚屋はずいと立って、大鯛を縁がわへほうり出して、行こうとする袂をおかみさんが取って、魚屋さん、この鯛はえ？　魚屋はぐっと澄まして、先祖頼朝の命日じゃ。

いかにも魚屋の情《じょう》があるじゃございませんか。それからまた、

勘六という百姓が名前を取り替えたいと思って、庄屋の所へ参りまして、わしはねェ、これまで勘六といったがね、どうかこう、ええ名にしてえと思ってね、と頼むと、この庄屋さまは、いろは四十八文字のほか知らないので、いろはを書いた帳面を足の脇へ置いて、そっと見ながら話をするという人ですから、そうさねェ、い左衛門としたらどうだろう。それでもええが、なんとかねェ。ろ左衛門はどうだな。もうちっとねェ。は左衛門はどうだな。もうちっとねェ。に左衛門かな。もうちっとねェ。そうさな、それでは……へとち左衛門がよかろう。

すべて噺はこう行きたいものです。わたしがまだ若いころ、親父のところへよく遊びに参りました鶴賀若太夫という新内語りは大そうな上手でございましたが、まことにおどけた人で、しじゅううまいことばかり言っては人を笑わせてよろこんでおりました。ある日私宅へ参りまして、

昨夜《ゆうべ》ノ、お客に連れられて吉原へ行ったところが、そのお客が兎唇《みつくち》でノ、だから面白い遊びは出来ないのだがノ、まァいつものとおりひと騒ぎして、そのお客が連子《れんじ》の下で一ぱいやっていると、雁《がん》が二、三羽、月夜だったから、連子のあいだから透《す》いて見えたね。すると禿《かむろ》が手をこうたたいて『がんがん…三ツ口《くち》』と言いかけると、新造《しんぞ》がお客へ障《さわ》ると思って、畳をたたいて禿をにらむとノ、禿も困ったから『がんがらのがん』と言った。それからこの禿と同じようなのが遊んでいるとノ、花魁が文《ふみ》を書いて、みどりや、この文を山口巴《ともえ》へ持って行っての、宗《そう》さんが来なましたら、どうぞ渡しておくんなましと言って置いてきや。そこでみどりは、あいあいと承知して出て行ってノ、少したつと帰って来たが、目を丸くして言うにゃァ、花魁え、玉屋のぶちと桐半《きりはん》のあかとは、ほんとに不作法の犬でありんすよ。何をえ？　何をしておりんした？　と言うとノ、仲の町の真ッ中であきれたもんざますよ。花魁が、なぜだのゥ？　あの、お床《とこ》入りをさ。

この人などのが策伝と同じで、ちょっとした噺にも情《じょう》がじゅうぶん満ちております。ですから何でも情があふれるようでなければ、面白味がございませんかと思います。

圓朝は天保九戊年《いぬのとし》(7)の生まれにて、今年六十二歳なり。妻は柳橋にて艶名高かりし大幸《おおこう》(8)なり。

今は黒髪を切って、姥ざくらの残る色香を捨てける人の昔語りを、今さらことごとしげに書き綴らんも心なきわざに似たれば、ここには略しぬるなり。

（編者いわく、この原稿は、圓朝も在世の折に出来たるものなれば、その文体もおのずからその趣きあり、読者これを諒せよ）

〔『文芸倶楽部』第6巻第12編（明治33・9）〕

〈圓生註〉

（1）圓朝の父の圓太郎が、真打前を勤めたというのは、ひざがわりで、音曲を演りましたもので、あたくしの聞いたところでは、下卑《げひ》た人だったそうで、高座で、

「○○○○の顔をごらんにいれましょう」

なぞと言って、顔をくしゃくしゃとさせて女陰の形を顔で見せて笑わせたという。圓朝師は上品な人ゆえに、圓太郎が晩年高座へ出たがるのを、なるべくあげぬようにした、ということです。

（2）「柳桜（先だって歿したる柳桜にあらず）」とありますが、「先だって歿したる柳桜」というのは三代目柳橋から春錦亭柳桜となった、本名斎藤文吉のことでございます。この人は明治二十七年六月八日、六十九歳で亡くなっている。ところがこの柳桜は正しく初代で、種々調べましたがそれ以前に柳桜はございません。ですからここで先だって歿した柳桜にあらざる柳桜と言っているのは、二代目柳橋のことを指しているのだろうと思います。それならば理屈に合う。斎藤文吉の柳桜は嘉永五年（一八五二）に昔々亭桃流から三代目麗々亭柳橋に改名しております。圓朝は天保十年（一八三九）生まれゆえ、その時十四歳で、まだ小圓太です。二代目柳橋は、歿年はわかりませんが、その少し前までは出演していたと思われます。

(3) この里う馬は、嘉永四年(一八五一)六月十日、五十三歳で歿した初代里う馬でしょう。
(4) 初代志ん生です。初めは真生と書きました。だから新生というのは誤まりです。この人は安政三年十二月二十六日、四十八歳で亡くなっております。
(5) これも初代柳枝です。慶応四年七月十七日歿、行年は高野金太郎氏の調べでは、五十六歳といいます。
(6) 『九州引き戻し』は『九州吹き戻し』の誤まりです。
(7) 「天保九戌年の生まれ」というのは「天保十年己亥年」の誤まりです。そうでなければ、明治三十三年に数え年六十二歳になりません。
(8) 「大幸《おおこう》」とありますが、これはルビの誤まりでしょう。あたくしが一朝さんから聞いたのでは、大幸(だいこう)といっていました。

(『文芸倶楽部』6-13)

▼三遊亭圓朝逝く　扇一本に人情の微をうがちて、高座にその能弁を振るう時、幾百の人をして思わず涙くだらしむるの技能を有したる、三遊亭圓朝事出淵次郎吉は、ながなが病気のところ、ついに去る(1)八月十二日午前二時というに、六十二歳を一期《いちご》として、下谷区車

三遊亭圓朝とその葬儀，中央圓朝

坂町五十六番地の自宅に、永眠したり。先に、柳派の長《おさ》たりし談洲楼燕枝を失い、今またこの老を失う。落語壇これより、いよいよ落莫の嘆深からん。圓朝は、初代橘家圓太郎の総領にて、天保十年四月というに、本郷湯島の切通しに生まれたり。幼名を小圓太と呼びたり。その後二代目圓生の門弟となり、圓朝と改めたり。朝に圓《まる》きは天道《てんとう》さま、今にわたしも旭のような威勢を示しましょう、との意気、この時にほの見えたれば、師匠圓生も、こいつただものならじと、舌を巻きけるという。十七歳にて、初めて板看板《いたかんばん》に名を現わせしが、二十歳に至りて、道具噺の真打となりぬ。

▼赤い襦袢《じゅばん》　絢爛の極を経《へ》ざれば、平淡の境《きょう》に入りがたし。大いに成したる芸人は、いずれも薄化粧、赤い襦袢の時代を経ざるべからず。燕枝然《しか》り、柳桜また然り。圓朝もまたご多

分をまぬかれず、『瞽女《ごぜ》殺し』や『鳶《とび》の喜太《きた》』などで、「あアあ恐ろしき執念じゃなァ」を振り廻すも面白からずと、一転、芝居噺をはじめし時の如き、ずいぶん堪《たま》らぬ扮装《こしらえ》なりしとは、今も芸園に絶えざる話なり。されど、圓朝は、他の連中の如く、師匠より教えられしままを受け売りするにはあらで、少くとも自分において鍛錬するだけの力を有し、ことに当時芝居噺の名人と聞こえたる、三代目蝶花楼馬生(2)についてその呼吸をのみこみ、当時売り出しの権十郎《(今の団十郎)》や故関三《せきさん》、寿三郎、仲蔵らなんどの声色をば巧みに遣《つか》いたるより、その頃の人気というものは実に非常なものなりしという。

▼人情噺の初め　こののち十幾年は、道具幕の前に赤い襦袢をひらめかして、人気を引きたりしが、三十四歳に至り、いよいよ平淡の境に入り、扇一本の素噺《すばなし》を始むるに至りたり。道具噺の最後は、薬師の宮松にて、その時の読みものは『牡丹燈籠』なりしという。その時以来、道具一式を門弟の四代目圓生(3)に譲り、その風采も、爾来全くまじめになりたりという。

▼著作の才　圓朝が著作の才に富めるは人の知るところなるが、『真景累ケ淵』『牡丹燈籠』『本所五人男(4)』『塩原多助』『安中草三《あんなかそうざ》』なんど、世人の血を沸かしめたる著作少からず。そのいくつかは、名優菊五郎によりて場《じょう》に上《のぼ》りしが、わきて『塩原多助』の如きは、非常の評判にてありき。とにかく、圓朝が芝居噺としての封切りは『皿山《さらやま》奇談(5)』にて、この作いたく世の称賛を博せしかば、圓朝もここに力を得て、爾来幾十種の奇作をいだすに至りしものなりという。

〔『文芸倶楽部』第6巻第12編(明治33・9)〕

〈圓生註〉
（1）「八月十二日」とありますが、「十一日」の誤まりです。
（2）どうも、この追悼文には、でたらめな間違いが多くて、「蝶花楼馬生」などという名前はありません。これは金原亭馬生の誤まりでしょう。
（3）芝居噺の道具を一切ゆずったというのは三代目圓生(本名・野本新兵衛)で、四代目ではありません。
（4）『本所五人男』というのは、圓朝著作の中にはございません。
（5）芝居噺の封切は『皿山奇談』というのもでたらめで、正しくは『累ケ淵』でございます。

▽故圓朝が俳句　竹内　節

三遊亭圓朝がことにつきては、すでに本誌にくわしく記されつれば、今またここに贅筆《ぜいひつ》を要せざれど、余はただ彼が風流韻事《いんじ》につきて、その一端を録し、同好の一粲《いっさん》に供せん。圓朝が余に贈れる書信中、その末尾に俳句を付するを常とせり。今その一、二をかかげんに、

始めておこされし手紙に、

人に此の親しみほしや月と梅

○御安産を賀して

子福者とよばるる竹の齢《よわい》かな

こは、何とやらいいし同人が著書の巻端《かんたん》にかかげられしをも見受けぬ。

〇貴君《きくん》の御無事を賀して
降る雨も明かるき稲のみのりかな
〇野老《やろう》の身を
痩せ臑《ずね》の置きどころなり露の宿
〇新宿にて近火にあいし折
横なぐり喧嘩々々の吹ッかけは
なんで腹をば たつみあらしぞ
〇北裏《きたうら》の草庵に閑居して
聾《みみしい》て聞き定めけり露の音
これぞ同翁辞世の句として、先つ頃諸新聞にしるされしもの。
ささ波に影まとまらで月涼し
麦のある畑《はた》まで花のむしろかな
この他なお数多けれど、さまではとて省《はぶ》きぬ。
ちなみに言う、圓朝の若かりし折り、薄化粧、赤い襦袢のいでたちに、芸者、娘、後家などの、これに迷いし者多かりし趣き、本誌にかかげられしが、それにつけて思いいでしは、余が数年前、同人を新宿の北裏《きたうら》に訪《と》いし時、圓朝の話中、左《さ》の一齣《く》ありき。
あなた東京で遊んではいけませんぞ。昔の芸者はなかなか堅くて容易に屈することがありませぬでしたが、今のは絶えて意気地《いきじ》というものがないから、遊んでもつまりません。私の存じておる芝の田中さん？　などは、気に入りの芸者をなびかせるに、六年かかったと申すことですが、今は密娼《じごく》も同様で、まことにはや、いけません。云々《うんぬん》

またもって情事の変遷を見るべし。借問《しゃもん》す東都《とうと》無数の芸妓《げいこ》たち、この語に対して赧然《たんぜん》たらざるもの果たして幾何《いくばく》かある、嗚呼。

〔『文芸倶楽部』第7巻第1号(明治34・1)〕

明治三十三年という年は、落語界にとっては非常な打撃をこうむった年でございます。二月十一日に柳派の頭領《とうりょう》と言われていた、初代談洲楼燕枝(本名・長島伝次郎)が六十三歳で歿しております。同じく八月十一日に三遊亭圓朝(本名・出淵次郎吉)が六十二歳で歿し、同月二十一日に四代目麗々亭柳橋(本名・斎藤亀吉)が四十一歳で亡くなり、同年十一月十四日に、燕枝の亡きあと柳派を背負《しょ》って立つべき人で、「蔵前の大師匠」と言われました、三代目春風亭柳枝(本名・鈴木文吉)が四十九歳で歿しております。

三遊派で圓朝、柳派で燕枝・柳枝・柳橋という大物が、そろいもそろってこの年に亡くなっているという、大変に悲運の年でございました。

そこであたくしが驚いたのは、燕枝が亡くなりましたのが二月十一日、翌月の三月号の『文芸倶楽部』には、追悼の特集があると思ったところが、ないんです。四月号を捜したが、ない。で、よく見ると三月号のおしまいに、昔の雑誌には、色変わりの紙の広告欄がありまして、天賞堂だとか、あるいはどこそこのお白粉《しろい》だとか、博文館発行の本の広告なぞが出て

いる、この桃色の紙のところに、「去月、燕枝が死んだ」という記事がのっておりました。本文の記事は、締切り迄に原稿が入らなければ出せません。その関係で急遽の場合は広告欄に記事を出すのだそうです。

その全文を、ここでごらんに入れることにいたします。

▼談洲楼燕枝の死去　落語家柳派総師匠燕枝長島伝次郎は、先頃中より動脈瘤にかかり、就蓐《じゆじよく》中のところ、にわかに容体変じ、一昨日午前三時、本所区南二葉町自宅にて死去したり。

同人は、天保九年十月生まれにて、本年六十三歳なり。その辞世は「動くものの終りはありて瘤柳《こぶやなぎ》」また、葬儀は、来たる十四日午前十時、自宅出棺、既記の如く、浅草清島町の源空寺へ送葬するという。今その逸話一、二を左に、

▼素性《すじよう》　燕枝は幼名を伝之助といい、父は小石川伝通院前表町の桝酒屋《ますざかや》長島清助にて、通称を万清《まんせい》と呼ぶ。幼きより叔母に当たる同町の尾張屋に貰われしが、ふとせし事より落語家にならんとの志を立て、十九歳にして家をとび出したり。

▼噺家となる　かくて初代柳枝の門人となりて、春風亭伝枝を名乗り、その後柳亭燕枝と改名し、二十五歳にて真打となりぬ。

▼談洲楼　初代立川焉馬は、別号を談洲楼と号す。燕枝常に焉馬の人となりを追慕して、その遺墨遺品ども集めいたるが、ついにその号を取りて談洲楼と名づけしなり。

▼音羽屋をへこます　昨年、燕枝が催主となりし幡随院長兵衛の二百五十年忌法要を、浅草源空寺に執行せし際、菊五郎方におもむきて寄附金を頼みしに、菊五郎は燕枝に向かい、長兵衛の事なら親玉《団十郎》一人で背負《しょ》って立つが当たり前じゃねえか、とたわむれしを、燕枝はすかさず切り込んで、「親方そうは言われません。あなただって白井権八の時には、長兵衛のうちに居候になったじゃございませんか。ですから、義理にも知らねえとは言われますまい」と言いしに、さすがの菊五郎もなるほどと苦笑して、金百円寄附したりとなり。

〔『文芸倶楽部』第6巻第4編(明治33・3)〕

以上だけでございまして、その後に本当の追悼記事が出ると思っていたら、ないわけなんです。そして燕枝の芸に対して一と言の批評も出ていなければ、まことに素《そ》ッ気《け》ないものでございます。ま、新聞だとか、ほかの雑誌に出たかどうかは知れないが、『文芸倶楽部』に関する限りは、以上のものだけです。

それから、四代目柳橋の亡くなりました時に、『文芸倶楽部』にその記事が出ましたので、ここにかかげます。

▼麗々亭柳橋死す　先に圓朝を失い、今また柳橋を失う。同人は、去々月中旬より腸胃病にかかり、長与《ながよ》胃腸病院に入り、ひたすら療養に手を尽くせしも、その効なく、去月二十一

日午前七時、芝区日蔭町一丁目一番地の自宅において逝けり。柳橋は、春錦亭柳桜の長子にして、幼名を亀吉といえり。父は亀吉を正業につかしめんと欲して、年十一歳のころ、京橋区八官《はちかん》町の時計屋小林といえるに小僧につかわせしも、まもなく逃げ帰りて、内弟子の間にまじりて噺の稽古をなし、ついに十四歳の時、始めて『釜泥』の噺を高座に演ぜり。その後五年ののち、真打となり、木原店《きはらだな》において、道具を使っての人情噺は、大いに聴衆の喝采を博せり。噺は年を経《ふ》るにしたがい、父柳桜に酷似し、『四谷怪談』『九州吹き戻し』『茶碗屋敷』『唐茄子屋』等は、父の読みものを受けつぎて評判よく、また、自己のくふうに成りたる『踊りの稽古所』は、ことに見物のうけよかりき。父柳桜死後、彼は同派の人々と不和を生じ、脱派ののち三遊派に入りしが、昨年二月、仲裁するものありて、再び柳派に帰りて、頭取となりぬ。彼は平素風流をたしなみ、俳諧は故・月の本為山《いざん》にまなび、俳号を「やなぎ」といえり。

〔『文芸倶楽部』第6巻第12編(明治33・9)〕

この記事にありますように、四代目柳橋は、父の柳桜が明治二十七年六月に亡くなったあと、一時三遊派に来ていたことがあったわけで、それで、この本の巻頭に掲げた三遊連の写真の中にも柳橋の顔が見えるわけです。それで「昨年二月」とありますから、明治三十二年二月に柳派へ戻って、頭取になったが、僅か一年あまりで、亡くなったわけでございます。

こういうわけで、初代燕枝、四代目柳橋については、僅かながら追悼の記事が出ております。

ところが、三代目柳枝の死んだ時には、何ひとつ、死んだということさえ書いていない。見落としてはならんと思うから、広告欄の所も、くまなく捜しましたが、ついに一行も出ておりません。

これには、あたくしは、まことに驚いた。当時の柳枝というものは、「蔵前の大師匠」といわれまして、大変な大看板で、その頃柳派の噺家は、ほとんどみんなといっていいくらい、大半は柳枝の弟子でございました。というのは、初代燕枝が、会社でいえば会長で、柳枝は社長というようなもので、燕枝が自分の弟子もみんな柳枝に譲ったわけなんです。ところが、芸はうまくないという評判で、貫録は十分なんでしょうけれども、大体があまり面白くなかったらしいんですね。お客を立たせる名人だという……あんまりいい名人じゃァありません。とにかく、それだけの大看板で、一方の旗頭でいながら、死んだという記事が、一行も出ていないということは、驚くべきことで、当時、世間では、全く認めていなかったらしいと判断されても仕方がなかろうと思います。

今西の正蔵の「墓誌」で、明治三十三年十一月十四日、四十九歳で亡くなったことがわかっております。

それから、『文芸倶楽部』の明治三十三年十月十日発行の第6巻第13編に、落語家逸話というものがあり、柳枝(三代目)・鶴枝《かくし》・小さん・左楽・圓左なその楽屋話をいろいろ書いてある中に、「小さん、圓朝と激論す」という一文があります。この小さんは二代目・禽語楼小さんです。

ところが、その内容が、どうも腑に落ちない。まずごらん願います。

▽落語家逸話　紫　水

〔小さん、圓朝と激論す〕

月収四百余円あって、なお借金山の如く、粗服をまとって平然たる禽語楼小さんが、圓朝のまだ盛んに寄席を打って廻るころなりき、一日、日本橋倶楽部に華族の共楽会あり。両人ひとしく召されて、井上伯の前に坐しおりしが、世話好きの称ある小さんは、斯道《しどう》の日々に衰えるを嘆きて、平生思いおる斯道の改良策を熱心にとなえいだせしに、圓朝冷然としていわく「小さん、そのような考えは今日限り失念《よし》ておしまい、自分が取れるだけ取らなくちゃア、自分たちもいつまでも演っておられるものでないからねエ……もし病気にでもなったら如何する」と。小さん何條黙すべき、憤慨の色、面に顕われたりと見えしが、「圓朝さん！　俳優でいえば、団十郎ともいわるるあなたが、そんな気ですから、改良が出来ないのです」と、たがいに相下らず、口角泡を飛ばすこと数十分、井上伯ついに堪《た》えかねて引き分けたれば、終には笑うて相別れたりとぞ。もって両人が平素の意思を想い知るべし。云々。

〔『文芸倶楽部』第6巻第13編(明治33・10)〕

以上のようなものでございますが、これはあたくしは実に不思議だと思う。小さんと圓朝が激論して、口角泡を飛ばしたというが、圓朝という人は、決してそんな、他人《ひと》と議論をするような人でない。おだやかな人で、自分の弟子に小言を言うにも、女のようなやさしい言葉で、

「おまいさん、どうしてそういうことをするんです。いけないいじゃありませんか」

というような、それも、よほどのことでなければ、めったに言わなかった。他人《ひと》と争う人でないということは、あたくしも、話に聞いておりますし、数々の書いたものを見てもわかります。この一文だけが、口角泡を飛ばして、

「取るものは取らなくちゃァいけない」

と、主張したというのは、まことに不思議なことで……。

『圓朝全集』にも書いてございますが、何か災害があって困った時に、自分の着物の大半を売り払って、みんなにこれを分けてやったという人で、本当に噺家の利益になるような相談をして、それに乗らないなんてえ人ではなく、まして、その話を頭から否定するような人ではございません。場所がらもわきまえず、井上伯がついに堪《た》えかねて両人を引き分けたなんという、これァもう捏造の記事だということは明きらかでございます。

なぜそういうものを書いたかというと、柳派では圓朝というものをば、非常に憎んでいたらしい。憎むというのは、つまり嫉妬でございます。当時、圓朝師は重く見られているが、

それと対抗すべき燕枝、その弟子の柳枝あたりを、世間で見る目が全然違っています。圓朝はことごとに人が褒める。が、片方《かたかた》はあまり褒めなかった。だから、そういうことのやいちです。それで圓朝師が八月に亡くなって、そのあとの十月号にこういう記事をことさらに出したということは、いかに柳派が圓朝を敵視していたか、その表われではないかと思います。

あたくしが現に知っておりますのは、皿廻しの一柳斎柳一(本名・渡辺国太郎)という人がありまして……この人がもう六十、あたくしは十代で、年齢《とし》が違って、変な友だちですけれども、大変仲よくしていた……この人は物知りだし、芸もありましたし、ほかには何も言うとこはないけれども、圓朝師のことというと、ことごとにわるく言ってましたねェ。

「おまいさんなんぞァ知らないだろうが、圓朝の芸なんてえものは、あれは嘘の芸で、ごまかしの芸だ。本当にうまいのは燕枝師匠だ」

というようなことを言う。あたくしは三遊で育ったんで、その大師匠をけなされて、あまりいい心持ちはしない。その時分のことですから、圓朝の直弟子《じきでし》がいくらもいて、いろいろ圓朝師匠のえらかったという話を聞いている。そういうような悪口を言う人は三遊にはひとりもいない。ところがこの柳一がわるく言うもんで、あたくしは大いに反発を感じました。けれども、こちらはそれを反駁すべき資料を持っていないわけなんで。圓朝師はあたくしの生まれる前に死んじゃっている。全然知らないんですから、

「それァおまいさんの言うのは違う」

ということは言えない。仕方がないからだまって、

「うん、うん」

って聞いていたが、腹ンなかじゃァおもしろくない。

だから柳派としては、世間では圓朝ばかりがもてはやされるんで、大いにくやしかったのかもしれない。それで、そういうような、暗に悪口を言い、けなして、いくらか溜飲をさげていたわけなんでしょうが、公平に見て、圓朝と、燕枝との開きというものは、ずいぶんあったのだろうと思います。

関根黙庵さんの『今昔譚』にも、圓朝と燕枝などの芝居噺を比較して評している文がございます。

圓朝が芝居噺における成功は、後に柳亭燕枝、桂文治等をしてこれに倣《なら》わしむるに至り、燕枝も文治も共に大業な芝居掛かりを用い、他にもまねるものが多かったが、いずれも圓朝には及ばざること遠きものであった。ことに圓朝の感ずべき所は、かように芝居噺を演じても、どこまでも高座ということを忘れず、引き抜きで衣装は変えても、匕首《あいくち》や刀など、本物を持ち出して用うるなどということはなかった。すなわち、手にたずさえるは扇子のみで、この扇子を匕首にも刀にも槍にも擬して使った。元来高座で演ずる、一種の噺なのだから、洒落に道具を使っても、それはある程度に止めて、それ以上に脱線すれば、乞食芝居と選む所なきに至るわけで、それでは邪道というべきであろうが、彼はよくその辺の意気を心得ていたのである。云々

以上のように評されておりますが、圓朝師の芝居噺というものは、あくまでも、噺家が高座で演《や》るものですから、芝居そのものではない。

例を申しますと、踊りで、今、「小唄振り」というものをば、よく演ります。その時に、その小唄に適《あ》った扮装をする、これはまァいいとして、小道具の匕首を使ったり、刀を抜いたり、槍を持ったりするのがありますが、これなぞは邪道だと思います。本来、「小唄振り」というものは、お座敷の中で演るべきもので、だからそこに有り合わせの扇だとか手拭だとかいうものを小道具に使い、これらを匕首に見立て、刀に見立てて演る。しかしそこへ本物を持ち出して演るとなったら、「小唄振り」ではない。芝居になってしまう。

やはり芝居噺も、黙庵氏の書かれた演り方が、本当の精神なんですから、そいつをくずしてしまっちゃいけないわけで、ですから圓朝師の芝居噺も、他とは比較にならないほどのすぐれたものであったということは、はっきりわかります。

なお、圓朝の七回忌の時にも、『文芸倶楽部』に記事がのっておりますので、ここへ掲げることにいたします。

▼故圓朝法会の趣向　故三遊亭圓朝の七回忌法会は、本月十一日谷中鉄舟寺《てつしゅうじ》において盛大にいとなむはずなるが、今その次第を聞くに、三遊派連中八十名ほか関係者等二百余名、いずれもあらたに織りあげたる三一格子《ごうし》の着物にて、そろいの傘をさし、なお真打連は別に出

家ふうをよそおいて先に立ち、行列正しく菩提所へ練《ね》り込むよし、法要の場所には故人秘蔵の幽霊の画幅《がふく》八十余、ほかに今回の法会にさいし、現代の名画伯がとくに揮毫《きごう》したる幽霊ものの み五十余幅を陳列し、別に燈籠百三十余を飾りて参列者の観覧に供し、ここにて風変わりの余興を演ずる手筈なりとか聞く。

〔『文芸倶楽部』第12巻第9号(明治39・7)〕

この七回忌の法要のことは、前に三遊亭圓橘の項でもちょっとお話ししましたが、明治三十九年七月十一日に行なわれております。本来の命日は八月でございますけれども、当時、お盆の前というものは興行にはあまり成績がよくないので、席によりますと、十日以後十四日までは休んだ席がずいぶんありました。そういう関係もあったんでしょうか、七月十一日に圓朝七回忌をいたしております。

この時あたくしは数え年七つで、覚えがございますが、なかなか盛んなもんでございまして、三遊連ですから、例の「三《み》ツ扇《おうぎ》」……「高崎扇」ともいいます……あれのそろいのゆかた、それから、こうもり傘……これも今考えると変なもんですけれども、やはり「三ツ扇」のついたこうもりの日傘が出まして、これをみんなが、さして行きました。

集まった所は、違うと言ったかたもありますけれども、たしかにあたくしァ上野の鈴本へ集まったように記憶しております。それから谷中の全生庵まで ず…ッとお練《ね》りで行きました。こっちァ子どもですから、とてもそんなに長くは歩けないんで、母とふたァり、人力車ィ乗りまして、お寺まで行って、ご供養の間ずっとむこうにおりました。

で、この時に、一門の大真打が「空也《くうや》念仏」というものをやりました。〝薬研堀〟の圓橋、〝鼻〟の圓遊、大阪へ行った二代目圓馬、圓喬、圓右、小圓朝、圓左、これが圓朝師の直門でございまして、このほかに、孫弟子ではあるが、当時大看板の初代遊三(圓遊門人)と、あたくしの師匠である橘家圓蔵(四代目圓生門人)の二人がはいっております。

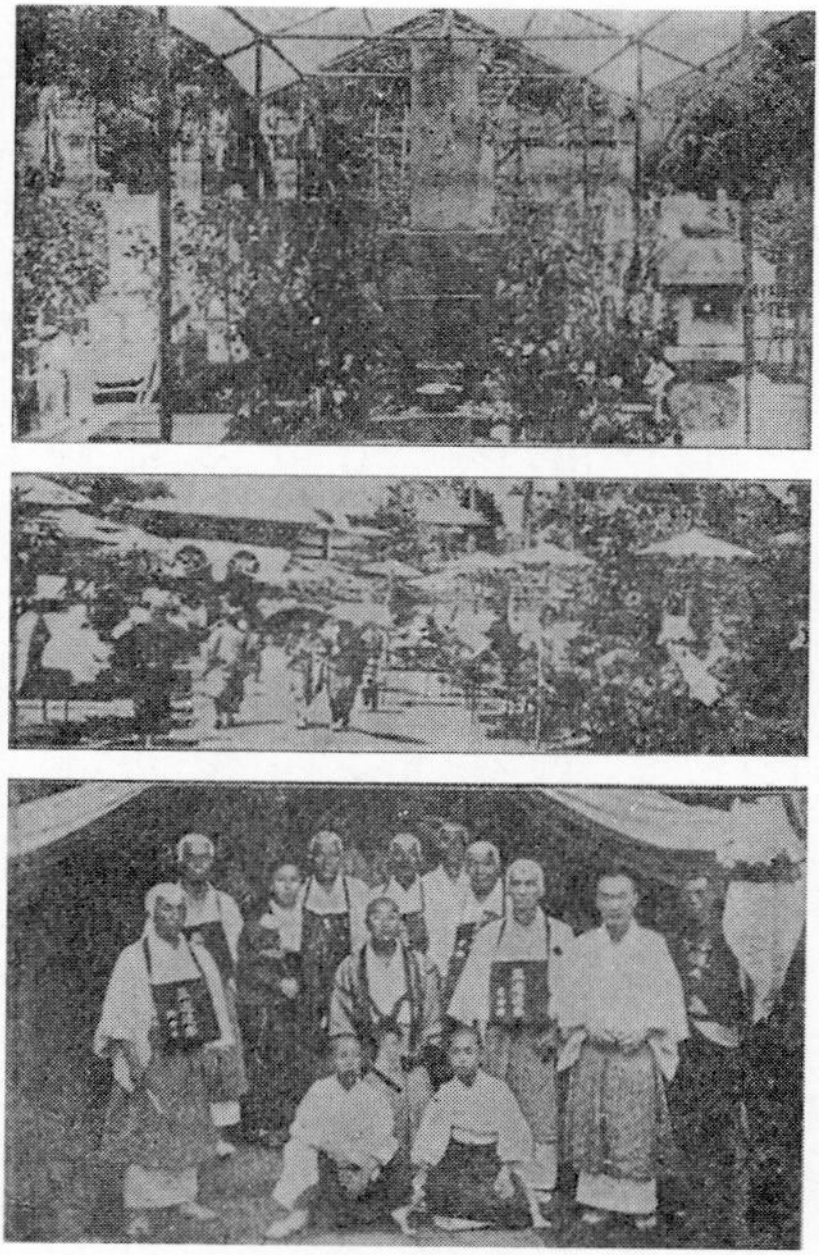

圓朝七回忌法要(『文芸倶楽部』12-11)
(上)圓朝の墓
(中)本堂正面
(下)未亡人と三遊門下

あの空也念仏てえものは、大僧正が脇にひとりいて、それから四《よ》ッたりずつの僧が向き合って並んでいる。そして四ッたりのうちのふたりが列から前へ幾足か出て行って、仏へ対して礼をして、それからまた後《あと》じさりに返って来る。前へ出た時の足と、あとへ返る時の足の数、歩く股《また》の開き方、そういうものがおんなしでなければ、元の位置に返れない。で、今度は、むこう前《まえ》の組からふたりが出て、元へ返る。順にそういうことをするんですが、それを見ていてあたくしが覚えて、お経はよくわかりませんから、いいかげんな文句を言いながら、よくそのまねをいたしましたことを、今でも覚えております。

この時に〝薬研堀〟の圓橘さんが、大僧正になりまして、法要の最中にお寺で倒れました。大僧正の法衣《ころも》をきて、それで往生をしたという。

「ああいうような死に方を、しようといってもできないのに、圓橘師匠はまことに幸せな人だ」

と言って、当時、みんなが、寄席の楽屋で話をしていたのを、あたくしも覚えております。

次にこの明治二十七年の名簿に客員として名をつらねております講釈師の人たちのことを、申しあげます。

この中には、もちろん、名人という名を残しましたえらい先生がおります。

講談のことは、あたくしもちょっとわかりかねましたが、しかし、いろいろ調べまして、わかりました範囲のことだけ申しあげることにいたします。

松林《しょうりん》伯知《はくち》（本名・松野正一郎）

伯知は、伯痴とも書き、猫遊軒《みょうゆうけん》とも称したことがあります。安政三年（一八五六）正月二十日生まれ、この名簿には本名を松野と書いてありますが、のちには柘植《つげ》正一郎となっております。これは名簿がまちがっているのではなく、初めは松野であったのが、のちに柘植という苗字に替わったのかもしれないとあたくしは思っております。

生まれたのが日本橋区杉の森稲荷の前にあった三河屋という立派な呉服屋さんで、父は三河屋源次郎といい、奉公人も多勢使っていた。そこの長男に生まれたが、生来芸事が好きで、初め役者になろうと思ったが、ことわられて、何になろうと考えたが、しゃべることには自信があるので講釈師になろうと、当時、名人と言われた伊東潮花《ちょうか》という人の門をたたいたの

松林伯知(『百花園』第206号)

が明治九年、二十一歳の時、ところが中年からじゃァ大成した者がないからだめだと、ことわられた。それでも、

「とにかく弟子にしてもらいたい。一度聞いてください」

「それじゃァ演ってみろ」

当時、今川橋に「染川《そめがわ》」という講談席があり、自分も好きだから、そこへ聞きにかよって、聞きおぼえの、当時の馬琴の口調をそのままに一席、講談をよんだ。ところが素人にしては実にうまいので、さすがに潮花も驚いたそうで、弟子にしてくれました。

ところが潮花という人は、芸はうまいが、人間としてはゼロだったんですね。実に弟子の扱い方がひどい。ある大雪の晩に、自分の俥のあと押しを伯知にさせた。一生懸命に玄関まで来ると、ご苦労さまとも言わず、そのまゝま黙ってうちへはいったという。あまりの仕打ちに、こんな先生じゃァもうだめだと、暇《ひま》をとってやめてしまった。

しかし、明治十一年に、再びどうかしてまた講釈師になりたいと、この時は、二代目の松林伯圓《はくえん》の門をたたいた。

この伯圓は当時、落語の圓朝と並び称された人で、晩年は松林東玉《とうぎょく》と改名いたしましたが、明治時代には、新物《しんもの》も演るし、もちろん古い演目《もの》も演る。実に飛ぶ鳥を落とすいきおいで、このくらいお客を取った人はないと言われます。

明治の初年に、テーブルを前へ置いて、

「諸君……」

なんと言って、お客を煙《けむ》に巻いたことがあるそうですが、『天保六花撰』とか、あるいは新聞記事を材料にして新しい講談もこしらえました。それから『鼠小僧次郎吉』なぞも得意に演《や》った。白浪物を一時、大変にこの人が得意にしていたので、〝泥棒伯圓〟というあだ名もありました。べつに泥棒をしたわけじゃァない、白浪物をよくよんだところから、言われたものでございます。

この伯圓の弟子になり、めきめき売り出して、『講談五百年』という本には、一年で真打になったと書いてありますが、これァどうも、ちと信用ができない。いかになんでも、講談や落語は、一年ぐらいで、たとえうまくとも、真打にするわけがありません。なかなか仲間の規約がありますし、一年というのは、間違いでしょう。ある本に、明治十七年の四、五、六月の昼場《ひるば》のトリ、神田小柳亭《こやなぎてい》の真打となったという、これが本当だと思う。とにかく十一年になって十七年、足かけ七年めでございます。七年だって昼場の真打というものは、なかなかやらしてくれるもんじゃァない。昔は講釈師は、夜講《やこう》といいまして、夜トリをとるのは二流。昼間のトリをとる先生が第一流でございまして、神田の小柳とか両国の福本《ふくもと》なんという席、それから前《ぜん》申しあげた染川《そめがわ》とか、そういう所は講釈場《こうしゃくば》としても一流中の一流の席で。

それから、寒い時よりも、四、五、六月とか、七、八、九月というような時にトリをとりますのは、よほどの人でなければとれなかったもんで、これを伯知がとったということは、破格なことでございます。

伯知は師匠伯圓にならって、新物をどんどん演じました。朝その日の新聞を読んで、すぐに講談にして演じたという。あるいは一枚の号外をタネに、楽屋で即席に講談をこしらえてお客に聞かせて、やんやと言わせたという。これは相当な腕がなければ、そういうことはできません。

ところが失敗もありまして、毎日の新聞に出ることをその日に、これを一席の講談として、ずゥッと演って行く。お客さまはもう山のように来た。ところが、講談の中で、前に殺してしまったことを忘れて、死んだ人物がまた出てきたんで、この時にはお客から、

「どうして、死んだ人がまた出てきたんだ」

って訊かれて、先生、当惑をしたといいますが、いくら頭のいい人でも、たまにはそういう失敗もあったんでしょう。しかし速記本や何かに残っているのを見ても、そういう際物《きわもの》では、たいしたいいものはございません。これァもう駄物が多いわけで、しかしその時にこしらえてすぐ演ったという、その新鮮さがあったわけなんです。

そういう新しいものばかりでもなく、『川中島軍記』『大久保政談』なぞも立派に演りました。

『金色夜叉』『不如帰《ほととぎす》』なんてえ新しい小説も講談にして演りました。『花井お梅』なぞも

事件のあった時すぐに、講談として演じました。これはなかなか得意にしておりましたので、あたくしも聞いたことがあります。そういう、女が主人公のようなものを演っても、そこへちゃんと人物が出てくるという、まことに不思議な人でした。講釈師というものは大体、声が太くなったり、嗄《か》れてしまって、あまり女の声は、演っても出なかったもんで。ところが、天性の美音と本にも書いてありますが、たしかにそうだったんでしょう。ちっともしおから声ではなくして、優しい女がちゃんとそこへ出る、これァ不思議でございましたね。

あたくしども、晩年に聞いたんですが、そんなにもうまい先生だとは感心しませんでした。

この人の講談を聞いているとよく、

「傍《かた》えから、ブランデーを取り出し……」

なんと言った。ウィスキーはあんまり出ませんでしたけれども、ブランデーがよく講談の中に出た。

「マントルを肩にかけ……」

なんと言う、マントルってのは外套のことです。そういうふうに、なるほどこれァ明治調だな、と思うような、いくらか古い所がありました。

役者になろうと思ったぐらいですから、もちろん芝居なぞも好きで、快楽亭ブラックという英国人が、長兵衛の役で、この伯知先生が白井権八になった。ところがこの人は長いあごひげがある、これを剃《す》っちまっちゃァもったいない、どうしようってんで相談をして、布《きれ》でもってすっかり、ひげをいい塩梅に包んで、切らずに白井権八の役を勤めたという、これァなかなかおもしろい人で。

自由党の連中と一緒に、政治講談もやったことがあるといいますが、とにかく、鍾馗《しょうき》さまのように、ずゥッとひげをはやしておりまして、若い時分は、なかなかの色男で、この美髯《びぜん》をしごきながら演壇に立った姿形《かたち》なんてえものは、堂々としたもんだそうで。新橋の錦糸《きんし》という芸者と、大変にあつあつになりまして、この人と夫婦になったんでしょう。それで、あるいは、松野という苗字から柘植という苗字に替わったのではないかと、これはあたくしの想像ですが、そのように考えております。

のちにこの伯知さんの娘が、やはり新橋で芸者に出ておりまして、それを落籍したのが、明治の元勲と言われた山県有朋公で、これを第二夫人とした。ところがご本妻は早く亡くなりましたので、山県公の事実上の奥さんになって、今の椿山荘に住んで、なかなか賢夫人といわれたそうです。

そのくらいですから伯知先生も、べつに生活に困るようなことはないし、なかなかの金持ちだった。ずいぶんお金ははいったんでしょうが、なりふりは全然かまわない人です。あたくしが子どもの時分、席へ行く途中でよく会いました。きたない占い者が来たなと思って、そばへ行ってみると、この伯知さんで

「へえッ」

てんであわてて、

「先生、こんちわ」

ってあいさつをした。

まことに腰の低い人で、お酒は若いころは飲んだのかなんか知りませんが、そのころにはあまり飲まなかったとみえて、よく袂から駄菓子を出して、ぼりぼりかじっていました。風采はまことに飾らない人で、伝法院《でんぽういん》の近所で、大道の占い者なんぞがひげをはやして立っている、あんなおじいさんに見えました。

仲間では人格者とされ、あだ名を大江《おおえ》広元《ひろもと》と言われたてえますが、なるほどあだ名をつけるにも講釈師らしいですねェ、大江広元とは、つけましたねェ。

このかたは、なかなか長命でございまして、昭和七年三月に亡くなりました。行年七十七歳、喜の字のお祝いをして亡くなられたわけで、講談界では、なかなかの重鎮でございました。

桃川《ももかわ》 燕林《えんりん》（本名・吉野万之助）

これは二代燕林で、本名を吉野万之助という。三遊名簿には芦野万吉としてあります。どうも昔のことで、ぞろッぺいなもので、この名簿でも校正もなんにもしないで書きっぱなしで刷らしてしまったのかもしれませんが、『講談五百年』『講談落語今昔譚』で見ましたところ、吉野万之助というのが本当でございます。

弘化三年（一八四六）下谷黒門町の生まれで、おとっつァんは「わ組」の鳶頭《かしら》でございます。

子どもの時分から、鳶頭の伜だてんで、なかなか幅をきかしたもんだそうで。

講釈が好きで、当時の寺子屋で本を読むのに、お手製の張り扇をこしらえて、机をたたいて、講釈の口調で本を読んだなんという。あんまりこれが熱心なので、両親もそれほど好きならばというので、おっかさんが初代の桃川如燕の縁者にあたるところから、その如燕に頼んだ。

ところが、如燕という人は、弟子に対して非常に厳格だったそうで、親戚であるとか、子どもであるからとかいって容赦はしない。うちの中の掃除万端、それから、ひまがあると、当時ですから「修羅《しゅら》場《ば》」の稽古をさせる。小さい声なんぞではいけませんで、なるべく声を張り上げてやらせる。ですから、声も嗄《か》れてくる。昼前までこいつをやらせ、それから昼席へ行き、高座へあがって、お客の来ない前から「から板」をたたいて、しまいには声が出なくなる。情けないから当人も、涙声になる。それでも先生がにらんでいて、仕方がないから、いつまでもいつまでもこいつをやる。

ある夏のことで、いつまでよんでもお客がなかなか来ない。そのうちに当人も疲れて眠いから、釈台へ寄ッかかって、ぐうぐう寝てしまったんで。すると、「あはは」「あはは」という笑い声で、はッと目をさましてみると、お客がもう七、八人もそこにおりました。びっくりして、ひょいと横を見ると、先生の如燕が、目を光らして、こう……にらみつけている。驚いて当人、

「わァ…ッ」

と高座の上でとびあがると、湯飲みを蹴とばして、その湯がお客の頭へかかる。あとでさんざっぱら叱られたなんという、ずいぶんつらい思いをし、艱難苦労をいたしましたが、根が好きな道ですから、当人も一生懸命で、芸はどんどん上がりました。

はじめの芸名が国栄《こくえい》、これは師匠の如燕の前座時代の名前です。それから、燕朝《えんちょう》となり、さらに燕寿《えんじゅ》、燕玉《えんぎょく》と改めた時が二十六歳でございまして、これで初めて真打になりました。のちに如燕の前名であった桃川燕林となり、もう押しも押されもしない、立派な先生で、師匠の如燕が亡くなりましたあとは、桃川派の頭領株でもあり、また講談界の大真打《おおしんうち》として、羽振りをきかしております。明治三十三年に、桃川実《みのる》と改名をいたしました。

この人の得意としたよみもの(演目)は、『義士伝』『黒田騒動』『鍋島の猫』『佐倉宗五郎』『天神記(菅原道真)』『勧進帳』『成田《なりた》利生記《りしょうき》』『鶉《うずら》権兵衛』『観世《かんぜ》肉付きの面』『越後伝吉』『田宮坊太郎』など、その種類も多方面にわたり、数も多かった。

この人のあだ名を〝猫万《ねこまん》〟と言いますが、これは、師匠の如燕が「百猫伝」と称して、猫の話を百席作ったという、それを受けついで、猫の話を得意にしていたので、本名の万之助の「万」をとって、〝猫万〟というあだ名ができたそうです。

音吐朗々とよみまして、三席、四席、たて続けによんでも、声を嗄《か》らしたということがなかったそうで、自分ながら、よくよめたと不思議に思うことがあると、本人がよく言ったそうですが、これはやはり小僧時代から一生懸命に、きびしく仕込まれた、その賜物《たまもの》でございましょう。それともうひとつは、義太夫を稽古をしたことがあるので、そのおかげだと本人も言っておりましたそうで、講談はただ大きな声でよんだといっても、お客は決して感心するものではない。とにかく、そこに人物も、老人・女・子ども・侍、いろいろとあらわさなければならない、それは義太夫から得るところがずいぶん多かった。だから声の使い方というものをば、勉強しなければだめだ、と言ってたそうで、まことにこの人のは、声の抑揚が音楽的にひびく。滑稽、諧謔を混じえ、他の追従をゆるさない所がある、本当におもしろい講談だった。

それからこの人は、新聞にずいぶん速記を出したそうで、その当時の新聞は講談のいいのが出ないと、売れなかったもので、あたくしの子どもの時代にもまだ、新聞の続きものでよく、『鶉権兵衛』だとか、『猫騒動』『赤壁明神《あかかべみょうじん》』だとか、いろんなものを読んで、おもしろかった記憶があります。

この実《みのる》という人は、浅草公園裏に住んでおりまして、自宅へ毎朝七、八人の速記者が詰めかけて来たそうです。午前ちゅう必ず速記者が、戸のあかないうちから来て、順番を待っておりまして、実が寝床を離れ、口をすすぎ顔を洗ってすぐ、机に向かい、先着順に、新聞へ出す講談をよむ。で、それが残らずすんで、朝飯を食う。またよみ続けて、あとの速記をする。十席ぐらいよんで、平気でいたそうです。稿料も他の人より高かったそうですね。月々の収入が、当時二百円ぐらいにのぼったという。席ではいくらお客が来たって、そんなには稼げない。だからこのかたは、速記というものでずいぶん儲かった。一時は京阪から地方全部をふくめて十五の新聞に実《みのる》の講談がのっていたというから、いかに盛大だったかわかります。

まことに奇行に富んだ人で、この本の巻頭にのせました三遊連の写真にも顔が出ておりますが、大変大兵《だいひょう》肥満で、容貌魁偉というか、まァあんまりいい男じゃない。

ところが、まだ燕玉で若い時分、三十前後の頃でしょう、女客で二十五、六の奥さまふうの美人が、

「ぜひ、先生とひとくち飲みたいが、おつき合いが願えませんか」

「結構でございます」

てんで柳橋の料亭でお酒を飲んでいた。

「これから席を替えて、もう少し飲みたいと思いますが、先生いかがでしょう」

という。それァもう相手は美人なり、こういう機会はめったにないというわけで、当人もよろこんで、

「ぜひ、うかがいましょう」

「それでは」

というので、芸者、たいこもち、大勢のとり巻きを連れて、向島水神《すいじん》の「八百松《やおまつ》」へ船でくり込む。正面に燕玉がざぶとんにすわって、この美人が脇について、いろいろと待遇をする。さァ一生一度のできごとだというんで、若いころはあまり飲めなかったのに、うれしまぎれに、したたかにやったんで、ついに前後を知らず大酩酊で寝てしまった。夜中にひょいと目をさますと、もったいなくもかたじけなくも、その美人が介抱をしてくれている。燕玉

は、これはこれはというんで、あわてて立ち上がったのはいいが、まだ酒の酔いが残っておりますので、そのままひょろひょろッとよろけると、二十貫以上の大の男が、華奢《きゃしゃ》な婦人の上へどすんと尻もちをついたんで、

「きゃァ…ッ」

てえと、女が目を廻した。さァこれから、医者よ薬よというので、えらい騒ぎで、やっと息をふき返したその婦人を俥へ乗せて送り帰した。あとは燕玉、狐につままれたような心持ちで、いまだにその女の素姓《すじょう》がわからない。

「あァ……惜しいことをした」

と言ったそうです。

晩年になりまして、あるひいきのお客と柳橋へ行った。もう年をとっているんだから、子どものほうがかわいかろうというので、半玉《はんぎょく》を呼んでくれたんで、この半玉と一夜を明かしたわけなんですが、年に似合わずこの半玉と、いろいろ……なんかこう、もたもたいたしましてね。ところがまァ年寄りの事ッて《こ》、そんなことはもう翌日になったら、けろけろと忘れちまった。それから四、五ン日《ち》たって、両国米沢町《よねざわちょう》の福本《ふくもと》という講談の席から出て来ると、その半玉にばったり出ッ会《で》わし《こ》たんで、むこうは臆面もなく、

「あら先生ェ、いいとこで会ったわねェ。何か買ってちょうだいよゥ」

ってんで、袂《たもと》ィぶらさがって離れない。まァこれを見ると、布袋《ほてい》が唐子《からこ》人形と遊んでいるような……まことにその体《てい》たらくは奇観で、人通りの多い両国ですからね、「おい実《みのる》だ」「実

だ」ってんで、何か言いながら人だかりがしたんで、さすがの先生も、

「まァまァ袂を引ッ張るな。離せ、離せ」

「買ってちょうだいよ」

「あゝいい、何でも買ってやるから」

って小間物店《こまものみせ》へ引ッ張り込んだが、この半玉もなかなか人を食っているので、一番高い香水を出させ、その時分四円という……明治三十年代の四円なんというのは大変なお金です。

「先生、あたしこれがいいからねェ、じゃこれいただくわ。さようなら」

ってんで、こいつを持ってえと、ぷいッといなくなっちまう。仕方がないからその金を払って帰って来たが、こいつを新聞記者に知られたもんですから、ゴシップですぐに出されたわけです。当人は新聞に出たことはまるッきり知らず、その翌日、蜂須賀侯のお座敷というので、お屋敷へうかがった。すると、殿さま、夫人、そこにいるお女中衆なぞも、くすくす笑いながら、

「まァ香水くさいわねェ」

という。実《みのる》はなんだかわけがわからない。何が香水くさいんだろう、てんで、一席弁じて引きさがって来ると、やがてこのお女中が、水引きをかけた箱入りの香水を、うやうやしく持って来て、

「先生、これは奥さまからでございますが、あなたのかわいいお子さまへ差上げてくださいまし」

ってんで、よくよく訊いてみたら新聞にこれこれだと言われたんで、さすがの実も、

「いやァ……これは」

てんで、大恐惶で引きさがったという、まことにおもしろい人でございます。

この人は明治三十八年(一九〇五)一月十五日、六十歳で歿しました。辞世がございます。

世渡りの　嘘をたびたびつくおやじ
　年齢《とし》六十にて　本当に死ぬ……

という、まことに洒落た人でございます。

ここで、その後の燕林の代々を申しあげておきます。

三代目は弟子の小燕林が襲《つ》ぎ、四代目燕林は、本名・坂本忠一郎という人が襲ぎました。この人はのちに坂本中洲と名のり、さらに坂本富岳《ふがく》と改め、青山三丁目に富岳座という寄席を経営していました。同じ青山の五丁目にも新富岳という寄席を持っていまして、大正から昭和の初めごろ、それをあたくしの先代《おやじ》の圓生が家賃で借りて、あたくしがその席に住み、営業をしておりました。このことは、『寄席育ち』にも書きました。この富岳の燕林は、関根默庵さんの本には四代目と書いてありますが、『講談五百年』という本には三代目と書いてあります。大正十三年七月一日に亡くなりました。行年五十八歳でした。

富岳の後に燕林になったのは、その弟子で、本名をたしか佐藤陸平といったと思います。あだ名をビリケンという。これは明治末期から大正にかけて、ビリケンというのが大変に流

行いたしました。これはアメリカの福の神で、頭がとんがったビリケンの人形を置いとくと、いいことがあるというので、流行当時は、「ビリケン漬け」なんという、福神漬けの親類のような、漬けものまでできました。ビリケン人形は脳天が少しとんがっております。その頭の形や顔つきが似ているので、そういうあだ名がついたわけで、芸名も桃川美利軒《びりけん》となりましたが、富岳の死後、五代目燕林になりました。いつ亡くなりましたかわかりません。

邑《むら》井《い》 一《はじめ》（本名・村井徳一）

このかたの亡くなりました時に、その追悼記事が『文芸倶楽部』に出ておりましたので、それをそっくりここへ載《の》せることにいたします。

▽邑井一追憶録　　空板生

講談界の元老で名人の聞こえを取った邑井一は、去る四十年一月以来、脳病のため久しく休席して、浅草千束町《せんぞくまち》二丁目の自宅にもっぱら治療中、更に老衰と心臓病と併発して、薬石効なく遂に去る四月八日、七十歳を一期《いちご》として白玉楼裡《はくぎょくろうり》の人となったのは、斯道《しどう》のため、はた芸界のため、真に痛惜の至りに堪えぬのである。

一《はじめ》は本名を村井徳一といって、天保十二年十一月江戸牛込南町《みなみまち》のお納戸《なんど》組《くみ》屋敷に生れ、父重兵衛はお納戸同心を勤めていたのであるが、徳一は幼少から講談を好んで、常に附近の講談席に足を運んでいるうちに、ますますその趣味を感じて、ついには一生を碌々たる御家人で終るよりは、いっそ好きな講談師となり、末はあっぱれ斯道の名人上手と仰がれたいとの志望を起こして、十五歳の時、当時売り出しの、初代真龍斎貞水の弟子となったのである。

最初の名が貞朝《ていちょう》、のち改めて菊水《きくすい》から巴水《はすい》となり、十八歳ですでに小夜講《こやこう》の真打となった時、実父が病死して相続人のないため、よんどころなく一時廃業して田安《たやす》御家人となったものの、あくまで講談師となりたい念慮は一日もやまないので、二十四歳の時、断然決心をして、再び講談師社会へ入り、初名の貞朝を名乗って更に修業を積み、二十七歳の時、芝土橋《どばし》の大黒亭で、昼席大場《だいば》の真打に昇進して大入りを占め、爾来おいおいに売り出して、二代目貞吉を襲名し、明治初年には故人の圓朝、柳橋(のちに柳桜)、ノ、ノン南龍、紋左衛門(のちに播磨太夫)らと一座を組んで色物席へ現われ、いたる所に好評を博した。

明治二十年、兄弟弟子の四代目貞山〈圓生註。三代目の誤り〉が一山と改名して貞《てい》の字畑《じばたけ》の主なる者が一同一の字を付けることになったので、貞吉の名を伜吉雄《きちゆう》に譲って邑井一と改名し、相変わらず講談席に出席した、爾来技芸はいよいよ円熟を加え、斯道の泰斗と仰がれて、常に嘖々《さくさく》たる好評を博していたのである。以上は彼が経歴の一斑で、その人物技芸評及び逸話等は、生前親交のあった人々について、追憶談を聴き左に記すこととした。

▼芸を生命とした人　柴田馨

▼われわれ講談師社会では、邑井一、神田松鯉《しょうり》、私のこの三人が年長者で、そのうち一《はじめ》が今年ちょうど七十で一番の年上でしたが、とうとう亡くなりましたのは、いかにも残念千万……われわれ社会のために実に惜しいことをしました。一と私とは、むこうが十六、こっちが十二の小僧時代から、お互いに兄弟同様にして育った、いわゆる竹馬《ちくば》の友なのですから、私はまるで本当の兄にでも逝《ゆ》かれたような気がして、実にがっかりして心細い感じがするのです。

▼あの人が貞朝で十六、私が玉秀《ぎょくしゅう》と云って十二の時、二人で新宿の花屋の二階の席を打ったことがありましたが、あの人はその時分から実に器用で、まったく十五や十六の子供とは思えないほどうまく演ったものですから、毎晩非常の大入りで……これが評判になって、すぐ後席《あとせき》がきまって、やはり二人で福神《ふくじん》という席を打ちましたが、これまた前《ぜん》同様の大入りで、案外の大当たりを取ったことがありました。

▼十八の時に親父が死んだので、いったん廃業したのが、六年ほどたって、また再勤して、しばらく二代目凌潮《りょうちょう》の中座《なかざ》をよんでいましたが、この凌潮という人は学問もありましたし、芸も至って上手で、とりわけのんびりとした流暢《なだらか》な調子に、えもいえない妙味《うまみ》がありましたのを、あの人は器用ですからすっかり覚え込んで、その凌潮の口調と、竹林亭麦山《ちくりんていばくざん》と云う講談師の、世話にくだけて滑稽を入れる呼吸を取って、自分の芸をこしらえ上げたのです。

邑井　一(『百花園』第206号)

▼若い時分からずいぶん欠席《ぬき》が多かったので、あの人をよく知らない人は、横着者だと悪口を言いましたが、あれは今度も亡くなる因《もと》となった、脳の持病があったため、それが時々起こって、まったく具合が悪いからよんどころなく休んだので、決して怠けたりずるけたりしたのではない……という証拠は、体の具合さえ良ければ、いかに不入りの時でも汗をかいて高座を勤めて、一日も欠席《ぬく》ようなことはありませんでした。

▼脳病があるくらいですから、恐ろしく神経質で、ことに芸を実に大事にして、席へ来ても、少し病いが発し気味で具合が悪くなると、「気合いの悪い時は芸がうまく演れないもので、強《し》いて演って邑井一はあんなものかと言われては、自分一代の不名誉だから、今日は御免をこうむろう」と言って、高座へ上がらずぷいと帰ってしまいましたが、お客は現に一《はじめ》の来ているのを見て安心していると、それがいつのまにか帰ってしまうので、あてがはずれて呆気《あっけ》に取られることが毎度でした。

▼そうして持病の起こった時には、それをまぎらすためですか、床の中に寝ていて酒を飲むのが癖で、若い時分にはその度ごとに大酒をして、幾日も幾日も席へ出て来ないから、席亭

が迎いに行くと、先生床の中へもぐり込んで頭からすっぽり夜具をかぶってしまう、その様子が、まるでさざえのようだという処から、誰言うとなく、あの人のあだ名を〝さざえ〟とつけてしまいました。

▼あの人、私、故人ノンノン南龍、先代如燕の総領弟子だった燕国《えんこく》のこの四人は、年配もちょうど二つ三つ違いで、ごく仲がよかったし、てんでに相応にお客を呼んだものですから、一時われわれ社会の四天王という評判を取りましたが、ある時この四人で四軒席を取って、互いに前を助《す》け合《あ》うと、幸いにどこも非常に大入りだったので、四人が相談をして、千秋楽の晩、大入り祝いに芝居をしようということになって、当夜一《はじめ》のトリ席で、衣裳鬘《かつら》をすべて本式にして、忠臣蔵の殿中の喧嘩場から、おかる勘平の道行きを演ったのです。

▼すると、これがわれわれ社会の先輩連の感情を害して、いやしくも天下の記録読みたる者が、河原乞食のまねをするなどは、実にけしからんことで、彼ら四名は講談師一同の体面を汚《けが》す者だから、社会を放逐してしまえというやかましい問題になって、われわれ四人はとうとうめいめい師匠から破門をされたうえ、仲間を除名されることになると、講談席はみんなむこうへ付いて、われわれの味方になったのは、浅草の三社前《さんじゃまえ》の席がたった一軒ぎりでした。

▼けれども、こっちは若い威勢のいい四人ですから、いっこう平気なもので、びくともしずに、あの人が貞吉時代でしたから庭橋《ていきつ》、私が南玉でしたから新玉《しんぎょく》、南龍が新龍《しんりゅう》、燕国が新国《しんこく》、とてんでに改名をして、その三社前の席一軒を根城に、四人が気をそろえてみっちり演りま

すと、何しろ若手の四天王といわれた人気者が、死にものぐるいになったのですから、毎日毎日われッ返るような大入りで、それがため先輩連のほうへ付いた席が、だんだんこっちへ寝返りをうつようになって来たので、先輩連のほうが手を廻して運動の結果、このごたごたはぐずぐずと和解になりましたが、その時の四人組の先棒《さきぼう》はあの一《はじめ》で、いざとなると、なかなか威勢のいい男でした。

▼意気で洒落気《しゃれけ》に富む　一立斎文車

▼一《はじめ》老人、意気でなかなか洒落気のあった面白い人で……貞吉になって間《ま》のない若い時分、神田皆川町《みながわちょう》の席で、伊東花清《かせい》が読切り〈圓生註。出演者が無料出演をして、会主へ上がり金全部をやる会のこと〉をしたことがありまして、はねてから席亭が酒を出して馳走をすると、この花清という人至って酒の上の良くない性質《たち》で、例の通り酔ッ払っておつにからんで、やたらに喧嘩を吹ッ掛け出したものですから、一人逃げ、二人逃げ、みんなこそこそ帰ってしまって、運悪くあの人一人取り残されましたが、如才ない人だけに、いい加減にして花清をようやく表へ連れ出して、木挽町《こびきちょう》の花清の家へ送って行く途中も、花清が何のかのとくだを巻くのを、滑稽まじりにほどよくあしらいながら、三十間堀《けんぼり》の紀伊国橋まで行くと、花清が橋の上で立ち止まって、貞吉、きさまはおれの言うことを、すべて滑稽で受け答えをして茶化《ちゃか》すのは、はなはだけしからん奴だと言って、またしきりにぐずり出したのを、あの人がいきなり自分の裾をぐるりとまくって「これ花清、お身《み》や本心でお言《い》いあるかァ」って、声色口調でじり

じり詰め寄せた、その様子がとぼけたまじめで、実におかしかったので、花清も思わず吹き出して、それできげんが直って、素直に送られて行ったというのは、そのころのひとつばなしでした。

▼これもそのころの話ですが、ある夏、上野広小路の本牧《ほんもく》の昼席で、お客が半分の余《よ》ごろごろ横になって、昼寝をしているところへ、先生高座へ上がって、十八番の紀文《きぶん》のうちの丸山の振袖火事の所を読み初めて、拍子木で釈台をばたばた叩きながら、大きな声で、火事だ、火事だとどなると、寝ていたお客がびっくりして、みんなとび起きて、寝ぼけまなこをこすりながら、火事はどこだどこだと、まごまごするのを、先生高座で「講釈だ講釈だ」と言って、すまし込んであとを読み続けたので、お客は怒るわけにもゆかず、そのままみんな起きてしまって、聴いたのは、意気な、おかしい話じゃァありませんか。

▼それからこれはどこの席でしたか、月初めに二、三日出席すると、例の病いで一週間ほど続けて休んだので、席の主人《あるじ》が、そのころの神田大和町《やまとちょう》の家へ容体《ようだい》を見に行くと、床は敷いてあるが先生がいないから、家の者に聞くと、今、奥で釣りをしているというので、池もないのに変だと思って奥へ行って見ると、先生むこう鉢巻きをして、穴蔵《あなぐら》の中へ緋鯉だの鮒だのをいれて、釣りをして遊《あす》んでいたなどは、ずいぶん変わったことをする人でした。

▼欠席《ぬい》ても客が納まる　錦城斎典山

▼邑井一老人は、われわれ社会の古老で、年に不足はないものの、後進者が手本とする立派

な芸を持っていた人でしたから、まことに惜しむべきもので残念なことをしました。

▼自分の芸を恐ろしく大事にする人でしたから、少し体の具合が悪いとすぐ休んでしまうので、若いうちなど、一と月に二十日勤めれば珍らしいと言ったくらいでした。が、しかしそれがまったく病いのためだということは、お客のほうでも、大概もう承知していましたから、いくら休んでも格別人気にもさわりませんで、まだ貞吉といった全盛時代などには、看板を揚げたまま十日なり半月なり休み通しても、病気全快今晩より出席という撒きビラさえすれば、お客は待ちかねていて、その晩からぎっしりいっぱいの大入りを取ったのは、えらいものでした。

▼根《ね》が御家人出《で》だけに、人物がどこまでも上品で、風采態度が実に立派な先生でしたが、ことに高座へ上がるのに、いつも必ずきちんと紋服を着て、決して服装《なり》をくずさなかったのは感心で、あれはあの人の武士気質《かたぎ》と、一つはあの人の師匠二代目貞山が至って厳格な人で、一生涯高座は黒羽二重《くろはぶたえ》の紋服で勤めたという、その感化を受け、それが習慣ともなったのでしょう。

以上は同業者の語るところであるが、さらに、多年同人の講演を速記した、速記者今村次郎氏の所感をたたいて見ると、

▼速記者の見た邑井一　　今村次郎

▼私は多年あの人の講談を速記しましたが、あの人の講演は駄弁疎弁重言片言《じゅうごんかたこと》というものが更にないうえ、言葉を省略してよく意味が徹底するという、軽快簡約の妙弁で、しかもその言々《げんげん》句々が、自然に文章のようになっていたのは、年来の修練とはいいながら、実に感服の至りです。

▼で、あの人の講演の一つの特徴は、会話は別として、地《じ》の言葉に「ございます」と云う口調がなかったことで……絶対にないとはいえなくとも、まずほとんどないと言っていいくらいでした。この「ございます」という言葉は、聴いてはさほど耳ざわりにならなくっても、速記にして目で見ると、言葉が延びて、どうも具合が悪いものですが、あの人はなるべくこれを避けて、使いませんでした。

▼これについて、一つ滑稽な話があるので……それはある速記者が地方新聞から、一《はじめ》の講談速記を依頼されて、さっそく書いて送ると、先方から、今度の速記には講談口調のございますが少しもなくって、まるで文章のようにととのい過ぎているから、おそらくあれは邑井一の講演ではなく、いい加減にこしらえたものだろうと言って来ましたが、こっちから、そのございますのないのが、邑井一特色の口吻《こうふん》なのだからと、説明をしてやったので、やっと訳がわかったという話がありました。

▼あの人の講談は、地の運びがまことにすらりとして、おのずから文章的になっていたのは、平素、浄瑠璃本や馬琴の小説類を愛読していたためかも知れず、また言葉をなるべくどくなく簡潔に注意したのは、昔の随筆ものや現代名家の小説類を、感心によく読んだせいだろ

うと思うのです。

〔『文芸倶楽部』第16巻第7号（明治43・5）〕

とにかくこれでおわかりのように、この邑井一というかたは、名人でございます。

この人に伜さんが二人ありまして、ひとりは三代目貞吉となり、もうひとりが歌舞伎俳優になって、中村竹三郎となりました。

三代目の貞吉は、本名を村井為之といい、講釈師になりたいと言った時に、おとっつァんの邑井一が、いけないと反対をした。その時、一《はじめ》の弟子の吉瓶《きっぺい》という人が、

「まァ先生、この子がどうしてもなりたいと言うんだからしておやんなさい。あたくしが面倒を見ますから」

と言って、この伜が育つあいだ、前へまわって聞いては、お客のいるところでもなんでもかまわず、びしびし小言を言った。

この吉瓶という人は、もと紺屋の職人をしていたそうで、邑井一が貞吉のころに弟子になって、「吉」の字と、紺屋というところから「瓶《かめ》」という字をつけて、邑井吉瓶となりました。職人の出で、目に一丁字もない。つまり字は読めないが、喋ることは実に確かなもので、聞いたことをば、ちゃんと頭へ入れて、少しも間違ったことは喋らない、やはり名人と言われました。

この人に仕込まれて、一《はじめ》の伜は非常に上達をいたしまして、吉雄《きちゆう》から、父の前名邑井貞吉を襲いで看板をあげました。新旧硬軟なんでもこなす達者なもので、新作も作りましたし、洋行もした。帰朝後は新作物を好んでよみ、矢野文雄の『浮城物語』『南京松』『普仏戦争』というようなものをば演った。速記はさせず、みずから筆記して原稿を送ったといいます。俳句も宗匠をもって任じたというから、えらいものです。

ただし、高座ぶりは、才ばしって高慢そうに見えるために、なんとなく客受けはしなかったといい、かつ、故人の作の講談でも、史実や年代の相違があると、遠慮なく訂正して弁じるというふうで、仲間の感情を害した……やはり、表へ出さずにうまくぼかしてやればいいのに、あまりむき出しに才を出したのが悪かったものと思われます。しかし、たんかがきれて、地の文もうまく、当意即妙の洒落は群を抜いていたそうです。伊藤痴遊さんが、よくこの三代目貞吉の話をして、ほめておりました。何か名人伝といったようなものを口演したときにも、この貞吉のことを、「話にのってくると、釈台から身をのり出し、長い髪の毛が前へ垂れてくるのを、頭で、こうふり上げながら喋るところなどは、実にうまかった」と言っておりました。

惜しいかな、肺を病んで、明治三十五年十一月に歿した、と『講談五百年』にありますが、行年はわかりません。弟の中村竹三郎は明治十三年生まれということがわかっておりますから、かりに、八歳年長の明治五年生まれとしても、三十歳そこそこで、若死にをしたもんでございます。

この三代目貞吉の弟子が、昭和四十年に亡くなりました四代目邑井貞吉で、本名を相川喜太郎と申します。

この人は、『講談五百年』によりますと、甲府の出だそうで、十七歳で入門して、はじめは吉弥といったそうです。

おかみさんが、竹本東猿《とうえん》という女義太夫でしたが、実に夫婦円満で、確か、大正五、六年ごろだったと思いますが、夫婦でアメリカへ行ったことがあります。三代目貞吉も洋行をして、それを売りものにした時代があったんで、貞吉という名前は洋行に縁がある、などと評判されたということが『講談五百年』にも書いてございます。

四代目貞吉《ていきち》ッつァんは、あたくしが子どもの時から知っておりますが、まことにおだやかな、いい人で、あたくしが噺家になって、十二、三でしたかね、圓童時代で、そのころ、もうむこうは三十ぐらいでしたか、邑井貞吉で真打でございます。ひげをはやしていましたが、晩年になってひげをとってしまいました。

「どうしてあんなにひげをはやしていらしったんです」

って訊いたら、

「どうも若く見えますんでねェ、なるべく年寄りに見せるために、ああしてひげをはやしていたんです」

と言ってました。

このかたは、あたくしは大変まずい人だと思っていたんです。落語の中へよく出ておられましたので、十五分か、長くてもせいぜい二十分しきゃ演らない。失礼ながら、どう聞いてもうまくない。というのが、調子が非常にかん高い人でして、こんなまずい人がどうして真打なんだろうと、不思議に思っていたぐらいで。それが、ある時昼席へ行きましたら、貞吉ッつァんのトリだという。あんまり聞きたくもないけども、雨が降っていて、退屈ですから行きましたので、その時によんだのが『漢楚軍談《かんそぐんだん》』で、四十分ぐらい聞きましたところが、非常におもしろかった。なるほど、これだけよむと、やっぱりうまいんだなと思って、感心をしました。そのほかに茅渟《ちぬ》の浦《うら》(村上)浪六の『八軒長屋』なども演りましたが、これはお得意のものでございます。

この四代目貞吉は決して席をぬかない、堅いというので、お客さまが信用をして、貞吉ッつァんのトリはお客が来る、ということをば席亭から聞きました。いくら堅くとも、まずければやっぱりお客さまが来るわけがない。やはり、うまい所がありました。

晩年になりましては、きィきィというかん高い調子がなくなり、実に名調子になりました。あたくしと桂文楽、古今亭志ん生、三人で人形町の末広の楽屋で、火鉢の前にすわっていた。その時にこの邑井さんが、『良弁杉《ろうべんすぎ》』という話を演りました。筋もごく簡単なもので、わずか十五分ぐらいしッきゃ演らない。しかし、その調子といい、弁舌、まァ実にどうも結構なもので、この講談の切れた(終った)時に、三人が顔を見合わして、

「へえ……実にうまいねェ」

「いいねェ」

と言って、ほめたことがありました。ところがとうとうこの邑井さんは「賞」を受けずに亡くなりました。それというのが安藤鶴夫さんがこのかたを非常にきらいらしかった。講談研究会で『良弁杉』を演っていた時に、居眠りをしていたってえことを、今の貞丈さんから聞きましたが、頭から、てんでもう聞かなかったんで。なぜあれだけの人をば賞を取らせなかったか。自分の好ききらいってえことで、そういうことをするのは、あたくしは、はなはだよろしくないと思う。たといきらいなものでも、うまいものはうまいんで、もし、文楽・志ん生・圓生が審査員だったらば、文部大臣賞を黙って差上げるべき立派な講談でございました。人物としてもよし、講談としてもすぐれておりました。これは、あたくしはこの四代目邑井貞吉さんのために、あえてひとこと申し上げておきます。この人が第一に賞をとるべきだということは、講談界でも、みんな認めておりましたが、審査員に気に入られないために、とうとう受賞されなかったということは、実に惜しむべきことだと思います。

明治十三年十二月生まれで、亡くなったのは昭和四十年二月十一日、行年八十六歳でございました。

お話が大変それましたが、邑井一の二番目の伜さんは、歌舞伎俳優で中村竹三郎といい、新宿大木戸に大国座という劇場があって、ここの座頭《ざがしら》をやっておりました。あたくしは直接会ったことはありませんが、芝居はよく見ました。

通し狂言の『法界坊』を見た時に、うまい人だなと思いました。実に達者で、聞いたところによると、なかなか芸は天狗だと言ってましたが、しかし天狗と言われるだけに、芸もできた人です。

晩年、六代目菊五郎の一座へはいることになった、その時に、

「おまいさん、あすこへ行って辛抱ができるかね」

「あゝ、できるよ。おれァね、六代目に気に入るような芝居をしてみせるから」

と、こう言ったそうです。

果たせるかな、六代目の気に入った。六代目という人は、お客に受けさせようというような芝居をすると、

「あァ、あんなものァいけねえ」

と言って、もろに、蹴ったんだそうです。つまり、俗に芸をかじるといいまして、突っ込んでやらず、さらッとして、決して相手のじゃまにはならず、すッと演る。そういうのが六代目は好きだった。それで、はじめて見せたところが、

「あゝ、あれァなかなかいい」

と言って、それからずっと竹三郎を使いました。

『四千両小判梅葉《しせんりょうこばんのうめのは》』という、黙阿弥作の、富蔵《とみぞう》と藤十郎というふたりが、江戸城のご金蔵《きんぞう》から四千両盗み出す筋ですが、この芝居で、眼八《がんぱち》という役を演りました。富蔵がつかまって、

唐丸駕籠《とうまるかご》で送られる時に、眼八が出て、何か文句を言って、ぱッと痰を吐ッかける……これァ歌舞伎座でしたね、あたくしァ見たことがありました。その時は、ご牢内《ろうない》の場をていねいに演りましたが、富蔵が牢内にいるところへ眼八がはいって来る。そこで富蔵が、

「この野郎にァ恨みがございますから」

ってんで、牢名主へちゃんとわけを言って、それから、あのきめ板でもって眼八をなぐるところがありました。その時の竹三郎さんのを見まして、眼八ってのァ、なかなかいい役だなと思いました。その後、見なくなりましたが、とにかく俳優として、なかなかうまい人でした。『歌舞伎俳優名鑑』には、本名、村井道一、明治十三年生まれ、五代目中村歌右衛門門弟とあります。昭和三十年、七十六歳で亡くなりました。

真龍斎　貞水（本名・伊東小四郎）

この人は、三代目一龍斎貞山の門人で、貞鏡といい、それから三代目真龍斎貞水となり、さらに二代目錦城斎一山となりました。

今度、この貞水のことをいろいろ調べましたが、貞水についてお話しする前に、その師匠の名前である、貞山について、すこし申し上げておいた方がよかろうと存じます。六代目貞山は、戦前、落語協会の会長になっていたことがあり、貞山の名前は、落語の方にとりまし

ても、なかなか縁が深うございます。それで、事のついでに、一龍斎貞山の代々について、ここに申し上げておきます。

　初代の貞山は、初代錦城斎典山という人の弟子でございます。

　初代典山は、なかなかの名人で、ある時、志州(志摩)鳥羽の乗り合い船に乗った時に、途中で船がぴたッと止まってしまった。これは、鮫《さめ》が船の中の者をば、ねらう。するとその者を人身御供《ひとみごくう》に海の中に入れて、鮫に呑ませないと、船が動かないという迷信がありまして、誰が鮫に見入られたかということは、それぞれの持ち物を海へ入れてみるとわかるという。それで典山がおのれの持ち物を海へ捨てたところが、これが渦を巻いてぐッと沈んだ。これはたしかに典山を見込んだものに相違ないので、

「みんなのためだから、おまいさん、海へはいってくれ」

と言われた時に、

「よろしい。それではあたしは講釈師だから、一席この世の名残りに講釈をよましてくれ」

と、度胸を定めて、お家芸の『伊賀の水月』を一席、とうとうと弁じたところが、その名技に感銘したものか、船が動き出して、無事に港へついた。これが評判になって、ますます名人の名が高くなったという。

　この話をもとにして、『桑名船』という落語ができております。やはり船が途中で止まる。みんなが持ち物を入れると、一人がほうり込んだ手拭がぐるぐるッと渦を巻いて沈んだ。そ

れが講釈師の物で、この世の名残りに一席よむから、と修羅場をよんで船端をとんとん、とんとん、叩いた。すると船が急にさァ…ッと動き出したんで、船中の者はよろこんだが、海の中で鮫の仲間が、

「おめえ、見入った船を、どうしてああやって逃がしたんだ。あれァおめえ、講釈師だが、どうしてあいつを呑まなかったんだ」

ってえと、その鮫がびっくりして、

「なんだい講釈師かい。おれァあんまりぽかぽか叩くから、かまぼこ屋だと思った」

と、こういう噺がございます。

この初代典山の弟子が、初代の一龍斎貞山で、『義士伝』『伊達騒動』なぞを得意としておりました。この人は片眼だったそうで、それで、独眼龍政宗といわれた伊達政宗を、大変に崇拝しておりまして、政宗公の法号が「貞山院殿」というところから、それからとって貞山という名をつけたということが言い伝えられております。安政二年九月、五十七歳で歿したとしてございます。大《おお》貞山と言ったそうです。

二代目貞山は、本名を杉江某《なにがし》、御家人の出で初代貞山の門に入り、前名、真龍斎貞水、これが初代貞水でございます。のちに師の名を襲《つ》いで二代目貞山となり、矢の倉に住んでいたので〝矢の倉〟貞山と呼ばれた。当時の松林伯圓、前にも話の出ました伯知の先生で、

〝泥棒〟伯圓といわれた人が、口をきわめて、実にうまいと言って推賞したそうで、名人でございましたが、惜しいことに明治七年三月七日、三十六歳で夭折したということが、関根默庵さんの『講談落語今昔譚』に出ております。これには異説もございまして、『講談五百年』という本には、五十代で亡くなった、としてあります。しかし関根さんの本のほうには、死んだ日まではっきりしておりますし、このあとの三代目貞山の年号や、何やかやと繰り合わしてみても、関根説のほうが本当ではないかと思われます。

三代目貞山は、二代目貞山の門人の貞吉が襲ぎました。これは本名を内山孝七といい、この人が初代貞吉でございます。前の邑井一という人は、この人の弟弟子《おとうとでし》でございます。三代目貞山は、初めは、伊東潮花《ちょうか》の弟子になって、伊東花林の名でやっていたが、

「お前はどうもものにならない。とてもだめだ」

とことわられて、二代目貞山の門に移り、一生懸命に勉強し、奮発の結果、ついに名人と言われるほどの芸になりました。

この三代目貞山は、おでこの大頭《おおあたま》で、〝頼朝公〟というあだ名がついていたそうです。まことにきれいなよみくちだったそうで、『伊達評定』『伊賀の水月』『石山軍記』『黒田騒動』『大久保武蔵鐙』など、とりわけて『義士伝』を得意として、大石内蔵助を日本一の大忠臣と尊敬していたそうです。講談の中でも決して呼びすてにせず、「内蔵《くら》様が、内蔵様が……」と言っていたという……。

明治十四年の秋に、貞山の名を、弟子の初代貞丈に譲って、自分は錦城斎一山と改めました。明治二十二年三月二十一日、五十五歳で歿しております。

三代目貞山には、四代目を襲がせた初代貞丈のほかにも貞鏡、貞花、貞朝、貞宗なんという、いい弟子がたくさんありました。

貞鏡が、のちに三代目貞水となります。これがこの名簿に出ております貞水です。

貞朝は、前に申し上げました、邑井一となる人でございます。

貞宗は、初代春錦亭柳桜(本名・斎藤文吉)の次男で、本名を斎藤嘉吉といい、のちに初代如燕の門に移りまして、二代目如燕になりました。

四代目貞山は、申し上げたように、三代目の門人、初代貞丈が襲ぎました。師匠が名を譲るほどならば、四代目も相当な芸であったに違いないと思うのが当り前ですが、どういう人で、どういう芸であったのか、『今昔譚』にも、『講談五百年』にも、何も書いてないので、とんとわかりません。

五代目貞山は、三代目貞山の門人貞花が襲ぎました。

本名を青山嶽次郎といい、元治元年二月七日、神田多町で、青山善蔵の長男に生まれ、貞花から二代目貞丈を経て、五代目貞山となり、さらにのち、三代目錦城斎典山を襲名しました。〝お玉ケ池〟の先生と言われて、これァあたくしどもも、よく知っております。

典山師には、つ祢という妻女との間に、二男二女がありまして、長女貞子は、花柳流家元二世寿輔(のちに寿応)妻女、次女喜代子は現片岡仁左衛門さんの妻女でございます。長男一郎というかたは、明治四十五年に亡くなりまして、次男青山次郎という、このかたが典山師の嗣子でございますが、現在、花柳寿楽といっておられます。このかたが、花柳錦之輔といっておられたころに、編集、出版して、知己だけにくばられた『錦城斎典山』(昭和二十五年五月二十日発行)という本があります。この中で、久保田万太郎、小島政二郎、喜多村緑郎、花柳章太郎、安藤鶴夫、花柳錦之輔の各氏で、故人の芸を偲ぶ座談会の記事があり、

久保田「典山は誰の弟子ですか」

小島「三代目貞山の弟子です」

喜多村「貞山はうまかったかな」

小島「典山に言わせると、お師匠のことを言ってよくないが、あまりうまくなかったというね」

というところがあります。次はほかへ話が移っているので、これだけではよくわかりませんが、あたくしの考えるには、ここで、典山がうまくなかったと言った師匠は、三代目貞山のことではなく、四代目貞山だろうと思うんですね。

典山は、もちろんはじめは三代目貞山の弟子で貞花といったことは間違いない。そこで、

三代目貞山は、明治十四年に、弟子の初代貞丈に四代目貞山を譲って、自分は一山となったわけですが、この時に、弟子も全部四代目貞山に譲り弟子にしたのではないかと思います。その証拠に、明治四十三年七月の『文芸倶楽部』にのった「すまじきものは旅稼ぎ」という典山師の話の中に、

「十六、七の若年のころに、どうかして一度旅へ興行に行ってみたくてたまらなくても、師匠(四代目貞山)がきびしいので、出ることが出来ずにいると……」

と書いてあり、また、同じく四十五年一月の『文芸倶楽部』にも「年始に行って初ごと」という記事があって、

「私の師匠四代目貞山は、毎年正月元旦に、弟子一同を自宅に集めて……」

とあります。

前申し上げたように、関根さんの『今昔譚』にも、『講談五百年』にも、三代目貞山のことは、こまかく芸風を書いて、うまいと言っているのに、四代目のことはひとことも書いていない。それとこれとを考え合わせてみると、やはり、典山師が、師匠はあまりうまくなかったと言っているのは、四代目をさしたものと思います。

この『錦城斎典山』という本でも、貞花からいつ貞丈になって、いつ貞山になったかということは、書いてないのでわかりません。貞山から典山になったのは、明治四十年だろうと思います。というのは、明治四十年一月の『文芸倶楽部』第13巻第2号「義士銘々伝」に、

大石内蔵助　　一龍斎貞山

矢田五郎左衛門　　昇龍斎貞丈

と出ており、同年五月の第7号に、

藤堂帯刀　　　　貞丈改メ六代目貞山

と出ております。してみると、二月の改名というものは、あまりやらぬものですから、ま、三月か、あるいは五月に、貞丈を六代目貞山にすると同時に、五代目貞山から典山に改名したものと思われます。

申し上げたように、〝お玉ケ池〟の先生といえば、講談仲間では大変に羽振りのきいた、実に芸も結構だが、また、うるさがたでとおっていました。

あたくしも若いころ、浅草の金車亭《きんしゃてい》に、典山の独演会を聞きにいったことがありますが、木戸銭七十銭というのにまず驚いた。何しろ淋しいふところに、七十銭はちと痛いが、聞きたくもあり、高くもあり、どうしようかとしばらく考えましたが、ままよ、と思い切ってはいってみると、中はいっぱいの入りで、あたくしは、高座に向かって正面よりも少し右側の中ほどのところへ坐った、と思います……あたくしは、子どものころからの芸人で、寄席へ木戸銭を払ってはいったことは、数えるほどしかありませんが、おそろしいもので、金を払って聞きに行ったのは、坐った場所まで今もって覚えている……そのとき典山先生は、前席に『義士外伝・亀井能登守』を一席演り、次は『天保六花撰』が三席だったと思います。その三席目なぞは、短いのに驚いたぐらいでしたが、それでも七十銭は高くないと思いましたねェ。あんなうまい人を聞いたということは、何かにつけて、芸の足しになります。

　典山師のよみものは、『義士伝』『太閤記』『伊達評定』『柳沢騒動』『加賀騒動』『仙石』『慶安太平記』『伊賀の水月』『田宮坊太郎』『後藤半四郎』『関ケ原軍記』『大坂夏の陣』『冬の陣』『本能寺から山崎合戦』『小牧山合戦』、世話物で『吉原百人斬』『天保六花撰』『小夜衣草紙』『天明白浪伝』『おとわ丹七』『佐原喜三郎』『花川戸助六』『鬼あざみ』……まだまだこのほかにもたくさんありました。世話物の名人と言われておりましたが、時代物も案外にたくさんある、ということは、さすがに本当の修業をした昔の人です。

　先年亡くなった五代目の貞丈(本名・柳下政雄)の話ですが、昭和九年の冬、四谷の喜よしという席で、典山・貞山の親子会があったんだそうです。まず六代目の貞山が、十八番の義士伝『矢田五郎左衛門』を演った。貞山は〝水道の口〟とあだ名をされたくらい(ただ口からつゥつゥ出るだけで、〝水道講釈〟だと、神田派つまり伯山畑の人たちが言った悪口で、そうすると、貞山派の者は、伯山方を、ただがらがらといけ騒々《そうぞ》しいだけの〝がらくた講釈〟だと言ったもんで)、ま、水の流れるような快弁で、お客はうっとりとして聞き入っている……と、「あァ、まずいなァ」と典山がつぶやいた。やがて貞山がおりてくる。貞山は二十貫余の堂々たる体軀で、そのあとへ、やせた典山がちょこちょことあがる。貞山のとうとうとした名調子にひきかえて、低声《こごえ》でしとしとよみはじめる……『天保六花撰』のうち、吉原の会所、小出道之助と片岡直次郎のくだり、江戸の吉原の情景がありありと、眼に見るごとくにえがき出されてゆく……お客も楽屋の者も、一様に耳を傾けていると、「おやじは、うめえなァ……」と思わずつぶやいたのが貞山だった……当時名調子と言われた貞山でも、並べて聞くと、親子会という名のとおり、まさに親と子の相違が、はっきりと感じられた、という貞丈君の話です。

典山という人は、もりそばが好きで、楽屋でそばをとって食うときは、そこに居合わせた人の頭数だけあつらえさせて、みんなにたべさせるんだそうです。で、あるとき六代目の貞山がそばを二つあつらえた。「おまちどおさま」と二つ置いてゆく……と、貞山は、自分へひとつ、もうひとつを、弟子の貞之助(のちの七代目貞山)に持たして、典山の前へ差し出したら、典山が苦ァい顔をして、

「このひとつはなんだい? あたしはいいつけませんよ。返しておいで」

と、貞山の方へ突きやったんで……貞山もしゃくにさわって、そばを持って立ち上がったが、よほど腹が立ったとみえて、そのそばを典山の頭からぶっかけて、わァ…と泣いて帰ってしまった、てえんで……あの二十貫もある大きな人が、手ばなしで泣いたのは、さぞ見ものだったろうと思います。

典山という人は、浪花節というものが大きらいだったそうで、浪曲を演る人が聞きにきていると、必ず悪口をいう。聞いてる方も腹が立って、「この野郎」と思うが、講釈を聞いているうちに「あァ、うまいな」てんで、帰りには忘れてしまうというくらいで……。

七代目貞山になった貞之助が、神田の小柳亭の前座で、時間も早いし、客は二、三人、それも皆おなじみの顔ばかりなので、茶目ッ気を出して、釈台を張り扇でたたいて調子をとり

ながら

「何がァなにしてェなんとォやらァ……物がものして、ものとォやァら……」

と、節をつけてやったんで、客はくすくす笑っている……と、講談の席では、木戸口のすぐ脇に並んで茶番、つまり台所があって、火鉢などがあって、出演者がそこで待っていることもある、その障子が、サッとあいて、

「馬鹿野郎ッ、おりちまえッ」

それが典山さんなんで、貞之助が驚いたのなんの……あわてて釈台をとび越えて、客席へおりて、平身低頭。すると、ちょうどそこに伯知さんがいて、

「まァまァ……」

と言って、詫びてくれたんだそうで。そうすると、

「なんだ、あのざまは……」

と言っておこっていた典山が、伯知の方へ向き直って、

「先生、大体こいつは実にけしからんやつで、あなたに対して何をしたか、ご存じですか」

「いや、知りません」

「先生のひげを二本抜いたんですよ」

てんで、まったく余計なことまで言われちまった。これは、伯知のひげを一本抜いたら十銭という、賭けをしたんだそうで、それで貞之助が、いろいろ考えて、

「先生、ここにおまんまッつぶがついてます」

と言って、うまく二本抜いたことがある……それをすっぱ抜かれたんで。あくる日、典山の家へ詫びに行くと、さんざっぱら油をしぼられて、菓子折を買ってくれて、これを持って伯知先生のところへ詫びに行け、と言われたんで、さっそくあやまりに行ったそうです。菓子折を出すと、伯知が

「これが私のひげ代ですか……」

典山は、また、ばくちの好きな人で、なんでもいいからばくちをやっていればいい、という……落語の方へスケに出演したときでも、楽屋にいる者を誰かれなくつかまえて、

「おい、やれやれ」

と言う……あたくしなぞは、ばくちはきらいですから、絶対にやりませんが、死んだ鈴々舎馬風(本名・色川清太郎)などは、よく相手をしておりました。

「先生、銭《ぜに》がないんですよ」

「本当にないのか？　じゃァ貸してやるからやれ」

と、金を貸して、それでやるんですから、勝って取ったところで自分の金だし、負けりゃァやっぱり自分の金を取られるんで、どっちにしたってつまらないわけのもんですが、それほどにしてもやりたいという人なんで。それでいて、よく負けるらしいが、負けっぷりのいい人でしたねェ。誰かが死んでお通夜なんというと、必らずはじめるんですが、あるとき、千円という金を持って行って、九百五、六十円取られてしまったんで、

「あァ、もう帰ろう」

わきで見ていた者や、負けている者に、

「さァ、これをお前にやる、お前にもやる」

と、残った金を、五円、十円と、みんなにやってしまって、

「これで千円全部なくなった」

と、帰って行くんです。大正時分の千円といえば、大したもので、あたくしは、見ていて、おっそろしく負けッぷりがいい人だなァと思ったことがありました。

『錦城斎典山』の本の中にある四代目貞吉さんの話ですが、金車亭の高座で、貞吉さんが一生懸命演っていると、楽屋でばくちが始まって、賽をころがしているところへ、巡査がはいってきたんですね。いや、みんな驚いて、逃げ場がなくなって、典山先生が、貞吉が一生懸命やっている高座へ、のこのこ上がってきたってんです。しかも先生ひとりじゃァないんで、英昌や琴窓といった人たち、五、六人がぞろぞろ高座へ上がってきた。

「どうも講談をやっちゃァいられない……」

って、あたりまえですよ。貞吉さんも、さぞ驚いたことでしょう。

この〝お玉ケ池〟の先生は、昭和十年一月七日、行年七十二歳で亡くなりました。

六代目の貞山は、本名を桝井長四郎といいまして、明治九年十一月二十六日生まれ、もともと四代目貞山の門人でしたが、四代目の歿後、兄弟子であった五代目貞山へ譲り弟子になりました。やはり、はじめ貞花、それから三代目貞丈で真打になり、前申しましたように、

明治四十年に六代目貞山となったもんでございます。

天性の名調子で、唄う講談と言われて、素人好きのする芸でした。釈場ではあまり客の取れない芸で……釈場の客はもう毎晩通って耳はこえているし、なかなか調子だけではごまかされません。そこは、大島伯鶴などのほうが、まだよかったでしょう。しかし色物席の方は、毎晩来る客じゃァなし、ちょっと聞いて、要は得ているし、短い時間でちゃんとまとめてわからせる、そういうところは、六代目貞山は実にうまいものでした。

あたくしが子どものころ、明治末から大正はじめ、まだ若いころの貞山を聞いて、ずいぶんくさい芸だな、と思いました。『五郎正宗』などを演って、五郎が伯父に「私はよい刀鍛冶になっておとっつァんに孝行した方がよいか、死んでおっかさんに孝行した方がよいか……心はふたつ身はひとつ、ふたつの道をひと筋に、伯父さん、分けて下さい、と……」というあたりは、大変にその、うたいあげて、まことにくさいと思いました。しかし、晩年は、あまりうたわなくなり、あァうまくなったなと、失礼だが、そう思うようになりました。よみものは、主に『義士伝』とか、『伊賀の水月』などをよく演りました。そのほかにも『相馬大作』とか、数もかなりあったようです。

昭和十四年五月二十四日に、落語協会会長であった三升家小勝が、八十二歳で亡くなりました。後任の会長候補は、当時でいえば、八代目桂文治(山路梅吉)、あたくしの先代《おやじ》の五代目圓生、桂文楽(並河益義)といったところです。四代目柳家小さん(平山菊松)、三代目三遊亭金馬(加藤専太郎)は、東宝の専属でしたから、この人たちは圏外で……それが、結局、客員として落語協会の興行にずっと出ていた、この六代目貞山に、会長をお願いしたい、ということになったんですねェ。それには、表へ出せなかったひとつの理由があったんです。もはや、お話をしても差支えもないと思いますから、ここで申し上げますが、それというのが、ばくちなんで……。

典山のばくち好きはお話ししましたが、六代目貞山もまた、ばくちが大好きで、当時の席亭、四谷の喜よし、人形町の末広なぞ、よく貞山と勝負をするわけなんで……。貞山が金を持っているから取ってやろうというので、もちろんばくちは金を取るつもりでやるもんですが、各自五、六百円のもとでを持って、貞山のところへ行く。すると貞山は、大きな金庫の前へあぐらをかいて、二千円、三千円という金を持って勝負をする……あたくしは、その方のことはまるで知りませんが、聞くところでは、三倍、四倍の金を持っている相手とやっても、とてもかなうものじゃァないそうですね、結局は貞山にみんな取られてしまう。また取りに行っては取られ、貞山に借りができる、そんな借りはまた、なかなか返せない……そんなことから、自然頭も上がらなくなる、というわけで、なるべく客のはいる時期、よい月のトリ席を、貞山に数多くとらせるというようなことに、まァだんだんそういうふうになって、とうとう、落語協会の会長まで講談師にとられるという始末……名称も「講談落語協会」と改められました。考えてみれば、全くおはずかしい次第でございます。

昭和十五年一月には、先代《おやじ》の圓生が死に、だんだん戦時色が濃くなってきて、鉄兜をわきに置いて落語を聞くようになってきては、もういけません。

そのころ、四谷の喜よしと上野の鈴本という、代表的の二軒の初席が貞山のトリでございます。この初席というものは、正月元日から十日間の興行で、金もよけい入るが、収入ばかりでなく、初席を取る取らぬでは、芸人の沽券にさわる、というような意味があって、一種特別のものでございます。それで、貞山が前申しあげたようなわけで、東京でも一番高級な席の初席を二軒とも取っていましたが、中風になってたおれたんで……ところが、これを決して他人《ひと》に渡そうとしない。弟子の貞丈(柳下政雄)と貞鏡(佐藤貞之助。のちの七代目貞山)に一軒ずつ、トリをさせて、つまり代ばねというものをさせる。ついに死ぬまで、この初席を離しませんでした。

これには、仲間ばかりじゃァない、世間でも、実に不思議な現象だと言われました。もうその頃は、四代目小さん(平山菊松)も、東宝から出て協会へ復帰しているし、八代目文治(山路梅吉)もいるし、桂文楽(並河益義)もいる。自分が病気で勤められないのに、なぜそういう人達に譲らないのか、ということで、仲間うちではごうごうたるもんですが、どうにもならなかったんですねェ。

そのうちに戦争はますますひどくなってきて、昭和二十年三月十日、東京の大空襲がありまして、下谷、浅草、本所、深川、日本橋、神田と、下町一帯がすっかり焼けてしまいました。このときに貞山は、浅草にいまして吾妻橋の方面に逃げたが、川に落ちて、亡くなりました。上野の大師堂前に、引きあげられた死骸が並べられているなかで、貞山ということが知れて、やっと遺族がひきとって、三月十六日か十七日ごろに、お葬いを出しました。それから間もなく、あたくしは満洲へ出発しましたんで、誰が会長になっているかも知りませんでしたが、二十二年に満洲からやっとの思いで帰国して、四代目小さんが落語協会会長になっていることを、はじめて知ったというような次第でございました。

今考えてみましても、落語協会が、金のためというか、講談に押さえられて、表看板まで塗り変えられてしまうという、その腑甲斐のなさは、全く情ないことでした。それに、ばくちの好きな貞山のごきげんをとるんで、しじゅう楽屋で賽をころがしている……絶対にやらないのは、四代目小さんとあたくしだけでした。あの当時は、そばにいることがつくづくいやでしたねェ。何しろ上野の鈴本の楽屋なんぞは、がらっと障子をあければ、もうまる見えですし、手入れがあってつかまれば、そばに居ただけで、やってなくても引っぱっていかれるんですから……楽屋で勝負ごとなぞは、本当によくないことです。「上《かみ》のこのむところ下またはなはだし」とは、昔からよくあることですが、全く、気をつけるべきことだと思います。

六代目貞山は、大島伯鶴とともに、大看板であり、講談界の大御所といわれた最後の人で、講談を大衆的な早わかりのする芸で、世間へ知らせ、ひろめたことでは、この人の功績は確かに大きいものがあると思います。しかし一方、おのれの本城である講談席を離れて、落語の席にのみ出演していたことは、講談席の滅亡を早めたわけで、ひいては、講談そのものを、今日の状態にまで追いやってしまったについて、やはり重大な責任があるといわなければならないでしょう。やはり功罪両面があったと思います。

七代目貞山は、六代目貞山の門人で、本名佐藤貞之助といいます。芸名ははじめ貞之助で、それから貞鏡になり、戦後、昭和二十二年か二十三年に、七代目貞山になりました。

大変に芸熱心な人で、それはえらいと思うんですが、どうも芸に対して、少しくはき違えていたところもあったと思うんです。まァ噺家が営業違いの講談のことを、とやこう言うべきでもないし、余計なことを言ってもと思ってだまっていましたが、たとえば、『義士伝』の天河屋義兵衛の伝、これは六代目貞山師のも、あたくしは何回となく聞いております。義兵衛が牢に入れられて、いかに責められても白状しないので、七之助という子どもを連れてきて、奉行が、もしお前が白状しなければ、この子を責めるが、それでもよいか。義兵衛がだまっているので、七之助を責め道具のそばへ連れてゆくと、子どものことで、わッと泣き出す、と、義兵衛が「七之助、悪い親を持ったとあきらめてくれ……お奉行さまに申し上げます。子どもは可愛《かわゆ》うございますが、親子の愛は私ごと、他人さまには、頼まれた義理という二字がございます。天河屋義兵衛は男でございます」と、ここは六代目貞山は、きっぱりと言います。ところが、七代目貞山は、「天河屋義兵衛は……」までをなみだ声で言い、「男でございます」と、泣くんです。これは、あたくしは大変な心得違いだろうと思うんで。大石内蔵助が、町人ながらこの男ならばと見込んで、討入りの道具を頼むのが、この義兵衛なんで、命はなげ打っている……その義兵衛が、この講談の眼目である「天河屋義兵衛は男でござる」というところで、泣いちゃァいけない。そんな女々しいやつなら、拷問に耐えられるわけがないんで、こんなわかり切ったところを、なんであんな演り方をするのか。それが、六代目貞山のとおりをまねて演っていると言われたくないと思ってのことなら、全く馬鹿げたことで、なまじなことで芸をこわすくらいなら、ものまねの方がはるかにましなんで、師匠のとおりを演るべしなんです。『寄席育ち』でも申しましたが、芸の上で、弟子が師匠から離れる間合《まあ》いというものは、カルメラを焼くときのように、七分三分の兼ね合いで、早く離れすぎてもぺしゃんこになるし、おそすぎてもふくらまない……七代目貞山の場合は、少し早く離れすぎた。なまかわきのうちに、師匠の芸から離れようとしたために、形がくずれてしまった。それで、芸熱心な人だけに、自分では大変に悩んでいたのかも知れません。

七代目貞山とあたくしと、ちょっと気まずくなったことがあります。貞山は怪談噺を得意にしておりましたんで、夏になると、トリ席で、道具を持ちこんで、照明を使って怪談を演ります。それには余分の費用がかかるので、席の方で「天切り」といって、入場料の上がり高から、毎日一定の額を先に差し引いて、残りを楽屋へ入金する。と、われわれの方では「ワリ」と言いまして、この楽屋入りを、各出演者に配分をするんですが、その日の客数によって増減するわけで、客の入り具合を見れば、大体このくらいは「ワリ」が出るな、ということは、永年のことで、わかっております。

上野の鈴本で、夏ではあるが、客数も割に多かったんで、一日二百人くらいの「ワリ」は出るな、と思って、受け取ってみると、百人分になっている。こんな客が入っているのに、どうして百人なのかと事務員に聞くと、怪談の「天切り」があるので、百人分しか出ません、と、こう言うんです。楽屋には、出物帳といって、毎晩出演者の演った演目を書いたものがありますが、これを見ると、貞山が毎晩『妲己《だっき》のお百』を演っている。それで、あたくしが楽屋の黒板へ

講談もお百　お割りもお百なり……

と書いて帰ったんです。その晩貞山があとでこれを見て、おこったそうです。こっちは洒落のつもりで書いたんですけども、むこうは洒落に取らなかったんで、本気になっておこった。思えば悪いいたずらをしたもんだと思いますが、まァそれきりで、けんかにはなりませんでした。

それから二、三年してからでしたか、楽屋で貞山に会ったら、

「昨晩のあなたの放送をうかがいました。実に結構でした」

なんて言うんですねェ。それからも、今度やったのは、まァ自分としては出来がよかったな、と思った時に、貞山に会うと、

「いや、うかがいましたが実に結構でした。本当に感服いたしました。ありがとうございました」

なんて、いやにほめてくれて、こっちがくすぐったい気がするんですが、いろいろ話をしてみると、あたくしの放送は、もし聞けないときは、録音さしておいて、帰ってから必ず聞くというんで、なるほど本当に聞いてくれているんです。

　そのうちに、確か昭和三十九年の夏ごろだったと思います。突然、貞山夫婦があたくしの家へたずねてきて、

「どうか師匠の弟子にして頂きたい」

と言うんで、あたくしァ驚きました。

「なんであたしの弟子に……？」

「いや、師匠の芸に、あたくしは本当に敬服しています。是非とも弟子にしてもらいたい」

と言うから、冗談じゃァない、あたしは噺家だし、講談の弟子をとったって、どうにもしようがない、といったんですが、そんなことを言わず、どうか弟子にしてくれ、と、こう言うんですねェ。それから、

「君も貞山という大きな看板を背負《しょ》っていて、噺家の弟子になったんじゃァ、死んだ師匠にも申訳があるまいから、それならば兄弟分になりましょう。芸が違っても、兄弟分になることは、昔から例もたくさんあることだから、あたしが兄で、おまえさんが弟、それなら世間に聞かれても、おまえさんの面目も立つわけだから、兄弟になりましょう」

と言いましたら、当人も大変喜んで、ではまず、兄弟になったことを、お宅のお弟子に披露をして、仲間の者にも、一同をよんで、披露目をしたい、と言う。そんな大げさなことをしなくても、と言ったんですが、当人がなかなかきかないんで、それではまず、弟子だけにというわけで、日を決めてあたくしのうちへ集まって、酒を出して、その披露目をいたしました。それから、昭和三十九年十月八日、あたくしが落語協会の副会長になったあいさつを、

神田の料亭、神田川という家に、協会の幹部、席亭、放送局などの関係者をお招きして、披露目をいたしました時に、その席上で、今回、貞山と兄弟分になりましたと披露をいたしました。

その後しばらくして、自動車の追突事故で、貞山がむち打ち症になりまして、二カ月くらいも入院しましたが、それからどうも具合が悪く、中風のようになって、また牛込の厚生病院に入院したんで、四十年十二月二十七日、新宿末広亭で、昼夜「貞山をはげます会」というのを、あたくしの主催で開催しまして、協会員一同無料出演して、そのあがりを全部見舞いとして贈りました。それからも病状は思わしくなく、たまに見舞いに行くと泣かれるので、本当に困りました。貞山は、以前に先妻と別れ、男の子が手もとにいたんですが、後妻との折り合いが悪くて、ついに実母の方へ子供も行ってしまい、貞山が死ぬ直前には、事情もあったでしょうが、貞山の知らないうちに、籍を抜いてしまいました。それがために、佐藤貞之助の家は絶えてしまうことになるわけで、それを知った貞山は、病床で嘆き悲しんでいました。それらも原因で、死を早めたんでしょう、昭和四十一年十二月七日、とうとう亡くなりました。生まれは明治四十年六月二日ですから、行年六十歳でした。

師匠の六代目貞山の未亡人が、よく話をしていましたが、はじめ弟子にきたてのころは、大変かわいい顔をして、にこやかだったのが、怪談をやりはじめてから、どうもこわい顔になって、ひどく人相が悪くなった。それは、怪談をやるには、ひとをこわがらせなくちゃいけないし、にこやかでうれしがってちゃ、お化けが出にくいから、やはり陰惨な顔をしなくちゃァならない。だからそれを演っているうちに、だんだん、ふだんまでそういうような顔になってしまう。その話を聞いた時に、怪談噺なんてえものはあまり好んで演るべきものじゃァないなと、あたくしァつくづく思いました。にこやかな男だったのが、ふだんの人相までわるくなるんじゃァ、こいつァちょいと考えものでございます。

まァそれかあらぬか、その末路も何か陰惨な感じがしました。

人間としては、正直で芸熱心な人で、長く生きていたらば、またどう変化して、うまくなったかも知れません。思えばやはり惜しいことでございました。

大分まわり道をしましたが、これで貞山の代々を申しあげましたので、今度は、貞水の話にうつります。

初代貞水は、前申し上げたように、二代目貞山の前名でございます。

二代目の貞水は、二代目貞山の弟でございまして、初め巴水、それから二代目貞水となった。さらに貞林となり、のちに二代目錦城斎典山となりました。この人を、〝鼻《はな》ッ欠《か》け〟典山といったそうですが、声が鼻へかかるんでしょうか、それとも鼻が欠けてるように見《め》えたのか。講談を、まことに簡明によんだ人だそうです。

「引き窓がったり、烏かァ」

と言っただけで、夜の明けたことをあらわしたとか、盲縞《めくらじま》の腹掛けというのを、

「メクの腹掛け」

ってなことで、なんでもその言葉を略して、簡単に簡単にしてお客にわかるようにしゃべったという。この人もやはり相当な芸のできた人でございます。

そこで、この名簿にのっている三代目貞水になります。この人は、常磐津和佐太夫という人の伜で、本名は伊東小四郎、申し上げたように、三代目貞山の門人で、貞鏡から三代目貞水になりました。非常によみくちのきれいな人で、お座敷なぞも大分あって、もてはやされたといいます。のちに、二代目一山となりました。一山は、師匠の三代目貞山が名のった名前です。それを襲いだわけで。藤浦富太郎さんにうかがったところでは、一山になって、神田鍛冶町に山村亭という講談席を経営していたことがあるそうです。『講談五百年』によりますと、明治三十五年十二月に歿す、としてありますが、何歳で亡くなったかは、はっきりわかりません。

錦城斎一山(『百花園』第 238 号)

この人の実子は、四代目昇龍斎貞丈になりました。本名が安原大次《だいじ》郎《ろう》といい、「大ちゃん」「大ちゃん」といいまして、あたくしの先代《おやじ》とは大変仲よくしておりましたので、あたくしもよく存じております。まことにでっぷりと太りまして、色の白い、にこやかな好男子でした。この大ちゃんを、〝お玉ケ池〟の先生、三代目典山さんが仕込んでいたんですが、そのきびしいことといったら、高座で講談を演ってる最中に、脇から首を出して、

「馬鹿ッ、なんだそれは。一体きさまは何を演っているんだ……どうもお客さま、あいすみません、こういうまずいものをお聞かせをいたしまして……なぜもっとしっかり演らないんだッ。もう一ぺんそこンところを演りなおせェ」

なんという。お客の前で小言を言われて、若い人ではあり、さぞ赤面をしたろうと思います。ですから、あんまりやかましく言われたために、おどおどしまして、芸が少しいじけてきました。ああ激しく小言を言わないで、もっとのんびりさせてやったらいいんじゃないかと、仲間の者も言ってましたが、しかし芸は決してまずくはありませんでした。ちょっと固いが本筋の芸風でした。中看板《ちゅうかんばん》になってきて、あれから長生きをしたら、いい先生になったでしょうが、若死にをしてしまいました。亡くなったのは、昭和六年十二月二十三日、行年四十二歳でございました。

この四代目貞丈の弟子が、つい先年亡くなりました五代目貞丈です。

五代目貞丈は、明治三十九年八月十三日生まれ、本名を小島政雄と申しました。横浜育ちで、早稲田実業を大正十五年、十九歳のときに卒業しましたが、それ以前に、四代目貞丈の

門に入って昇龍斎貞一と名乗っておりました。昭和二年に、柳下清浜衛養女千江子と結婚して、柳下姓になりました。

昭和六年、二十四歳のときに、若手人気投票で一位になり、八丁堀の聞楽亭《ぶんらくてい》で、真打に昇進し、同年十二月二十三日に師匠の四代目貞丈が亡くなりましたんで、百カ日に当たる昭和七年三月三十一日、五代目貞丈を襲名しました。ただし、六代目貞山の預り弟子になったんで、亭号を一龍斎と変えて名乗りました。

昭和三十八年、義士伝のうち『倉橋伝助』で芸術祭奨励賞を受賞、昭和四十年四月、講談組合頭取になりました。

昭和四十三年七月二十七日、行年六十一歳で亡くなり、同日、勲四等瑞宝章を受けました。得意のよみものは、『義士伝』『伊賀の水月』『朝顔日記』『寛政力士伝』『金色夜叉』そのほか、新作物も数多く発表しました。

あたくしは、落語についてならば、ここをこうやるから、あの人はうまい、この人は下手だと、はっきり批評もできますが、講談の方は、自分ではできませんから、本当のところの上手下手は、わからないかもしれませんが、まァ大体のことはわかるつもりで……貞丈君の講談は、器用ではあるが、失礼ながらうまいとは言えないと思います。若いころに聞いては、この人はもっとうまくなると思っていましたが、口で喋らず、頭で喋ろうとしていたと、あたくしには思えるんです。もちろん頭は大切ですが、芸というものは、悧巧だけじゃァうまくならないんもんで、腹とか、間とか、さまざまのものが合体して、はじめてできるものでございましょう。

七代目貞山とは、同年代で、また六代目貞山門下として、ひとつところで育ってきたわけですが、講談好きの人に聞くと、「講談として聞けば、やはり貞山の方がうまいと思う。貞丈のは、どうもちと講談とは違うような感じがする」などと言いました。あたくしも七代目貞山の方は、貞丈にくらべれば、不器用でしたし、芸としては、どうも好きになれない、実に異様な声を出したり、第一時間が長過ぎて、これはみんなが苦情を言ってましたが、生涯ついに直りませんでした……ですから、どっちかと言えば、貞丈の芸の方が好きでした。それでいて、講談の芸として考えれば、貞山の方が上かな？とも思います。貞山は、いやなところもありましたが、とにかく客を感動させる力はありました。貞丈は、器用ではあるが、客に感動は与えられない芸だと……ま、遠慮なく言えば、そういうことでしょう。

貞丈は、絵も画きましたし、文字もよく書き、何ごとにも器用な人で、それに、交際上手というか、付きあいごと、人の集るところには、感心に必ず出ておりました。人付きあいは実に上手で、知己もずいぶんあったようです。悪くいえば、あまりにも交際に重きを置いて、うまく泳ぐことに心をかけすぎたために、芸の方は、ぱっとしなかった、という傾きがあったんじゃァないでしょうか。牙のあるものには角はない、と言いますが、あたら才子が、惜しいもんだと思ったことがありました。

貞丈は四代目までは昇龍斎だったわけですが、五代目から一龍斎貞丈になりました。

今の六代目貞丈は、五代目貞丈の実子で、本名を柳下基一といいます。

さて、三代目貞水の弟子に四代目真龍斎貞水という人がありましたが、何かのことで講談界から出まして、自分が早川某《なにがし》という本名なので、亭号を早川とつけてしまい、早川貞水といいました。

その次の貞水は、太田貞水。

今の貞水は、本名を浅野清太郎といいまして、五代目貞丈の弟子で、一龍斎貞水といっております。

それから、やはり三代目貞水の弟子に菊水といった人がありましたが、これが大阪へ行って、桂家残月《かつらやざんげつ》となり、新講談といって、舞台に立って講談を演りました。

この人の伜を、本当の名前は何といったか知りませんが、「繁《しげ》ちゃん」といいまして、これは、あたくしも知っております。まことにおとなしい人で、やはり講談の方でちゃんと修業はしたんでしょうけども、おとっつァんがやったように、立って、テーブルも何も置かずに、その当時の宮様のお話といったようなものを演りました。おやじの名前を襲いで桂家残月といっていましたが、病身で、あまり長生きをしず、昭和の初めごろでしょうか、四十代ぐらいで亡くなりました。

松林 伯遊《はくゆう》（本名・堀田政之助）

松林 知鶴《ちかく》（本名・三橋吉勝）

伊東 燕凌《えんりょう》（本名・伊東燕凌）

この三人は、いろいろ講談界の古いかたとか、知っているかたに調べてもらいましたが、どうしてもわかりません。

岸《きし》の家《や》 吾妻《あづま》太夫

この人の名は役員の所に出ておりますが、名簿のほうには、全然、住所も出ていない。これは落っことしちゃったんでしょう。ほかの者を落とすんならともかくも、「三遊幹事」として別枠《べつわく》に書いてある人の名前・住所を全然落としてしまってあるというのは、考えてみるとずいぶん乱暴な話でございます。これはのちの大正二年三月の三遊名簿がありまして、これには、

京橋区築地一ノ十　岸の家仲太夫（本名・福盛亀蔵）

と書いてあります。おそらくこの人と同じ人だろうと思います。この人はあたくしはよく知って、聞いておりましたが、若いおりには引抜き(衣裳)なぞをして、弾き語りで常磐津を語ったという。この仲太夫が、以前吾妻太夫といったということを聞いておりました。文之助の系図によると、岸の家吾妻太夫、その下に、仙台の人と書いてあります。あたくしの知ってるのは江戸っ子でございます。

それと並んで、岸の家仲太夫と書いてありまして「吾妻太夫門人、小仲太夫改め吾妻という」としてあります。だから、この人がやはり吾妻太夫となって、引抜きの常磐津を語ったものでしょう。それがのちにまた仲太夫になったんだろうと思います。

これにつきまして、関根黙庵さんの『今昔譚』の中で、色物のことを書いた所に、古くからの太夫では、吾妻太夫、いい男だろうという、苦みばしりを稲妻にして道具を使ってのお芝居、ずいぶんと気障《きざ》ッぽかったれど、仲太夫になったり、またもどりの吾妻太夫になったりのうちに年をとり、われらをあわれッぽがらしてのじめ〳〵は気の毒でもあれど、それまで保ったる高座の寿命は、長く久しく、えらいものと言えば言える。と、こういうことが書いてございます。

あたくしが知ったころは、仲太夫で、もういいかげんなおじいさんでしたけれども、なるほど、若い時はいい男だったかもしれません。

常磐津も『油屋(伊勢音頭)』『乗合船』なんぞを演って、うまかった。それに、『音菊天竺徳兵衛《おとにきくてんじくとくべえ》』なんという珍しいものも演りました。座頭《ざとう》が木琴をたたくところ、それから、見顕《あら》わされる所まで、常磐津で演りましたんです。『天竺徳兵衛』は、六代目菊五郎の芝居もあたくしは見ましたが、ケレンの多い芝居で、仲太夫の若いころは、こういう常磐津で、引抜きなぞをやったものなんでしょう。

時間がなくなった時に、前座が、

「太夫、恐れ入りますが、もうこのとおり時間がございませんで、お願いします」

てえと、

「あゝ、いいよ」

てんで、『乗合船』を五分で演っておりたことがありましたが、びっくりしましたね。御《み》簾《す》がすッと上がりますと、

〽富士の白雪ゃ朝日でとける……

という、白酒売りの所を演って、それから

チャンチャン、〽ともにうれしき乗合いの……

と、段切《だんぎ》れになった。ああいう浄瑠璃ってものは、ちゃんときまっているもんだから、ここを抜いちゃァできないとか、ああだとかこうだとか言うもんですが、やっぱり「郷《ごう》に入っては郷にしたがえ」で、噺の中の色物として出ていれば、融通をつけなくちゃァならない。しかしそれで、ひとつのまとまった舞台にならなくちゃいけませんが、ちゃァんと五分間で演って、お客に手をたたかしておりてきた。あたくしは、その時、「あァなるほど、永年の修業というものは大したもんだな」と思いました。確かに腕もありましたし、あたくしは常

磐津としても大変うまいと思っておりました。
この仲太夫が名簿に抜けておりますので、ここに書きくわえておきます。

お囃子

お囃子の人が
橘家よね
山本はる
岩崎つな
三遊亭三蔵
高田つね
羽生あゐ
亀田佐登
林きん
立花家橘喜代
松岡つる
堀江とみ
川本すみ

伊　東　と　く
　ま　ん
伊　東　た　き

と、これだけ並んでいますが、この中で、多少とも、あたくしに覚えがあるのは、二人目の「山本はる」だけでございます。

この人は、圓右さんの下座をしておりました。〝おはるばばあ〟って、あたくしども言ってました。

このおはるさんの孫ってえのが、大変顔の長い人で、長唄の稀音家浄観さんがまだ六四郎時分に、お弟子になって、四郎左衛門という名前をもらった。どうしてそういう名前をつけたんですって浄観さんに聞いたら、

「あいつは顔が長いから、長い名前をつけたんだ」

って、まことにどうも、浄観さんてえかたは、洒落ッ気のある人でございました。

五りん

それから、いちばんおしまいに
五りん　圓之助
同　伊　知

と並んで書いてありますが、伊知というのは、圓之助の女房でございます。

「五りん」というのは、「五厘」とも書きますが、ま、いまの落語協会なんかでいう事務員のことでございます。もっとも、今と違いまして、昔の「五厘」は、興行する席を取って歩いたり、芸人をその席に割りふったり、ずいぶん実権をもっていたらしい。柳派では大与志《だいよし》、そして三遊ではこの圓之助が、その「五厘」をやっていたわけで、その女房のお伊知というのも、亭主とおんなしように、席をとって歩いたり、また、いろんな事務的なことをやっていたもんでございます。

三遊亭圓之助(『百花園』第239号)

なぜこれを「五厘」といったか、というと、あたくしは、木戸銭のあがりの中から、歩合の五厘を取ったか、金高の五厘を取ったかしたからだろうと思っておりましたが、明治三十三年の『文芸倶楽部』に、この「五厘」の取り高について、書いた記事がございまして、それによると、そんなに簡単なもんでなく、ずいぶんと面倒な勘定になっております。

この記事には、「五厘」の勢力のことだの、木戸銭の分配、芸人の収入、などということが書いてありますので、かなり長いものですが、参考までに全文を次に掲げます。

▽寄席と芸人　長身生

寄席と芸人の内幕をすっぱぬいてみようと思う。もっともここで芸人というのは、主に講談落語家を指したので、一般に広くいうのではない。

そこでこの寄席というのにも、ふたいろあるので、それは色物席と講談席とである。また昼講談で夜色物という席もあり、また義太夫を主にかける席もあるが、まず都下の席亭は色物が八、九分であるといってよろしい。ところでその寄席のうちには睦《むつみ》派、正義《せいぎ》派などいう党派があって、しばしば内輪にもめを生ずることは、誰しも知っていることだから、今さら詳しく説く必要はなかろう。

▼寄席と芸人の関係　そこでまず第一に寄席と芸人の関係をいってみれば、今の芸人は、むろん子供の時から正則の教育を受けたというではなく、ただ師匠から講談なり落語なりを口授《くじゅ》されて、それを高座で演ずるのだから、当世に名ある講談落語家、ほんの五、六を除くのほかは、たいてい無邪気の人たちの寄り合いであり、かつ愛嬌を売る稼業だから、あくまで掟を墨守して放任主義であるが、席亭のほうは世の変遷に遭遇して、いろいろの人物が仲間入りをなし、次第々々に改良をくわえ、もとは席亭といえば、仕事師の頭《かしら》か女房業《わざ》にするかに過ぎなかったが、今では官員の古手も加名する、実業家の失敗者もはいる、相撲の年寄りもあれば、古代言《ふるだいげん》先生もあるという有様で、多少知識のある人たちがはいったから、だん

だんと改良もでき、寄席取締り規約というものも制定された。これは昨年の春であったが、その規約が芸人らには不利益で、席亭がたの好都合だとかいうので、芸人らは大変騒いだ。けれどどうしても落語家のほうは腰が弱い。一時は気炎を吐いて運動をしたが、しまいには席亭の意にしたがった。ところが講釈師連はあくまで反抗運動をして、この請求に応じなかった。それがために講談席のほうは、この規約に加入しなかった。もっともこの規約中には、何師匠は幾日休んだから規約によって処分すべしなんていうようなことが規定してあるそうな。それやこれやを心外に思って、圓朝は病いと称して引退したのだという人もあるが、この保証は僕にはできない、何しろ圓朝は病気には相違ないのだ。しかしまた寄席のほうの側からいってみれば、こういう規約を制定するのも無理のないところがある。客の寄席へ来るのは、もともと講釈なり落語なりを聴くためなのだから、そうぽんぽん出方《でかた》に休席《ぬか》れては迷惑には相違ない。現に邑井一《はじめ》なぞは、まず今では一と言って二とさがらぬ名人だが、とかく席をぬくので客がこぼしている。何にしても芸人ともあろうものは、なるたけ席をぬかずに勉強して客に満足を与えるようにしてほしいのである。

▼五厘の勢力　寄席と出方の関係を詳しく説こうとするには、いきおいこの五厘のことも言わねばならぬ。で、この五厘というのは寄席と芸人との中間に立って、万事の周旋をするもので、すなわち五厘とは周旋人の代名詞だ。ところがこの五厘なかなか勢力があるので、何柳派では大芳《だいよし》、三遊連では圓之助、この両人が子分を引き連れて、席亭を廻って歩いて、何月の上《かみ》の半月は、誰がどこへ出るということをきめて行く。ところがそのきめたとおりのも

のを、またまた五厘の都合で、甲の真打と、乙の真打と、交代させることもある。これのみならず、たとえば圓生の門人に某《それがし》という新者《しんもの》ができる、これは席亭では破格者と見て入れない。そうすると、五厘は席亭に対し、圓生を出すという下書を入れる。それからいよいよ約《やく》定《じょう》になる、一週間か七、八日前になって、何とか席亭へ口実をもって、圓生はかくかくの事情で、貴席へはトリに出られぬ、その代わりスケとして大勉強に及ぶから、当時売り出しの某《なにがし》を掛けてくださいといって、とうとう取り替えてしまう。表面はともかくも、裏面においてすべての出方を、五厘が、甲の席より乙の席へ移すの実権をにぎっている。しかし柳派は、頭取《とうどり》・柳枝という策士があり、左楽というまめ男があり、小さん、つばめ、そのほかが顔づけということをするから、あまり偏頗《へんぱ》の沙汰はなさそうだ。これに反し、三遊連は四代目圓生が構わなすぎて、支離滅裂という有様だ。だからこの間も、圓生党と圓遊党とが、衝突をきたせし次第である。もっとも大連《たいれん》のためか、年中ごたごたやっている様子だ。三遊連も今は大師匠圓朝が、断然勇退したから、現今は圓生一人だ。この春ちゅうのごたごたから、圓遊も副頭取を御免をこうむったらしい。あとがまは目下協議中だそうである。とかく右のわけだから、すべて五厘は、出方の生殺与奪の権を握っている。だから五厘の収入というものは、なかなか大したものだ(五厘が木戸銭の配当を受けることは、のちに出《いだ》す)。表面の収入のほかに、なかなか余徳がある。寄席からも出方からも祝儀をもらい、甲の真打が紬《つむぎ》の着物をこしらえてやれば、乙は斜子《ななこ》織の羽織をこしらえてやるというようにして、出方も席亭も五厘のきげんをとっているから、五厘は名前は悪いけれども裕福だ。今にこのぶんでおして行くと大日歩《だいひぶ》五厘銀行を立てて、総裁に圓之助、理事長に大芳でも置かねばならぬであろう。講談のほうはどうかというと、五厘というものはない。つまり講談家の番頭というものがいて、その番頭から席へ相談をして、出席の出方を取りきめたり、また席亭自身講釈師の所へ出かけて行って、どうぞ先生私どもへご出席を願いたいと頼みに行くこともある。こうなるとさすが講談のほうが一《ひ》と見識あるて。それに講談のほうは半月替わりでなく、夜講《やこう》は一か月で、昼席は三月ずつであるから、都下屈指の講談席は、三年先までも出演者がきまっている。故・放牛舎桃林《ほうぎゅうしゃとうりん》などは、死んでから半年先まで、席がきまっていたげな。しかし講談のほうとても、五厘という周旋人がなくとも、やはり一利一害で、甲の番頭のきめた席を、甲の番頭のことを罵詈《ばり》して、乙の番頭の手につかんとし、これが露見して葛藤を生ずるに至るという例はしばしばある。けれど講談師は、昔からお記録読みとか、軍談師とかいった余風がいくらか残っているから、席亭が出方に対する取り扱いのうえにおいて、講談師と落語家とは大そうな相違がある。講談のほうはきわめてていねいで、初日と三十日《みそか》の千秋楽には席亭が料理と蕎麦を取って、出方一同にご馳走する。これを実行しない所は、金の包みを出す。いずれも真打の手に渡り、それより出方々々の身分相応に配当するが、まず真打が一円取って、ほか一同へ一円を配付、もっともその包み金も、人によっては違うよしだ。それから真打をはじめ、席看板に名前の出ている者のところへは、初日迎いととなえ、手ごろのみやげを持って、今回はご苦労さまで……といって、席亭が出かけて行く。これにひきかえて色物の寄席では、はなはだ冷淡で、なかんずく、いい席ほど出方を扱うことが冷淡で、初日迎いはもちろんのこと、初日にも三十日《みそか》にも何も出さず、それのみならず、誰某は平素精勤しているから、今度はおれの席へ使ってやろうなどと言って、自分の奉公人でも使うように思っていると、嘆息している者もあるげな。しかし従来の慣例とあきらめて、自分の腕をみがいて、早く大真打《おおしんうち》ともいわれるようになって、席亭の頤使《いし》をまぬかるる方策を講ずるよりほか仕方があるまい。

▼木戸銭の分配　それから寄席の木戸銭は、どういう具合に分配するかということだ。明治二十九年ごろまでは木戸が大人一人につき四銭であったから、そのうち二銭八厘を楽屋入りとし、一銭二厘を席亭が取る。またその一銭二厘のうちを席亭から、五厘(前項に述べた周旋人のことなり)に一厘、下足《げそく》番に五毛ずつ払うから、差引き席亭の手には一銭五毛しかはいらぬ。それが三十一年になって木戸五銭と値上げした。そうなると一人につき三銭五厘ずつ楽屋入りとして、一銭五厘を席亭が取ることとなり、そのうちから一厘五毛を〝五厘〟へやり、一厘二毛を下足が取る。すると三十二年となって、物価が高値《こうじき》だというところから、またまた六銭と値上げした。その六銭をどういう割合いに配当するかというと、二銭を席亭が取って〝五厘〟へ二厘、下足へ一厘五毛やり、残りの一銭六厘五毛、これが席亭の純益だ。そこで出方の楽屋入りは四銭五厘となった。そうすると五厘の不足を生ずる算用だ。それで木戸銭あがり高《だか》を五厘積《づ》みということにする。すべて積みというは百名で六円のものを六円五十銭にするのであるから、まず百人のあがりとするには、正味の頭数百八人強なくてはまとまらず、よって百人のあがりは八人ずつ消える勘定である。それが今年になってまた値上

げして、七銭という木戸銭となった。よって出方は五銭三厘の楽屋入りがある。二銭二厘は席亭の取るところで、そのうちの一厘五毛を下足が取り、二厘五毛を〝五厘〟が収入する、差引き一銭八厘が席の利益である。つまり客が百八人来れば、百人の一円八十銭の収益だ。ところで一月なぞは平均いずれの色物席も三百四百の間を昇降する。すれば三百二十四人はいると、十円四十銭〈圓生註。五円四十銭の誤りかと思われます〉の収入はある。楽屋もその割合いに収入するはずであるが、実際はなかなかそうはいかん。なぜなれば出方の人数が多くて、はなはだしきは一軒の席に二十四、五人も出る、だから出方のめいめい取る割合いが少なくなる。まず楽屋入り五銭三厘とすると、その真打が客一人頭《あたま》一銭から一銭五厘まで、その芸人によって収入する。また真打で補助《スケ》に出る者が三厘五毛より六厘ぐらいまで取るのが一席に三、四人は出る。それから二等鑑札《かんさつ》を受けている者が三厘から二厘五毛取る、これが八、九人は出演する。三等鑑札の者は二厘より一厘五毛ぐらい取る、これが四人ほど出る。ほかに前座、これは落語家で最初に出るので、それから下座、これは楽屋に身を置いて、三味線を弾いたり、音曲師や手品使いの助けをする者だが、この前座と下座とは、最初は一夜十五銭ぐらいであったが、やはり値上げになって、今は三等に分けてある。一等が三十銭、二等は二十五銭、三等が二十銭である。こういう計算で十八名以上、二十五名以下の出方が取るのであるから、到底五銭三厘の楽屋入りではたりない。七銭以上九銭以下ぐらいの収入にならんでは、楽屋出方一般の割合いには足らん。そこでやむをえず楽屋へ取る頭《あたま》を減じて、相当の割合いを払うようにしなければならぬ。これを俗に楽屋の積み直しという。それゆえに木戸の収入は三百あっても、楽屋入りは百五十ぐらいしか取れない。仮りにこれを百五十として、真打が客一人頭《あたま》一銭取るとすれば、一円五十銭しかならない。三百人の客のきげんをとっても、楽屋積みの一件から、その半分百五十人分としかならないのである。しかし中《ちゅう》以上の芸人には一晩に三、四軒ないし六軒ぐらいまで掛け持ちをし、しかも昼夜ともだから、かなりの収入はある(このことは、のちに詳しく説く)。もっとも昼席は、格別割りに当たらぬものだそうだ。ところで席亭の取《と》り前《まえ》は今述べたとおりだが、しかし席亭は、木戸のほかに、中売《なかう》りというのがなかなか大きい。今では、ふとんが一枚一銭、茶が二銭五厘、火鉢一銭、菓子一個五厘という算用だ。ふとんはずいぶん粗末で、表は天幕、後ろ幕なんどの古手を利用し、裏へは莚《ござ》をつけておいて、夏冬を兼用させる。茶は上茶といって二十五匁ぐらいのを一とつかみほうり込み、火鉢へはたどんの一つも入れておく。菓子は一銭に三つのを二つに売るという有様だから、ずいぶん割りに合うもので、三百人以上はいると、中売り一晩の収入が十円以上になることがあるそうだ。純益三割ぐらいに当たるであろう。さてまた講談のほうは、色物と違って木戸が安い。四年前まではわずかに二銭五厘であった。それが三銭となり三銭五厘に上がり、今は四銭ぐらいまでになった。そのうち席亭の取る割りは色物とくらべると、よほど少ない、まず九厘か一銭ぐらいよりは取れない。そこで楽屋の頭数の収入が、出方が多くて給料の払いきれない時は、色物席のように楽屋ばかりの積み直しとはいかん、すべて木戸で積み直す。またこういう場合、すなわち看板が、真打が伯知だとすると、スケには実《みのる》に、一《はじめ》、そのほか三、四人あるとして、これへ馬琴を一枚加入さするとなると、この時は、出方の番頭と席亭と交渉の結果、この給料もみなみな木戸積みとなる。こういうわけであるから、自然収入が薄い。もっとも昼席の立つ場所は格別だが、昼席のない所でこういう具合にすると、まことにつまらないのである。もっともこんな顔ぞろいは余りない例である。また色物席でも講談席でも、席亭が木戸銭を預かり、これを楽屋へ入れる時は、楽屋入りの金と、客の頭数と符合しないことが間々あるそうだ。その時は符牒で「今夜はヤジヤウ(主人のこと)、ゲン(盗み)をいったぜ」と悪口をいうそうだ。けれども落語家のほうは、席亭に向かってこれを掛け合うほどの勇気は決してない。そこへ行くと、釈師連《しゃくしれん》はなかなか強い。ある年、宝井馬琴、ある某席へ出て、入り客と入り金《いがね》との違いがはなはだしいとて、掛け合いの結果、以後この席へは、決して宝井一派が出ぬのみか、釈師連へも通知して、一人も出さぬという。席亭驚いて、再三再四詫びたとかいうことだ。落語家にくらべて講談師のほうが多少気骨《きこつ》はあるに相違ない。しかしこういうことは、独りこの社会ばかりではない、何によらず内幕には、よくあるやつさ。

▼芸人の収入　楽屋入りのことは前に話したから、これから芸人の収入を一つ話そう。まず落語家で上等鑑札(二円の月税)を受けている大家、これは客一人につき一銭五厘も一銭八厘も取る。それに持ち席は立派な睦派《むつみは》と称する都下屈指の席を取って、二軒バネという、甲の席を終り(これが早《はや》バネ)乙の席へ至る(これは遅《おそ》バネ)。この割合いにスケも上等の所の席を三、四軒取る。だから一日の如きは一夜の収入十五円ぐらいは動かぬところだ。しかしこの連中はあたかも暁天の星の如くで、柳連百名、三遊連百二十有余人のうちに、二十人とは

ない。すれば総計八分弱にしか当たらない。並みの若手の真打は、トリ席（すなわち自身の持ち席をいう）ほかに三、四軒のスケを掛け持ちにして、一軒が睦派とすれば、二百以上の客があっても、平均すると、楽屋の積み直しやなんかで、百ぐらい、すれば頭《あたま》四厘とすると四十銭。一軒が中等で六、七十人、平均すれば五十ぐらい、すれば、これが二十銭。一軒は割りも何も立たぬから、つまり立《た》てん坊《ぼう》と名づけて、八《や》立《たち》十立《だち》ぐらい、つまり八銭ばかりの平均だ。それで自身の席が百五、六十人の客があったとて、積み直すと八十人ぐらい、これが一銭ずつ一客の頭で得るからで、八十銭ほどだ、すると合計一円四十八銭となる。しかし夏となると、各席とも寂寥《せきりょう》のころは、一円以下が間々ある慣《なら》い、またそのうちを俥代として、毎夜四十銭ぐらいより五、六十銭の間《あい》を支払う。そうして抱えの車夫然として乗り廻している。けれどもその実は、たいてい毎夜下銭《さげせん》の特約だそうだ。これからなお進んで内幕困難の火の車的のことも、一つすっぱぬくことにしよう。何分、人に師匠といわれ、真《しん》を打つという家格ができたからって、月に五十四円四十銭〈圓生註。前記のように一日一円四十八銭として、三十日では四十四円四十銭となり、勘定が合いません。このあとも少々勘定のおかしいところがありますが、原文のままのせておきます。〉、うち十五円が俥代、残り三十九円四十銭しかない。そこで病気などで休業しては、日当を誰も払《はら》い人《て》がない。この欠席日を月に五日ぐらいとすれば、七円二十銭取《と》り金《かね》が足りない、すると三十二円二十銭しか手に残る金はない。そのうちから出るものは、第一種税一円、市税三十銭、合計一円三十銭。次に花会《はなかい》の手拭いは、平均四、五本は配《くば》りつけられる、これへ五十銭ずつ出すと、まず二円だ。その次は芝居見物が、月に一度ずつは無論ある、これが一円半。それから月並みの寄り合いの戻りにちょっと一ぱい、それがくだけて女郎買いとなる、この交際入費《にゅうひ》は三円五十銭や四円はかかる。すべて稼業柄で、真打の顔をしては、けちな野郎といわれまいと思えば、このくらいはのっぴきならぬ場合だ、それこれで九円以上は無論いる。三十二円二十銭から十円ばかりの交際費を引くと、残り二十二円余だ。これから家賃を払って暮らしを立てねばならんとは、気の毒なもんだ。こういうわけだから、とても新調の支払いはできん。だからめいめい特約の古着屋もあれば、またせり呉服屋から、月賦かなんかで使用している様子、これがとどこおりてむこうを懲りさせ、暮れの支度ができず、春になって困る輩がたくさんあるそうだ。こんな塩梅だからふえるものは借金ばかり。某真打がその披露をしてから、一年か一年半のうちに、千円近い借金ができた。それもそのはず、この苦境のうちに、夏になると、下廻りの同業と、席亭へ、見得がてら、己《おの》れの名を染めた浴衣《ゆかた》を、百枚ぐらい出さなければならん。また有名な席、自分の年内に出演する寄席へは、一枚もしくは、二、三枚ずつ、盆と暮れには印半纏《しるしばんてん》を廻すの例で、これも四十円以上はかかる。あにはからんやむしろ、到底なかんずく驚かざるを得ざる場合に至る。この借金の目鼻をつけてゆく唯一の目当てはお座敷だ。月に二、三度もあるが、得意の座敷へ出て、七円か五円ずつもらうのである。しかしこれも漁をすると一般、当てにはならない、もしこの収入でもない時は、実に困窮驚くのほかはない。それから三等鑑札連はどうかというと、かえって生活の程度が低いだけ、気楽である。その暮らしかたはというと、まず二子織《ふたこ》の着物に同じような半纏の一枚も引っかけて、風呂敷を首ッたまに結《ゆ》わえて、高座羽織と扇子一本を入れて、てくてく歩きという寸法、交際費とても別に見得を張って奮発せずともよろしい。収入は客頭《あたま》二厘五毛取りの席を、二軒三軒ぐらいずつ歩けば、月の収入がまず十八、九円はある。そうして昼は内職、女房があれば人《ひと》仕事をするというものか、ただし夫婦共稼ぎをやっているというような塩梅であるから、よほど暮らしかたが楽だ。中《ちゅう》以下の落語家の収入は言わずもがなだ。何によらず中以下は苦しいものにきまっている。目下の落語家ちゅうで、圓遊と小さんは人気の多いだけに収入も大したものだ。七円から十円、二十円くらいまでのご祝儀の出る座敷が、正月や春秋の懇親会とか園遊会とかいう時期には、月に十度以上もある、平常の月でも平均四、五回はある。その他速記という、新聞雑誌へのせる口演の報酬を入れればなかなか大したものだ。しかし大真打になれば、取れば取るほど支出も多い道理だから、やはり差引きゼロに帰するそうだ。以上は落語のほうを主に言ったのだが、講談のほうとても大同小異で、大した相違はない。ただ木戸銭が安いかわりに収入も落語家ほどないが、そのかわり落語家ほど支出もない。しかるに講談師は、以前の講談師と違ってうまい一つの収入がある、それは何かというに、速記ものの流行である。日本中の新聞はおろか、たいていの雑誌類まで競《きそ》うて講談をのせるという有様で、紅葉・露伴の小説もの、ないし弦斎《げんさい》ものまで合併しても、なおいまだ講談ものの売れ高には及ばないという世の中だから、講談師が速記によって得るところの収入はなかなか大きいものだ。そのうちでも大真打とかいわれる、伯圓、邑井一《はじめ》、伯山、薫、馬琴、伯知、実《みのる》、貞山、死んだ如燕、引退した燕尾などが、この十二、三年間に口演速記で得たものは、ずいぶんのものであろう。なかんずく桃川実《みのる》は、東京の新聞で二、三カ所、地方新聞で十三、四、都合《つごう》新聞ばかりで十六、七カ所も持っており、そのほか博文館の文芸だのいろいろの雑誌類、それから府下の赤本屋《あかほんや》と称する小説や速記ものを主に出す書林から頼まれて口演をする、それやこれやを合併すると、本業の昼席に出る前、すなわち午前のうちだけ口演するものばかりが、一カ月二百円以上にのぼったそうな。一時、実《みのる》の家は午前中に速記者の五、六人も詰めかけているというありさまであった。色物のほうは圓朝、燕枝、柳枝のような続きものをやればとにかくだが、その他は一席ものの落語であるから、講談師ほどの収入はない。圓遊、小さん、圓生、圓喬、左楽ぐらいの顔でも、月に四、五回口演するに過ぎまいて。そのかわり口演料は落語のほうが高い、講談一席の口演料は二円ないし四円、落語のほうは一席四円から五円、七円くらいまでである。何にしても今の芸人は口演速記という余徳があるのは幸せだ。

▼真打のこと　それから真打となることを、一つ二つつまんで話そうと思う。真打になるには、人気がついて、師匠のめがねにかなって、真打にする価値があると思えばする。またその者を引き立てる席亭が、大いに運動して、真打となるのもある。されども真打になって、五、六回の失敗を取って、客が来なければ落第して、再びもとの出方になってしまわなければならぬ。そうして、真打になるに金の入用はというと、落語家なればまず百五十円以上二百円以下、講談師のほうなれば七、八十円。その祝いをして、それから夏の仕着せと、席配《せきくば》りの年二季の印半纏、それもあり余る金でするんでなくて、酷工面《ひどくめん》でするから、なかなか三年も四年も、続けて出す者はないが、ただ圓喬だけは感心に四、五年続けて出しているそう

だ。もっとも近ごろは大分真打がふえて、少し人気が出てくると、たちまち真打になりすますようになる。ことに小《こ》という字をむやみにつける、小燕枝、小柳枝、小圓遊、小圓喬、小遊三、小伯知、小伯山など、大分小《こ》がはやるて。またにぎやかなのは圓遊一派だ。いわく小圓遊、いわく花圓遊、いわく左圓遊、いわくい圓遊、いわく一圓遊、いわく何、いわく何と、なかなか盛んなものだ。ある人が、い圓遊、花《か》圓遊、左《さ》圓遊で、いかさまだなんと言ったのは、これは酷評だ。何にしても真打のふえるのや、名家の名を襲《おそ》うのは結構だから、どんどん修業をつんで、古人に恥じないように、古人の名をけがさぬようにありたいのだ。また講釈のほうの真打について、ちょっと言っておきたいのは、とにかく講談師は、昔武士が始めたもので、お記録読みとか軍談師《ぐんだんし》とかとなえて、なかなか見識のあったもので、刀を帯《たい》し、頭髪衣類まで、みな武士に準じたものであるに、今では印半纏(もっとも登壇の際は着替えるけれど)を着たり、高座で机に向かい尻をまくってる如き輩《はい》のあるのは驚くて。しかし客のほうとても、一般に下落して、十中の七、八までは職人いわゆる半纏着《はんてんぎ》であるから、読み物も、博奕打ちの喧嘩や、盗賊の伝記などを好む世の中だから、仕方がないとはいうものの、芸人中で一風《いっぷう》変わった講釈師の真打ともいわれる者は、少しはその辺の注意をもしてもらいたい。

〔『文芸倶楽部』第6巻第8編(明治33・6)〕

あとがき

これで、明治二十七年一月の「三遊社一覧」に名前の出ている人については、ひととおり申し上げました。

ほっとひと息ついたところで、臆面もなく、せっかく集めた材料をこれだけでおしまいにするのも残念ですから、立川焉馬のしょッぱなから今日《こんにち》にいたる、噺家を総まくりに、あと四、五冊も続けて出しましょうか、と言ったら、青蛙房主人、あたくしの顔をじッと見て、

「それまで師匠の方がもちますか？」

そう言われたら、あたくしも意地ですから、きっとやりますよ。

しかし、何ごとも、陰で面倒をみて下さるかたがなければ、できるもんじゃァありません。今回も、山本進氏のお骨折りは、大変なものでございます。

右近さんには、大切な文献をお貸しいただき、飯島先生、高野さんからも、貴重な資料をご提供いただきました。

また、国会図書館の本につきましては、衆議院議員の稲葉修先生が、ご尽力を下さいまして、借覧に何かと便宜をはかっていただきました。

筆記は、いつもながら山鹿智恵子さんにご迷惑を願い、四方八方お世話になって、これが

借金なら首がまわらず、日本には、いられなくなって、ベトナムへでも逃げて、ベトナム亭かなんかで独演会でもやらなきゃァ、おっつかない、というところでございます。

いずれ、次なる芸当をお目にかけるつもりでございますので、その節はまた、ひとつよろしくお願い申し上げます。

岩波現代文庫版あとがき

おかげさまをもって、昭和四十(一九六五)年に出た『寄席育ち』は、新聞の書評欄やラジオ番組でも取り上げられて、好評をもって世に受け入れられた。圓生師匠も気を良くしたもので、聞書きを担当した私としてもうれしいことだった。

師匠の方では、落語界の古いことを調べれば調べるほど楽しくなるということに気がついて、色々と古い資料を見るようになっていった。本卦還りをし、明治時代から関わってきた自身の芸道人生を振り返っていたのかもしれない。もともと私も古い文書を見ることが好きで、サラリーマンの仕事のかたわら、落語界の古いことについて調べるようになっていた。そんなことから、師匠とは、初代から六代目である現・圓生までについて調べてみようと話し合っていた。

寄席文字の大家、橘右近さん(一九〇三〜一九九五年)のところには、古い資料がたくさん所蔵されていた。圓生師匠は右近さんから、落語家の系図などの資料を見せてもらい、研究熱にさらに火が付いたようで、圓生代々だけでなく、古い噺家のことを調べはじめていた。文部大臣や法務大臣を務めた衆議院議員の稲葉修さん(一九〇九〜一九九二年)が師匠のひいきだったことから、そのご尽力で国立国会図書館から『文芸倶楽部』という雑誌を借り出した。これは、明治から昭和の戦前に掛けて博文館という出版社から出されたもので、特に明治期には落語や講談に関する記事や、演目を口調そのままに文字に起こした速記が多く載っている。これを読むうちに、師匠は何かを作り出したくてたまらなくなった様子だった。

そこで、噺家の師弟系図のようなものを作ろうかということになったが、書物に基づいて作るだけでは、噺家ならではのものとはいえず、学者の仕事と変わらなくなってしまう。それでは面白くないので、『寄席育ち』のように、圓生師匠が目で見て耳で聞いた話をまとめてみたい、と私は考えた。書物からの知識だけでなく、噺家・圓生を通じて、過去の噺家のことを知りたかった。

そんな思いを抱いているうちに、右近さんのところから、本書の冒頭に掲載した明治二十七年の名簿「三遊社一覧」が出てきたわけである。圓生師匠は明治三十三年の生まれで、六歳のころには子ども義太夫で寄席に出ているから、多少年代はずれるが、この名簿に載っている芸人についてはあらかた知っている。そこで私は、これを元にした本を作りたいと考えた。「あたしが知っている人のことを話しても、つまらないでしょう」という師匠を「いやあ、師匠が見て、聞いてきたことが面白いんですよ」と口説いて、六代目圓生による「明治の寄席芸人」についての証言をまとめることとなった。

青蛙房に出版をお願いしたところ、『寄席育ち』が好評で重版となり、岡本経一社長も乗り気になってくれた。ただ、名簿を「原寸大で付けて下さい」と要望したが、社長はいい顔をしない。結局、「大切な資料ですから」と懇願し、附録の形で無理やり付けてもらった。この岩波現代文庫版では巻頭に収めたため、文字が小さくなってしまったが、ぜひ丁寧に目を通して、明治時代の資料の雰囲気を感じていただきたい。

前著『寄席育ち』の「列伝篇」でも、古い噺家について言及しているが、それはよく知られた噺家たちに限ってのこと。本書『明治の寄席芸人』には、名人上手だけでなく、圓生師匠が子どものころから見てきた、世間では知られていない数多くの芸人も載っている。とにかく、これほど多くの芸人を網羅した本は、今までなかっただろう。師匠が寄席で実際に出会ったことのある明治の芸人は圓遊以降であり、圓朝は師匠が生まれた年に亡くなっているので、当然会ったことがない。このような師匠が知らない噺家や、特筆すべきエピソードについては、『文芸倶楽部』の記事を載せることにした。

ここで、『明治の寄席芸人』の中でたびたび言及される「文之助系図」について説明しておきたい。六代目桂文治の弟で、三遊派の書記をつとめていた四代目桂文之助がまとめた文書のことを、いわゆる「文之助系図」と呼んでいる。紙一枚の摺物や巻物ではなく、冊子にまとめられた形である。

『明治の寄席芸人』で使われている「文之助系図」は、明治四十二年に成立した『古今落語家系統表』のことを指している。これも「三遊社一覧」同様に、右近さんが持ち込んだものなので、速記者である今村次郎(一八六八〜一九三七年)の家に残されていた「今村本」を写したものだ。それゆえにほんのちょっとの差異が生じ、本書の記述にも影響しているので、以下にその経緯も含めて記しておく。

『明治の寄席芸人』では、玉の家梅翁こと二代目玉輔の項目で、二代目玉輔が二人いたかのように書かれている。初代圓遊の師匠であるこの梅翁が二代目玉輔であることは通説だったが、右近さんの系図では三代目金原亭馬生の項目で、

「元祖馬生門人始馬吉又ハ馬若ト云後ニ二代目　玉輔ト成テヨリ相続ス」

とあり、この馬生が二代目玉輔を名乗ったと読み取れる。資料に目を通す中で発見した二人の二代目玉輔の存在に、師匠も「どっちが本当なんだかよくわかりません」と困っていた。

後に原本である「今村本」目を通すことができたが、それによると、

「……二代目ゟ玉輔ト成テヨリ……」

とある(ゟは「が」の変体仮名)。つまり、二代目馬生が初代玉輔となったことから、三代目馬生を継いだと読める。おそらくではあるが、この変体仮名の「が」が非常に読みづらく、書き損じのようにも見えることから、筆写する際に空白にしていたと思われる。『明治の寄席芸人』を刊行した当時は、それが分からなかったのである。たった一字の違いで、大きなミスリードにつながってしまった。ここに事実関係を記し、訂正しておく。

さらにその後、「文之助系図」増補版ともいえる『古今落語系図一覧表』、いわゆる「家元本」の存在が明らかになった。文之助の手によって、「今村本」の成立した明治四十二年以降、大正五年に至るまでの変遷が追補されている。『明治の寄席芸人』の文之助の項でも触

れられているが、この「家元本」は六代目文治の家に伝わったもので、昭和五十五年、八代目である「根岸」の文治(六代目の養子)の未亡人から国立演芸資料室に寄贈された。

圓生師匠は「家元本」が「今村本」と同じものだと思っていたようだが、実際は倍近くのページに当時の芸人のことが記されていた。私が「家元本」に出合ったのは昭和六十年のことで、たまたま訪れた国立演芸場資料展示室のガラス棚越しであった。惜しむらくは「家元本」を師匠に見せて、見解を聞くことができなかったことだ。師匠が亡くなったのは昭和五十四年九月であるから、今思えばわずかな差だ。師匠が新たな「文之助系図」を見ることができれば、新しい見解を聞くことができたかもしれない。

さて、『明治の寄席芸人』は、圓生師匠と私が当時知ることができる限りの資料を用い、師匠の記憶に基づいてまとめたものだが、いかがだったろうか？　圓生四部作の中では、一番地味で、一番作るのが大変で、一番読むのにとっつきにくいかもしれないが、楽しんでいただければ幸いだ。

本書『明治の寄席芸人』は『寄席育ち』と同様、圓生師匠に語っていただいたものをまとめるわけで、編集する私の苦労はそれほどでもなかった。この本がきっかけになって、私は落語界の古い資料を読む機会がより増え、後に『古今東西　落語家事典』(平凡社)の編集や、『古今落語系図一覧表(文之助系図・家元本)』(国立劇場　演芸資料選書8)の校注にも関わった。『明治の寄席芸人』から、私の芸能史研究家として人生を賭けた「長い旅」が始まるわけで、師匠はそのガイドになってくれたようなものである。系図や名簿といった多くの資料は、そのための地図のようなものだった。まだまだ終わることを知らない旅の途上だが、『明治の寄席芸人』を読んで「長い旅」にお付き合いいただける方が少しでも増えるなら嬉しい。

令和三年七月

山本　進

解　説

田中優子

困った。
こんな面白い本に「解説」など要らない。ただひたすら読んでいただければ、六代目三遊亭圓生(一九〇〇〜七九)のまなざしに写った、明治の寄席芸人たちの生き方、振る舞い、姿かたち、評判、語り口がありありと目の前に見えてくる。三遊亭圓朝(一八三九〜一九〇〇)を中心に、そのままひとりひとりがドラマになって生きはじめる。きっと読者の脳裏に、さっそくいくつもの物語が展開するだろう。

その理由の大部分が、圓生の語り口が活きていて、耳で聴くように読めるからだ。圓生が活躍していたとき私は子供だったので、寄席や劇場で咄は聴いていない。しかしラジオで聴き、テレビで見ている。すると、読む時に文字が圓生の声になって聴こえてくる。まるで圓生の咄によって、すでにこの世にいない明治の寄席芸人たちが、目の前に立ち現れてくるようだ。ぜひその語り口に身をまかせ、存分に感じていただきたい。

と、ここで解説を終わらせてもよいのだが、圓生さんも頑張ったのだから、私ももう少し尽力しなければ申し訳ない。圓生さんは何を頑張ったかというと、単に思い出話をしているのではなく、「三遊社一覧」『古今落語家系統表』「墓誌」『落語家名前揃』『東都噺者師弟系図』『落語家奇奴部類』『文芸倶楽部』など材料を「うんとこさ」集めてこの本にまとめたのである。その経緯が「はじめに」に書かれている。なぜ思い出話で終わらせなかったか。それは、この本の執筆のきっかけが明治二十七年の「三遊社一覧」だったからだ。明治二十七年は一八九四年、つまり圓生は生まれていない。三遊亭圓朝は圓生が生まれた年に亡くなっている。圓生はこのなかの多くの人とすれ違っている。しかし「まことになつかしい人たちの名前が出ております」と書いているのは、子供の頃に出会った人たちがいるからだ。今では想像し難いが、圓生は先代圓生の養子で、六歳で子供義太夫の豊竹豆仮名太夫になり、十歳で落語家になった。一人前の寄席芸人として、子供の圓生が彼らを見ていたのである。

そこで私は圓生の寄席への思いを受け止めつつ、現代からは見えにくい二つのことを書こうと思う。ひとつは、寄席はいったいどのようにできて今に至ったか。そしてもうひとつはこの本がなぜ『明治の落語家たち』ではなく『明治の寄席芸人』なのか、である。

江戸の寄席から明治の寄席へ

落語および寄席は江戸時代に生まれ、江戸時代に育った。それ以前、そして江戸時代になってもしばらくは、幕府の中に御伽衆という物語る者たちがいた。しかし町の中で身分を問わず誰もが安価に咄を聞くことができるようになったのは、江戸時代になってからなのである。寄席がないころは寺社の境内や広小路での簡単な小屋がけで小咄を聞かせた。一方、音曲や踊り、曲芸や手品は大道が基本だった。それが大きく変化したのが、天明(一七八一～八八)のころの狂歌師たちと、中村英祝(和泉屋和助)の登場である。

中村英祝は大工の棟梁、かつ五代目市川団十郎の贔屓で七代目団十郎の後見者であった。烏亭(立川)焉馬とも名乗り、当時の歌舞伎界を支えるだけでなく、見世物が大好きで見世物関連の本も出版している。そして、狂歌連の協力で「咄の会」を発足させた。その第一回は一七八六年のことで、まだ寄席はなく料理屋で開催した。集まった者たちも観客ではなく狂歌師たちである。狂歌師はプロの歌詠みではない。和歌の集のお笑いパロディ版を作る武士や商人や職人たちの集まりである。日頃は少人数で「連」を組み、集まって狂歌を作っているが、「咄の会」発足の時には百人余が集まったというから、この時は複数の連が集まったに違いない。特別な会だったのだ。とにかくこの動きによって、私たちが「落語」と呼んでいるものの形ができ、落語家らしい名前が生まれ、このころは全員がアマチュアだが、やがて寄席に出るプロの落語家輩出につながったのである。

この「咄の会」を発足させた烏亭焉馬の歌舞伎や見世物への愛好、そして多くの狂歌師の関わりに見られるように、落語にはもともと見世物的な要素があり、芝居や音曲の要素もあった。本書には江戸時代の嘉永元年(一八四八)生まれの三遊亭圓新(土橋亭里う馬)の身の上話が載っている。それによると圓新は、江戸三座が集まっていた芝居町、浅草猿若町の木戸芸者をやっていたという。木戸芸者とは、芝居町の幇間のようなもので、木戸の前でその日の演目と役者を披露して声色を使いながら客を誘う役目である。芝居茶屋で声色を披露することもある。その様子は式亭三馬の『戯場訓蒙図彙《しばいきんもうずい》』(一八〇三年刊)に挿絵とともに詳しく描かれているが、実際の木戸芸者の証言は、極めて貴重なものだ。圓新は木戸芸者が不要になったために落語家になったと語っている。実際、明治に入ると猿若町の芝居町から劇場がひとつずつ別々の場所に移転し、江戸時代のあいだ続いた「芝居町」という界隈の存在は消滅した。咄家は落語を語るだけでなく、歌舞伎の所作、踊りなどの見世物的な芸をさまざま持っているものだったが、その背景には落語家のたどった多様な芸能の経験があったのだとわかる。寄席もまた講談、落語を中心にしながら、かつては大道でおこなわれていた様々な芸能によって構成されていたのである。

烏亭焉馬の「咄の会」の時代とその後は江戸の諸所で不定期に寄席が持たれたが、やがて定席となる。一八〇四年には三十三軒ほどの定席ができ、一八一五年には七十五軒、一八二五年には一三〇軒を数えた。昼席と夜席があり、出演者名と日を記した行燈をかけ、下足番が呼び込みをした。寄席の経営者は「席亭」と言った。天保の改革(一八四一〜四三)で急減し一時期は十五軒にまでなったというが、安政年間(一八五四〜六〇)には軍談の席が二二〇軒、咄の席が一七二軒、合計三九二軒にまで増えた。喜田川守貞の『守貞漫稿』(一八五三年脱稿、六七年加筆)には、「両国橋の東西、浅草寺の内あるいは神田明神、湯島天神、芝神明の社頭等にこれあり。また市中にも諸所にはなはだ多し」とあり、その内容については「看板の行燈をかけ、咄に音曲をいれ、役者声いろ・物まね・娘の浄瑠璃・八人芸・浮世節など芸人を集め」とある。やはり様々な芸能が寄席には集まっていた。咄(落語)にも音曲を入れていたことがわかる。

寄席は、明治に入っても衰えなかったが、明治十二年(一八七九)の記録では東京十五区の中の寄席は一七六軒となった。本書に書かれた、大阪の寄席に行って活躍した寄席芸人たちの話も興味深い。江戸時代の大坂でも神社境内の葭簀《よしず》張りの小屋から始まり、一八四四年ごろから桂、林家、笑福亭、立川などの咄家たちが活躍して寄席の形態が完成した。明治に入ってからは「浪花三友派」と言われる咄家たちが、「色もの」すなわち講談や落語以外の芸能を、寄席の世界に積極的に導入したという。

寄席芸人とは

すでに述べたように、本書は明治二十七年の「三遊社一覧」に沿って書かれているわけだが、その一覧には、講談師も、下座のお囃子連中も、音曲や踊りをする人も、女義太夫も入っている。これらは「色もの」と言われ、現在でも、寄席では落語のほかに漫才、漫談、手品、紙切り、曲芸、もの真似、音曲を上演する。「色もの」の範囲は時代によって異なり、江戸時代では、浄瑠璃、小唄、新内、手品、八人芸、説経祭文、物真似、軽業《かるわざ》、長崎蛇踊り、小芝居、竹田からくり、こままわし、力持ち、住吉踊り、あやつり、辻能、影絵、ちょんがれなどもおこなわれていたようだ。これらはある時は大道で、ある時には門付け芸としておこなわれてきた「見世物」である。寄席とは、それら多様な見世物を寄せ場において見ることのできる、まさに娯楽の集積場なのである。江戸時代も明治時代も、芸能の筆頭は歌舞伎であり、その中に含まれる音曲や語り(浄瑠璃)や踊りであった。しかし寄席ではそのなかから人気のある気軽な一部分を持ってきて音曲と踊りを演じたり、落語の中で芝居にちなむ咄をして役者の物真似や踊りを披露したりもする。ちなみに落とし咄や小咄、つまり今日の落語もかつては色ものだった。時代によっては寄席の本筋は講釈とされ、落語も天保の改革の時は、講釈、心学、軍書講談、昔咄という看板でのみ営業を許された。笑いを取り締まるのは、権力の常である。

その経緯もあって、現代の私たちは落語を「古典文化」だと思い、古典落語を語る落語家を正統と感じ、踊りやおふざけやわけのわからない言葉・動作を入れることは「不真面目」と思ってしまう。あるいは、「あれは漫才の悪しき影響」「若者文化にすり寄っている」と言うかたもおられる。しかし明治の落語家たちは違った。彼らの意識はありとあらゆるものを取り入れる「寄席芸人」だったのである。

本書には、明治十年代の寄席で流行した圓遊の「すててこ」についても述べられている。「すててこ」とは、浅草広小路の菜飯屋界隈に出没する物もらいが「西の宮の恵比寿三郎左衛門さまは、鯛を釣っちゃア何とかして、ステテコヤナセ」と言っていたのを落語に取り入れたもので、これで圓遊は人気を集めた。また圓太郎の「ラッパ」の話も見える。これは乗合馬車の御者がラッパを吹いて「おばあさん、あぶないよゥ」と知らせる真似を、豆腐屋のラッパを吹いて取り入れたものだ。万橘の「へらへら」についても書いている。万橘は自分で寄席を経営していた人だが、後に圓橘に入門した。赤い手拭いで頬被りをして「太鼓が鳴つたらにぎやかだ、大根《だいこ》が煮えたらやわらかだ、へらへらヘッたらへらへらへ　はらはらはッたらはらはらは」と歌った。それで大人気になったという。

「よかちょろ」についても言及がある。圓生は「今、文楽さんの演っている『よかちょろ』、あれは遊三のものなんです。もとはああいう噺でなかったものを、遊三が自分で考えて、なおして演ったもんでございます」と書いている。『よかちょろ』はすててこやへらへらと違って落語の演題だ。初代三遊亭遊三が『山崎屋』の前半で、当時流行のよかちょろを取り入れて独立させた咄である。しかし以前私が調べたところでは、遊三の弟子であった三遊亭三福が三八と名乗っていたころ、寄席でやった「よかちょろ」「にょろにょろしゃあ」などの言葉が大いに受けたので、遊三はそれを落語に取り入れたのであった。

思わず笑いを誘う意味不明の言葉や歌などを落語は吸収し、またそれを他の落語家が採用する。そういう経緯をたどりながら、江戸時代から今日まで、落語は「寄席の芸能」として時代に沿って変化し、変化したからこそ続いた。落語を「古典」にして博物館に飾ってはならない。私たちが寄席で大いに笑えば、その笑いを受け止めて作り替え、あるいは新作していく落語家たちが絶えることはない。寄席と落語をこの世に残すかどうかは、客である我々にかかっている。本書はそのことを改めて、思い出させてくれる本である。

（たなか ゆうこ　法政大学名誉教授）

・本書は一九七一年十一月、青蛙房より刊行された。
・明らかな誤記と認められるもの以外は、原則として底本のままとした。
・本文中、今日の人権意識に照らして適切とはいいがたい語句・表現がみられるが、描かれた時代や著作の歴史性などに鑑み、そのままとした。

人名索引

- 巻頭の「三遊社一覧」(明治 27 年 1 月)に掲載されている人名には下線を付した.
- 複数の頁に登場する人名については，詳細な記述のある頁を太字で示した.

あ

い

う

え

お

か

き

こ

し

す

せ

た

ち

つ

て

と

な

に

ね

は

ひ

ふ

へ

ほ

ま

み

む

め

も

ゆ

り

わ

ゑ

六代目圓生コレクション 明治の寄席芸人

2021年8月17日 第1刷発行

著 者 三遊亭 圓生《さんゆうていえんしょう》

発行者 坂本政謙

発行所 株式会社 岩波書店
〒101-8002 東京都千代田区一ツ橋 2-5-5

案内 03-5210-4000 営業部 03-5210-4111
https://www.iwanami.co.jp/

印刷・精興社 製本・中永製本

ISBN 978-4-00-602334-8 Printed in Japan

岩波現代文庫創刊二〇年に際して

二一世紀が始まってからすでに二〇年が経とうとしています。この間のグローバル化の急激な進行は世界のあり方を大きく変えました。世界規模で経済や情報の結びつきが強まるとともに、国境を越えた人の移動は日常の光景となり、今やどこに住んでいても、私たちの暮らしは世界中の様々な出来事と無関係ではいられません。しかし、グローバル化の中で否応なくもたらされる「他者」との出会いや交流は、新たな文化や価値観だけではなく、摩擦や衝突、そしてしばしば憎悪までをも生み出しています。グローバル化にともなう副作用は、その恩恵を遥かにこえていると言わざるを得ません。

今私たちに求められているのは、国内、国外にかかわらず、異なる歴史や経験、文化を持つ「他者」と向き合い、よりよい関係を結び直してゆくための想像力、構想力ではないでしょうか。

新世紀の到来を目前にした二〇〇〇年一月に創刊された岩波現代文庫は、この二〇年を通して、哲学や歴史、経済、自然科学から、小説やエッセイ、ルポルタージュにいたるまで幅広いジャンルの書目を刊行してきました。一〇〇〇点を超える書目には、人類が直面してきた様々な課題と、試行錯誤の営みが刻まれています。読書を通した過去の「他者」との出会いから得られる知識や経験は、私たちがよりよい社会を作り上げてゆくために大きな示唆を与えてくれるはずです。

一冊の本が世界を変える大きな力を持つことを信じ、岩波現代文庫はこれからもさらなるラインナップの充実をめざしてゆきます。

（二〇二〇年一月）